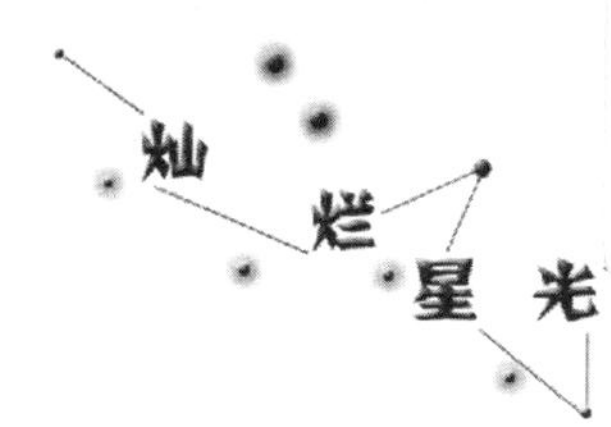

兰旻 编著

古今生物二十杰

GUJIN
SHENGWU
ERSHIJIE
CHUANQI

湖北长江出版集团
湖北教育出版社

(鄂)新登字02号

图书在版编目(CIP)数据

古今生物二十杰传奇/兰旻编著.—武汉:湖北教育出版社,2012.2(2020.11重印)
(灿烂星光)
ISBN 978-7-5351-7090-3

Ⅰ.古… Ⅱ.兰… Ⅲ.生物学家-生平事迹-世界
Ⅳ.K816.15

中国版本图书馆CIP数据核字(2011)第250665号

出版 发行:湖北教育出版社 武汉市雄楚大道268号
网 址:http//www.hbedup.com 邮编:430070 电话:027-83619605

经 销:新 华 书 店
印 刷:保定市铭泰达印刷有限公司
开 本:850mm×1168mm 1/32 10.5印张
版 次:2012年2月第1版 2020年11月第4次印刷
字 数:210千字

ISBN 978-7-5351-7090-3 定价:20.00元

前 言

当我们回顾人类社会发展的进程，就会发现每前进一步，都离不开那些伟大科学家所作出的贡献。了解这些生物学家在生命科学领域所做出的突出的贡献，就是了解我们人类认识生命的历史。我们了解他们，认识他们，并能从中获取伟大的精神力量——我们人类进步的不竭动力。

这部书主要介绍了二十余位世界著名生物学家的不平凡的生平和他们在各自研究领域所做出的巨大贡献。在这本书中，我们会看到一个个光辉灿烂的名字，也会发现一些既熟悉又陌生的面孔，甚至有些人的名字，我们还没有听过。他们有的是生物学的奠基人，有的在生物学理论上有重大发现、提出了新的见解，有的总结了他们所处的时代最重要的科研成果，有的做出了对人类的生活有实质性影响的发明…… 我们按照这些生物学家所处的时代进行编排，便于读者在阅读时，了解到科学是如何一步一步地向前推进，以及这些伟大的生物学家在特定的历史条件下，如何创造性地完成自己的历史突破。

在这本书中，我们用现在的眼光去回顾当时的事件，试图展示生物学家们传奇的一面：他们不仅有在追求科学和真理的执着，更富有高尚的品质、惊人的才华和艺术天分、可爱的性格、独特的人格魅力……我们将解读维萨里、哈维在他们的那个时代承受了什么样的压力，他们为了自己的发现付出了怎样的代价；在中国传统文化和社会背景之下，贾思勰、李时珍所作的贡献，其独到之处又在哪里；哈维、巴斯德、袁隆平的个性又如何对他们的科学研究和个人生活产生了巨大的影响；真正把青霉素用于医学临床治疗的大功臣是谁；发现 DNA 双螺旋结构的除了沃森和克里克外还有谁被遗漏了……

我们也试图展示这些生物学家们普通的一面：这些伟大的生物学家的人生之中是否有过迷茫，他们在追求科学和生存道路上经历了哪些挫折，他们分别如何应对的，又发生了哪些超乎我们想象的事情？

总之，希望这本书带给我们一场生物学之旅，更希望我们在了解这些伟大人物传奇而灿烂的一生的同时，也能拓展我们的知识视野，体会科学研究的魅力，还能深入到历史中，了解这些伟人的平常之处、可爱之处，激发我们追求成功的渴望和信心。祝大家拥有一次快乐并收获丰盛的心灵旅行。

兰　旻

2011 年 10 月

灿烂星光

古今生物二十杰传奇

contents

目录

昆虫界的荷马——法布尔

达尔文主义者、优生学的先驱——恩斯特·海克尔

高级神经活动生理学创始人——巴甫洛夫

基因学说的创始人——摩尔根

青霉素的发现者——弗莱明

中国近代植物分类学的开拓者和奠基人——陈焕镛

实验胚胎学创始人——童第周

分子生物学奠基人——沃森和克里克

杂交水稻之父——袁隆平

贾思勰，生卒年不详，约北魏时人，益都(今山东寿光)人。我国古代杰出的农业科学家。曾任高阳郡（今山东临淄）太守。总结我国古代劳动人民农业生产经验，写成了著名的农业科学著作《齐民要术》。

中国有一句古话:“仓廪足而知礼节,衣食足而知荣辱”——只有当人类的生产能力到了一定的阶段,当生活得到满足,人们才会有兴趣去关注身边的事物,才会有余力去探讨文学、艺术、科学。北魏时期的中国,黄河流域刚刚从战火中平定,百废待兴,而首当其冲的战后生活问题便是农业。贾思勰适逢其会,将农作物播种之光洒向人间,其研究正是立足于人类的生存之上,探讨的基本内容就是如何满足人们生活中的衣食所需。

1. 奇人奇书出没之时

贾思勰约生于北魏孝文帝时期。他的具体生平很难考证。大概是现在山东益都或者益都附近的人。我们只能从许多蛛丝马迹中去了解有关贾思勰的事迹。《魏书》卷七十二和《北史》卷四十七中都有贾思佰、贾思同两人的传,贾思勰与他们是同姓、同排行,年龄小于贾思佰。至于贾思勰的职业,我们只知道他做过高阳太守,但是北魏有几个高阳,现在我们只能假定它为离贾思勰的家乡最近的那个高阳,在今天的山东临淄西北。

贾思勰塑像

要了解贾思勰这个人,最多还是从他的传世作品《齐民要术》中寻找线索。他在《齐民要术》中引用了相当多的

书，所以他家中应该富有藏书，有比较深厚的家学渊源。贾思勰《齐民要术》中“杜葛乱后”一句，其中又提到与西兖州刺史刘仁之有交谊。《魏书》中提到有刘仁之的传，说他是河南洛阳人，北魏孝武帝初年（公元532年）为著作郎，兼中书令，卒于武定二年（公元544年），那么《齐民要术》的写作时间大概在公元533～544年之间。

2. 一派改革光景

北魏统一北方之后，为了改变割裂和战乱的局面，进行了一系列的改革。从北魏孝文帝母子开始，改革慢慢取得一些成果。孝文帝5岁登基，早期是他母亲冯太后临朝称制——虽然我们都知道中国历史上第一也是唯一的一个女皇是武则天，但在历史上真正执掌整个国家朝政的女性中，冯太后可以算是很杰出的一位，比起武则天来不见得就逊色很多。从孝文帝登基到公元490年冯太后去世，她一共临朝称帝20年。改革从484年孝文帝18岁时开始。冯太后死后，孝文帝亲政，将改革继续推进。改革分为两个时期：一是从公元484年到迁都洛阳期间；第二时期是迁都洛阳以后。迁都洛阳以后的改革主要是整顿吏治、制定俸禄制度；均田制。今天一看，绝对让我们心生向往。这个世界最美的事，无非就是做地主；最幸福的事，就是做房东。孝文帝在理论上来说完全实现了我们这些美好的梦想。他的政策如下：（1）男子15岁以上，受露田40亩、桑田20亩，夫人受露田20亩。露田加倍授给，以备休耕。年满70,还田于官。桑田为世业,不还官。桑田按照规定,种植一定数量的桑树、榆树、枣树。(2)土地不准买卖。(3)奴婢授田数量和办法与农民相同……均田制一定程度上限制了豪强兼并土地。也可以招徕流民,有利于开垦荒地,发展生产,还使得自耕农增多,户口增加。这是贾思勰撰写《齐民要术》的时代背景。

3. 理财——中产阶级指南

我们今天看这是一部很伟大的农书,其实这个书是有一定的写作对象的。所谓“齐民”者,平民也。所谓平民并不是我们通常认为的普通的老百姓,或者说在贾思勰的年代,不是谁都可以算是“普通老百姓”的。它的主要对象是地主或富农家庭,他们要有田地,有自己的庄园,可以自由地组织田地内的生产劳动,相当于那个时候的中产阶级。《齐民要术》的主要目的就是为封建时代的中产阶级们提供一系列组织经营的方法,以及自给自足的富裕美满的生活应该具备的基本生产知识和消费知识。基于这个出发点,贾思勰制定了一个基本的指

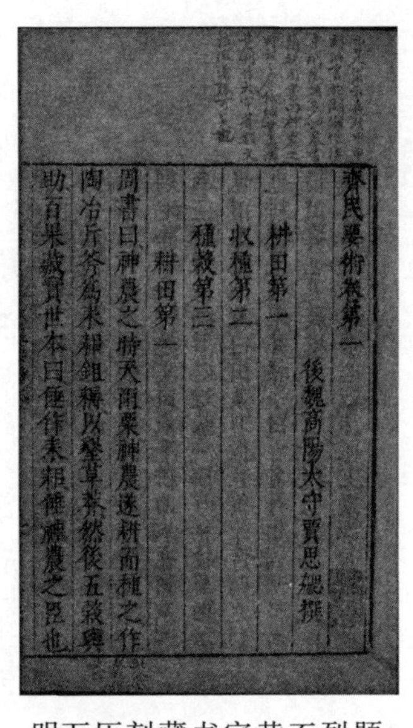
齊民要術卷第一
後魏高陽太守賈思勰撰
耕田第一
收種第二
種穀第三
耕田第一
周書曰神農之時天雨粟神農遂耕而種之作
陶冶斤斧爲耒耜鉏耨以墾草莽然後五穀興
助百果藏實世本曰倕作耒耜倕神農之臣也

明万历刻藏书家黄丕烈题记《齐民要术》

导方针:重视农业,勤劳耕耘、勤俭节用。

贾思勰在《齐民要术》中引用了晁错《论贵粟疏》中的一段话:“夫珠玉金银,饥不可食,寒不可衣,粟、米、布、帛,一日不得而饥寒至。是故明君贵五谷贱金玉。”他说五谷要比珠宝珍贵得多。而且农业才是一个人财富的根本——在他那个年代这是一条基本的真理,当时的生产力水平和商品经济都不发达,何况当时战争频繁,抱着一堆财富没有粮食只能饿死,你只要手中有粮有布,基本上真的可以做到“手中有粮,心中不慌”。

贾思勰在《齐民要术》序中举出了很多发展农业、节俭用度、提高生产技术从而过上富足美好生活的例子。

譬如:春秋时鲁国人猗(yī)顿向范蠡请教致富的方法,范蠡告诉他,要想很快致富,就要饲养牛、马、猪羊、驴的母畜。猗顿照着去做,果然致富。汉代的九真(在今越南清化、河静及义安省东部)、庐江(治所在今安徽庐江县西)两郡的人民不懂得牛耕技术,九真太守任延和庐江太守王景就教给他们,使他们开垦出大片荒地。敦煌人不懂得耧车播种的技术,三国时魏国的敦煌太守皇甫隆就教他们,节省了一半的劳动力,收成却增加了五成。敦煌还有一个不好的风俗,妇女穿的裙子,都做成像羊肠一样收缩的样式,一件裙子要用一匹布,皇甫隆就下令让她们改正,节省了很多布。汉光武时,桂阳郡俗不种桑,一般人用大麻织粗布做衣服,当地人懒惰,不做鞋穿,冬天把脚冻得裂口流血,用火燎烤。桂阳太守茨充教给他们多种桑树和柘树,养蚕织布,还让他们种苎麻。几年以后,当地人都穿上了暖和的衣服和鞋子。东汉时五原郡适宜种麻,但却不知纺织，太守崔寔教他们织布，民得以免除寒苦。

贾思勰认为只有做官和务农，才是“治家人生业”，才是取得并保持和扩大私人财富的正当途径。而且他强调，如果不重视农业生产，不讲求封建地产的经营管理，就会导致贫困。可见，其理财动因仍然是一种求富欲望。

既然贾思勰这么注重理财，注重经营，他本人的经济状况如何呢？今天只能推测，贾思勰有一些家业，但又不到很富裕的程度。他的理财术针对当时的中产阶层，倒大致跟他的经济状况相吻合。

4. 重农轻商，乱世哲学

中国传统的社会就是重农抑商的政策，因为很长一段时间内，生产力比较低下，而农业是创造社会财富的最主要的产业。贾思勰引用管仲的话说：“一农不耕，民有饥者；一女不织，民有寒者。”“仓廪实，知礼节；衣食足，知荣辱。”他在《齐民要术》中说：“夫治生之道，不仕则农。若昧于田畴，则多匮乏”，“舍本逐末，贤哲所非。日富岁贫，饥寒之渐。故商贾之事，阙而不录”，也就是说：一个人谋生和发财的最正当最有效的办法，不是当官就是务农。如果不重视农业，不重视经营田地，很容易导致贫困。而经商就是舍本逐末，它有风险、不稳定，可能一时很富裕另外一些时候就很穷苦。在贾思勰生活的年代，战争频仍，每几年时间就有一个新的割霸一方的政权产生，各自称帝。人们流离失所，经商的风险更大大增加，随时都有可能血本

无归甚至失去性命。所以他说，经商这些事，在《齐民要术》中就不记录了。当然，为官之道在《齐民要术》中也没有记载。

5. 立体化经营读本

所谓“理财”要有“财”才可以理。贾思勰在《齐民要术》中论述过财富就来自于农业的生产。所以他必然要在书中对农业生产作详细的介绍，对农学类目作了合理的划分。

《齐民要术》全书的结构非常严谨，从开荒到耕种，从生产前的准备到生产后的农产品加工、酿造与利用，从种植业、林业到畜禽饲养业、水产养殖业，论述全面，脉络清楚。

在学科类目划分上，《齐民要术》基本依据每个项目在当时农业生产、民众生活中所占的比例和轻重位置来安排顺序。

第一，《齐民要术》把土壤耕作与种子选留项目列于首位，记述了种子单选、单收、单藏，单种种子田，单独加以管理的方法。

第二，《齐民要术》在栽培植物方面，对农田主要禾谷类作物作重点叙述，对豆类、瓜类、蔬菜、果树、药用染料作物、竹木以及植桑等也给予应有的位置。

第三，《齐民要术》在饲养动物方面，先讲马、牛，接着叙述羊、猪、禽类，多是各按相法、饲养、繁衍、疾病医治等项进行阐说，对水产养殖也安排一定的篇幅作专门阐说。

第四，《齐民要术》对当时后魏疆域以外的植物，也曾广为搜集材料并予以注释解说。有的因为缺乏素材，只保留名目，但在序中即已经申明："种莳之法，盖无闻焉。"他希望能够最大限度的搜集这些农作物，所以保留了名目，大概是希望未来有机会还可能由自己或者后人在这个名目下填补这些空白。

《齐民要术》的内容，有经传中记载的，有歌谣中咏唱的，有向老农们咨询的，有自己亲自实践的，从耕农开始，到制醋制酱结束，凡是与生计有关的，都记载了下来。共92篇，分为10卷，卷首都有目录，便于查看，因为它的定位就是一个实用的参考书。贾思勰是一个很现实的人，个性非常的不浪漫，在《齐民要术》中没有收载关于花草种植的文章，他认为花草之类，虽然可以悦目，但"徒有春花而无秋实"，光开花不结果，只要口头讲给小孩听就行了，不足以作为生产技术写出并流传于世，所以也不收载。因为在他的那个年代，解决温饱问题是最重要的。

6. 不听如何？——揍他就行了

下面是贾思勰在《齐民要术》中引用的一段话："故仲长子……又曰：'稼穑不修，桑果不茂，畜产不肥，鞭之可也。杝（应作杝[lí]，同篱）落不完，垣墙不牢，扫除不净，笞之可也。'此督课之方也。"

就是说没有能够按照庄园主的要求干活的农民，如果他们庄稼种得不好，桑树种得不茂盛，家畜养得不肥不多，篱笆整得不整齐，打扫卫生打扫得不好——总之干活干得

不好的时候，光讲道理没有太大作用，拿鞭子抽他、揍他，是最直接最有效的管理方式。在对人的管理方面，他应该是一个很严厉的管理者。

7. 这堆粪有主了

我们今天很排斥化肥。但是客观地说，在有限的土地上，如果没有大量的肥力投入，土壤肥力跟不上，土地是不可能那么快长出那么多的农作物的。在魏晋以前，人们主要用轮换休闲的办法来恢复提高土壤肥力。

北魏均田制规定，露田加倍或加两倍授给，以备休耕，就是这种轮换休闲的办法。到北魏时期，轮作制已经开始广泛施行，并且出现了多种形式的间作套种方式（轮作毕竟还是太浪费土地了）。

贾思勰对间作套种等问题进行了总结和研究。他十分重视豆类作物在恢复和提高土壤肥力方面的重要作用，不仅将其作为绿肥作物纳入轮作周期，并且还比较鉴定了几种主要豆类作物的肥效和不同轮作方式对谷物产量的影响。此外，贾思勰还确定了适宜的耕翻期和轮作时间。

贾思勰记载了使用绿肥的方法："凡美田之法，绿豆为上，小豆、胡麻次之；悉皆五、六月中穊种，七、八月犁掩杀之。为春谷田则亩收十石，其美与蚕矢熟粪同。"就是说如果在田里种绿豆等各种豆子，在七八月的时候用犁把田犁一次，把这些豆子的根茎直接埋在田里，就可以当肥料使用，肥田的效果很好，跟用蚕虫的粪便和其他粪肥来肥田的效果是差不多的。

在过去的农村，没有化肥，粪便是很重要的一种“财产”，收集粪便就是很重要的一个活。人们走在路上，看到一堆牛粪，如果手上没有带工具，就拿一枝树枝插上去，那就等于告诉别人：这堆粪有主了！回头拿个撮箕就把它装回去，放在一个地方，加上泥土和稻草堆起来发酵，这就是所谓的“熟粪”，到一定程度的时候就可以抛到田里肥田。

“凡人家秋收后，治粮场上，所有穰谷织等，并须收贮一处。每日布牛脚下三寸厚，每平旦收聚堆积之，还依前布之，经宿即堆聚。计经冬一具牛踏成三十车粪。至十二月，正月之间，即载粪粪地。计小亩亩别用五车，计粪得六亩。”这里所说的就是踏粪的方法。把所有晒谷场上的糠末、瘪谷、稻草茎收集起来，放到牛栏里，让牛不断地踩（自然就会把牛粪和进去），这样从秋收到十二月这么长的时间就可以收集大概可以施六亩地的粪肥，到了来年的正月就可以把粪运到田里去肥田。

8. 精巧：借力施力及“嫁枣”

基于对各种农作物的仔细观察，贾思勰了解了它们各自的生长特性。他发现在种瓜时，由于瓜种幼芽顶土力弱，出苗困难。为保证全苗，他建议利用顶土力强的大豆为它“起土”，把大豆和瓜子一起种下。到瓜苗长出几片真叶的时候，再把豆苗掐断。他特地说明“勿拔之”，因为拔苗会使“土虚燥”，不利于瓜苗生长。

《齐民要术》介绍了当时枣树管理中的“嫁枣”和疏花两项措施。“嫁枣”是在每年的正月初一(限定这个日子并没有什么科学道理)用斧头背在树干上敲打,造成交错伤痕。疏花是当大蚕上簇作茧的时候,正是枣树开花季节,用棍杖敲击枣树枝条,震落一部分枣花。贾思勰指出:“不斧则花而无实”,“不打,花繁,不实不收”。就是说,“嫁枣”能提高座果率,疏花对于确保座果、增大果形也有一定的作用。这些都是符合科学道理的——从这个角度讲,有时候我们偷摘路边的花果其实是对环境的美化做贡献?对此读者一笑置之即可,要知道现代的园林管理,已经比贾思勰时代科学规范得多了。

9. 父母官的责任

贾思勰的经验并不是他个人凭空创造的。在贾思勰以前,我国比较有名的农业科学家有赵过(前 140～前 87 年左右)。汜胜之(西汉人)、崔寔(103～170 年)等人。贾思勰在书里引述了他们的成果。

赵过在公元前 89 年被任命为搜粟都尉。赵过的主要成就是推广了代田法,发明了耧车。

汜胜之在汉成帝(前 32～前 7 年)在位时出任议郎。他曾在包括整个关中平原的三辅地区推广农业,教导种植小麦,而且颇有成效,关中地区的农业,因此取得了丰收。在总结农业生产经验的基础上,他写成了农书 11 篇,这就是《汜胜之书》。但是后来《汜胜之书》失传了,只有《齐民要术》《太平御览》等北宋以前的古书摘录了此书中的内容,因此被部分地保留下来。

崔寔(103～170)出身于名门高第,世家地主家庭。他官至尚书,写成了一本《四民月令》。四民,就是士、农、工、商;月令,是按月安排的工作。《四民月令》现存2 371字,真正与狭义农业操作有关的共522字,占总字数的22%,再加上养蚕、纺织、织染以及食品加工和酿造等项合计也不到40%。全书按月安排计划,其中起决定作用的仍是农业措施与农业操作,一切都是按耕、桑等事项需要来筹划的,与一般月令书专言时令不同。

《四民月令》和《氾胜之书》一样,主要靠《齐民要术》等书的引用而得以保存下来部分材料。否则,今天我们也不知道贾思勰之前我国古代先民在农业上的光辉成就。

著作问世,造福一方。我们注意到赵过、氾胜之、崔寔、贾思勰都是一方的父母官。当时的为官者,对于自己治下的百姓,会负有帮助他们安居乐业的责任。贾思勰在做这本书的时候,像他的前辈氾胜之、赵过、崔寔等一样,都为的是这个单纯的目的。他们的为官之道,对今天的政府官员是一种多么好的榜样!

青史留名处,贾思勰以《齐民要术》这部世界农学史上最早的专著之一,也是中国现存的最完整的农书,博得身前身后赞誉不断,也在生物学史上留下浓墨重彩的传奇一笔!

大明医圣——李时珍

李时珍（1518—1593），字东璧，晚年自号濒湖山人，蕲州（今湖北省黄冈市蕲春县蕲州镇）人。出生于世医之家，从35岁起，历时三十余年写成《本草纲目》。英国著名生物学家达尔文称《本草纲目》为“中国古代的百科全书”。

1. 曾经的落第秀才

公元1518年，明正德十三年，李时珍出生在湖广蕲州（今湖北省蕲春县蕲州镇）。李时珍的祖父是走街串巷、摇铃治病的医生，这样的医生在当时被称为“铃医”，社会地位低下，没有留下名字。李时珍的父亲李言闻，因为医术比较高明。不仅得到一般民众的尊重，也受到了地方权贵的另眼相看。但仅仅如此是不够的，宋代汪洙《神童诗》里面说：“万般皆下品，唯有读书高”，描述的是科举时代的社会现实。一个家族要想根本上改变自己的社会地位，就必须要在仕途上努力。在李时珍出生的时候，这个家族已经为他安排了未来的道路：参加科举考试，光耀门楣。

李时珍不负众望，少年得志，14岁（1531年——文中依照习惯，算的是李时珍的虚岁）便考中秀才，获得参加乡试的资格。如果考中乡试，那就是举人，有参加官员候补的资格，基本就算是进入“士”一级的阶层了。按明制，乡试每逢子、卯、午、酉年举行，即每三年举行一次。1934年，李时珍赴省城武昌参加乡试，意外失败了。早期的李时珍可以说一帆风顺，这是他遭受的第一次重大失败。

1537年，李时珍第二次参加乡试，再次失败。大概也是在这一年前后，李时珍成婚。在家人鼓励下，李时珍更加刻苦、日以继夜地攻读经史，终于因为劳累和虚弱得了严重的骨蒸病，几乎死去。

1539年，李时珍第三次参加乡试，又一次以失败告终。

这对他的打击无疑相当巨大。这一次失败成了李时珍人生方向的转折点。他征得父亲的同意后，开始学医。这也许是一个很现实的考虑：多少人在科举考试中，逐渐成为一个废人。当时的李时珍作为一个已经成家的人，必须要考虑养家糊口的现实问题。今天看来，似乎这个决定很决绝，很容易就下了，但李时珍的内心中一定经过一番痛苦的挣扎。《蕲州志》称李时珍从此“益刻志读书，十年不出户，上自坟典，下及子史百家，无不该洽”，他内心中是什么滋味，只有他自己才有深刻的体会。

命运是一个很神奇的东西，总会把一个人吸引到合适他的位置上去。李时珍科举不利，23 岁开始随父学医，走上行医救人的道路，日后更精研医学和理论，从而在两者上都达到了高峰。

2. 一个家族的科举路

古时候有所谓“三十老明经，五十少进士”的说法，意思是说：一个人要读懂四书五经，并没有太大的困难，所以三十岁才明白就太晚了。但是考进士非常困难，一个人五十岁考中进士，已经算是很不容易了。科举考试，似乎是一个魔咒，把许多人一生中最美好的时光都圈了进去。更有许多家族，一代又一代在为这个目标努力。今天我们看来，多少曾经风光一时的达官贵人，淹没在历史的洪流中，而李时珍这个名字，却因为他在医学和药物学、动植物学上的突出贡献闪耀着动人的光辉。但是在现实的生活处境中，又不知有多少人穷其一生，消磨在其中。其实李氏家族自始至终都没有放弃过努力：1546 年，李时珍的父亲递补成为贡生。也就是说，他的父亲之前也曾经参加过科举考试，至少是中过秀才，才能有补贡的资格——科举时代，挑选府、州、县生员（秀才）中成绩或资格优异者，升入京师的国子监读书，称为贡生。相当于举人副榜。而一直到李时珍的儿子考中进士，这个家族才算是完成了一个历史性的转变。这其中的况味，让人深思。

3. 太医院打杂的收获

1558 年，李时珍 41 岁时，朝廷命令地方举荐名医入太医院补缺，楚王将李时珍举荐入太医院。而李时珍在太医院却只呆了一年就托病回乡了。这有些不可思议：一个人为什么会轻易放弃这么一个看起来比普通医生更有地位和权势的工作？

事实上，在当时医生的地位非常低下，给达官贵人甚而是皇室人员看病，要受到很大的牵制且承担极大的风险。何况李时珍初入太医院，只是个年轻无名之辈，不仅无法跟那些老御医相比，连个太医院小吏也不如，只能做打杂的医士。当时的皇宫内外迷恋炼丹求仙，宠爱方士，整个太医院一团乌烟瘴气。李时珍志不在此，更不将一时之富贵荣辱看在眼里，于是毅然辞官，远离无谓的争斗。

但是太医院的经历对于李时珍来说却弥足珍贵：他有机会进入寿药房、御药库，见识到大量珍贵的药材，在太医

院读过许多难得一见的珍本，并做了大量的记录。明弘治16年(1503)，弘治帝曾下诏太医院编修一部国家药典。当时在太监刘文泰的组织下，以太医院为主编写《本草品汇精要》，此书历经一年半修订后编撰完成。编撰者按照宋人唐慎微《证类本草》旧例顺序，把入药之物分为玉石、草、木、果等10部，每部分为上、中、下三品，全书共收药物1 815种，正文用朱墨两色分写。正文之前绘有精美的彩色写生图达1 358幅之多，是中国第一部大型彩绘图书。全书完成后，由明孝宗亲自撰写序言，并仿照《永乐大典》格式装帧成36册，装入楠木盒中保存，是为明代宫廷的正统抄本。但不久孝宗意外驾崩。有人怀疑谋逆，当时参与编书的太医院主修医官中有十多人牵涉案中。此书也成为禁忌，封藏在宫中内库里。李时珍是在距此事约50年后进入太医院任职，可能在不公开的情况下看到这部书，这可能也促使他决心编撰一部新本草著作，这部书也给他提供了编撰的思路。

4. 拨云见日的济世之作

李时珍曾患严重的骨蒸病，曾经亲身体验濒于死亡的痛苦，对于病人有更多的感同身受，这种体验对他学医无疑是有帮助的。他23岁从父学医，26岁已经能够独立行医。1545年，蕲州大旱，接着又逢水灾，人们流离失所，贫病交加。李时珍在此时和父亲一起全心为蕲州的乡亲治病，医术进步神速。

李时珍的父亲补贡生后，取得国子监生员的资格，社会地位有所改变，加上医术高明，地方人士另眼相看，当时结交于蕲州的顾郝等豪门。顾郝等人中过进士，做过高官，家中藏书丰富，辞官隐居后与李时珍切磋学问，常把书借给他。李时珍与郝家交益犹深。郝家藏有大量医书，李时珍经常去借阅。在其后的一段时间里，李时珍认真阅读了这些书籍，自称“行年三十，力肆校雠”。在医药知识和理论上打下了基础。

民间有传说涉及李时珍编写《本草纲目》的起因：在一次行医的时候，有一个服药后病情加重的危重病人，李时珍检查过先前郎中的方子，发现并没有问题。于是他想到检查药渣，才发现病人服用的药拿错了，起因就是药铺所用的书是旧《本草》，依照上面的错误把一味药拿成另一味药，几乎闹出人命。此事促使他下定决心编撰一部新的本草。虽然具体事实的细节未必如此，但是发现旧《本草》的讹误和缺陷确实应该是李时珍重修《本草》的起因。

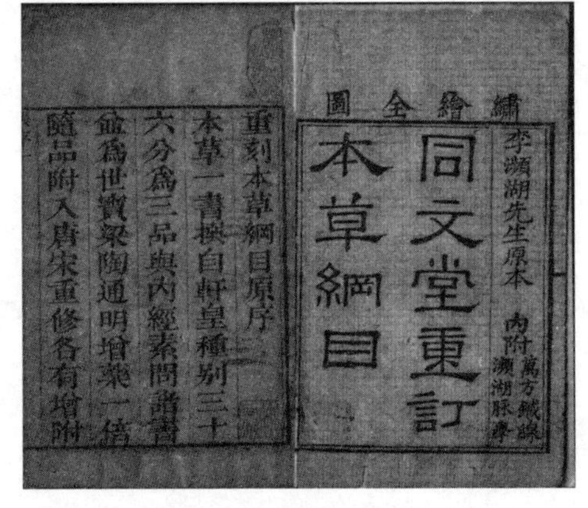

《本草纲目》书影

从1552年李时珍35岁，准备重修神农本草，到最终完成该书一共经历了27年时间。其中分为两个阶段：前16年采方问药，后11年厘定纲目，三次修订，最后定稿。

5. 站在巨人的肩膀上

当时李时珍所处的背景是一个医学获得大发展的时代。在他之前，金元四大家的理论独立发展，各有千秋，形成中医学的鼎盛时期。刘完素的清热解毒理论、张子和的汗吐下三法、李东垣的脾胃学说、朱震亨的滋阴降火理论，对传统医学都大有突破。早于李时珍或与李时珍同时代的医家，在医学理论、医学文献研究、医学临症经验上有不少人做出了突出的贡献，例如薛己的《内科摘要》、万全的《幼科发挥》《痘疹心法》等，另外还有马莳对《内经》的研究、张景岳与朱震亨相对立的"人体虚多实少"的温阳理论等。

李时珍在这片丰饶的土地上，广采博收，获得了发展。为编写《本草纲目》，李时珍广泛阅读了大量的书籍，参考了 277 种医学著作，还有经史百家著作 440 种，本草著作 41 种。这些本草著作中，宋代的占 6 种，明代的占 9 种。宋代的 6 种著作是李时珍主要的参考书。他从马志、刘翰等所著《开宝本草》(973)中，引用了药物 111 种，从掌禹锡《嘉祐本草》(1057)中引用药物 74 种，从《日华子诸家本草》(宋初)中引用药物 25 种，从唐慎微《证类本草》(1082)中引用药物 8 种，此书还是他用作蓝本的重要著作。他参考的明代资料则包括了周定王《救荒本草》(1406)、汪颖《食物本草》、汪机《本草会编》(嘉靖)、陈嘉谟《本草蒙筌》(1565)等。前人和同时代人的研究成果，为李时珍著书奠定了丰厚的基础。

李时珍对所参考的书籍是有谨慎鉴别的。例如他认为洪武时朱震亨的弟子徐用诚所编《本草发挥》(1384)只取洁古、东垣、海藏、丹溪等人之说合成一书,“别无增益”。弘治时王伦所编《本草集要》(1492)只取常用药品,“斤斤泥古者也”。《神农本草》对药物上中下三品的分类由于本草学的发展已经不再实用,《经史证类本草》集药学之大成,算是最完备的本草书,但自成书以后已有400多年,新的药物已被大量发现,何况其中有些药物图文并不一致,不少地方有文无图,或有图无文,药物学分类上更需进行改进。后来的医书如果只是抄袭古人,没有进展和新发现,那么又有什么存在的价值呢?

时代呼唤李时珍,就像时代呼唤牛顿一样。

6. 辟谷仙方

明朝的皇帝信奉道教,沉迷于炼丹修仙。作为一个富有社会责任感的医生,李时珍对神仙方士宣扬的长生不死药、羽化登仙术、辟邪辟谷方及其他奇谈怪论,莫不根据医学、药物学原理,予以深入地批判,指出其荒谬性。如果我们曾经看过李时珍相关的资料,比如电影或者传记,就能够发现李时珍对那些道士们采取的是针锋相对的立场。

但明末清初著名文学家、蕲州名士顾景星在所著《白茅堂文集》中有《李时珍传》,传记中说:“余儿时闻先生轶事,孝友,饶隐德。晚从余曾大父游,读书以日出入为期。

夜即端坐，以神仙自命，岂偶然？”又说他“年七十六，预定死期”。此文章证明李时珍对道家文化并非全然批判。

真实情况是怎样的呢？

实际上李时珍不仅自身学习道家功夫，进行内丹修炼，并且常引用道家药方。《本草纲目》附方11 000多个，引用道药道方3 000多个，占了近三分之一。

《本草纲目》之中所引王桢《农书》“辟谷仙方”就是一例：“用大豆五斛淘净，蒸三遍去皮。用大麻了三斗，浸一宿，亦蒸三遍，今口开取仁。各捣为末。和捣，作团如拳大，入甑内蒸，然后晒干为末，干服之，以饱为度。则食一顿而七日不饥。”

但李时珍对道教文化是有批判的吸收的。当时道士们根据《抱朴子·杂应篇》，传播所谓“辟谷术”。其法是先作美食，极饱，然后服药，延缓食物消化，可做到长期不进食而能维持生命，终至成仙。李时珍非常反对这种做法，但他却在《本草纲目》中收录了类似的“辟谷之法”。

之所以如此，是因李时珍同意王桢的观点：“水旱虫荒，国有、代有，甚至怀金立鹄，易子炊骸。为民父母者，不可不知此法也。”也就是说，一旦发生饥荒，人们没有食物，甚至到“易子而食”的地步时，可以用这种方法减少食物的摄取，延缓生命。李时珍将此方记下供非常时期参考，别具苦心，同道教宣扬“辟谷”求长生，大有区别。

7. 采方问药奇遇

在对前人的著述进行整理并做了大量的笔记之后，李时珍决定周游神州，采方问药，验证和补充前人的著述。

采方问药

李时珍采方问药的过程，并不是那么顺利。在1552年李时珍开始重修《本草》时，倭寇已入侵东南沿海各省，次年，葡萄牙人强租澳门，而当时的君主迷恋炼丹求仙，要求民间采集灵芝、仙草，捕捉梅花鹿，用于炼制丹药，对民间疾苦漠不关心。当时的社会极不安定。1564年，李时珍的《濒湖脉学》终于完成。此时他的父母已经去世，他需要承担更多的家庭责任，同时需要抚养孩子，教授徒弟。一直到他的徒弟庞宪能够独立行医，他才带着徒弟和儿子李建元远出寻方采药。

他们当时翻山越岭，足迹遍及河南、河北、江苏、安徽、江西、湖北等广大地区，以及牛首山、摄山（古称摄山，今栖霞山）、茅山、太和山等大山名川，走了上万里路，广泛地向老农、渔夫、樵夫、玲医请教，倾听了千万人的意见。为了

验证药效，李时珍曾冒死食用曼陀罗和火麻子，发现它们的麻醉功效，认识到它们可以辅助外科手术。

李时珍冒死求药，偷食榔梅的故事是许多传记必然要提到的例子。榔梅是一种野生山果，产于武当山，树干似榔榆木，果实像梅子。武当山道士将它蜜制后，进贡给皇帝，说是“仙果”，吃了长生不老，还编造神话，说这是真武大帝在武当山修炼时，将梅枝插在榆木上嫁接成的。当地官府下令，禁止百姓采摘。李时珍不顾禁令，冒险采来进行研究，揭穿其中秘密，最后确认，榔梅之实，“气味甘，酸、平、无毒”，“生津止渴，清神下气，消酒”，并没有其他特别的功效。

关于李时珍寻方问药还留下了许多传说。比如当时李时珍在蕲州遇到一个四川商人，这个商人患上了当时的绝症，因为担心商人死在异乡，李时珍为他开了一个方子，让他能熬到回家。一年后李时珍意外地遇到那个商人，商人居然已经痊愈，而且身体非常健康。按李时珍的估计，自己的药方不至于有此奇效，一问之下才知道，原来商人回家途中在夷陵州（今湖北宜昌）遇到一位神医“赛华佗”，“赛华佗”看到李时珍的方子，在其中加了两味药，商人按方服用，不到一个月居然好了。李时珍大受震撼，可是日思夜想，也想不出来是加了什么药。于是他亲自去到夷陵州，找到那位名医求他收自己为徒，最终学到了高明的医理。

8.《本草纲目》为什么伟大

李时珍不断地对药物材料进行加工整理和鉴别，梳理其中的脉络，并决定参考《通鉴纲目》的体例，重新确立分类原则，使得《本草纲目》的体系日趋科学和完善。1578年，《本草纲目》终于完稿。《四库全书提要》记载其“稿凡三易，然后告成”。旧《本草》共有1 500多种药物，李时珍新增了3 794种，共近1 900种。清张廷玉《李时珍列传》说：“医家本草，自神农所传，止三百六十五种；梁陶弘景所增，亦如之；唐苏恭增一百一十四种，宋刘翰又增一百二十种，至于掌禹锡、唐慎微辈，先后增补，合一千五百一十八种，时称大备。”但是“品类既烦，名称多杂”，经常会有把一种药品当作几种，或者两种药品当作一种的事情出现，李时珍觉得这是一个大问题。所以他“穷搜博采，删繁补缺，历三十年”“增药三百七十四种”。汉代《涉农本草经》以上、中、下三品分类，宋唐慎微《证类本草》先按十部分类，每部之下，再分三品。李时珍吸取《证类本草》十部分类的思想加以发展，建立 16 部、60 类分类法；废除三品分类法，只在药名下保留三品分类，以利于检索旧《本草》，以部为纲，以事项为目，创建了药学史上新的学科体系，促进了中国医药研究的发展。

9. 出版刻印难题

李时珍的本草学思想，在国内流芳百代。《本草纲目》自1596年问世以来，400多年间，世代相传，一再刻印。明代版本7种，清代版本40多种，辛亥革命至今的数量则无法统计。除此外还有《四库全书》缮写本。

但在最初，李时珍《本草纲目》成书之后在刻印上出现了很大的困难。因为《本草纲目》全书共有52卷，载有药物1 892种，其中载有新药374种，收集药方11 096个，书中还绘制了1 160幅精美的插图，约190万字，分为16部、60类。刻书的价格在当时大概每十万字三十两纹银，刻印《本草纲目》这样规模的鸿篇巨制，需要将近六百两纹银。这不是一般的人家所能够负担得起的。李时珍到南京之后，联系了当时的书商，遭到拒绝。于是他找到曾有过接触的名士王世贞，请王世贞为《本草纲目》作序，希望能够借助王世贞的声望，从而能够得到书商的青睐。虽然两人相谈甚欢，但是直到十年后的万历十八年，这篇序言才写出来。

写一篇序为什么拖了十年？据推测，最大的可能性是前面提到的太医院在弘治十六年编写的《本草品汇精要》，弘治病故，当时参与编书的太医院主修医官中有十多人牵涉案中，此书也成为禁忌，到李时珍完成《本草纲目》时已经七十年过去，仍没有再被提起。王世贞可能是出于这方面的顾虑，直到十年后，才写下了这篇序。李时珍赶到江苏太昌，拿到这篇宝贵的序言，之后联络到南京的书商胡承龙，用了四年时间才完成刻印出版的工作。

李时珍塑像

一般的传记，总是把李时珍写得很严肃且忧心忡忡，是非常严肃的一个医者的形象。其实正好相反。王世贞在《本草纲目序言》和自己的诗集中都对李时珍留下了很有趣的评价，在序言中他说："予窥其人，睟然貌也，癯然身也，津津然谈论也，真北斗以南一人。"意思是说：我看这个人，面貌温和，身材瘦削，谈话风趣有味道，真是天下的第一人。他又写诗调侃李时珍有仙人的气质，恐怕早晚是要飞仙的。

10. 献书皇帝，却入冷宫

关于献书这件事有两种说法：一种是书刻印完成之后，李时珍觉得自己大限将至，临终遗言，让儿子把书上达圣听。另外一种是，一直到李时珍去世的时候，这部书还没有刻印完成，但李时珍确实留下遗言，把这部书进献给皇帝。

李建元《进〈本草纲目〉疏》说：根据明例《礼部仪制司》

《勘合》一款,"凡名家著述,有关国家典章,及纪君臣事迹……他如天文乐律、医术方伎诸书——但成一家名言,可以垂于方来者,即访求解送,以备采入艺文志。如已刻行者,即刷印一部送部。或其家自欲进献者,听。奉此,臣故父时珍,原任楚府奉祠,奉敕进封文林郎、四川蓬溪知县。生平笃学,刻意纂修。曾着(著)《本草》一部。甫及刻成,忽值数尽,撰有遗表,令臣代献。""伏念本草一书,关系颇重。注解群氏,谬误亦多。行年三十,力肆校雠。历岁七旬,功始成就。"

万历二十四年,皇帝看过,批到"书浏览,礼部知道,钦此。"这部书在朝廷显然没有引起重视。

11. 在民间引发流行风

虽然在朝廷没有得到重视,但是在民间,因为有王世贞的序,《本草纲目》书出后,士大夫争购,几乎家有一册。王世贞在序中说道:"慈岂仅以医书观哉。实性理之精微,格物之通典,帝王之秘录,臣民之重宝也。"但也因为王世贞的序,上层社会对于此书阅读的热情,甚至超出和遮蔽了它的医药价值。是什么原因导致医药书会有这样的传播效果呢?王世贞的序已经透露了其中的信息:这跟中国文化关注自然的传统有关。

孔子曾经教育自己的学生说:"诗可以兴,可以观,可以群,可以怨。尔之事父,远之事君。多识于鸟兽虫鱼之名。"这段话反映了中国传统文化的一种兴趣和态度,人们很关注“格物致知”的知识。一本药书会被当作一本博物典志来看，是可以理解的。

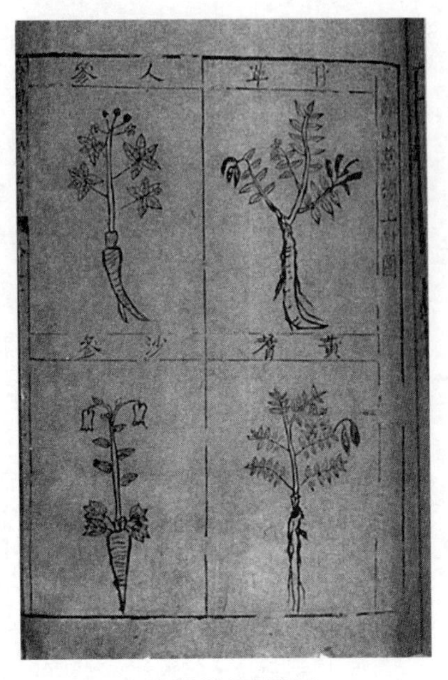

《本草纲目》插图

另外，古时有学医的传统。古时候男女授受不亲，何况那时看病也不容易，不到很关键的时刻，古时候的女性一旦身体不适，一般不会马上想到延请医生看病。作为一家之主的男子，有义务掌握一定的医学知识来为家人的健康负责。朝廷也会组织编撰刻印医书、药书供民间使用。另外在中国的传统文化中，中国的医学观念跟哲学观念是紧密联系的。作为一个中国的传统文人，了解中国的古文化知识，懂得其中的哲学原理，有医书，了解验方、古方，知道一定医药知识，那么就可以通晓医术，进行临床诊治——这就是所谓“秀才学医，笼中抓鸡”。李时珍在生命的前 20 年都在为科举考试而努力，在 23 岁学医后医术能够得到迅速的发展，这跟他出生于医学世家当然有关系，但跟传统文化和中医的特性也是有关系的。直到今天，许多人的家中都备有医书和保健书，说明这种传统在某种程度上延续了下来。

《本草纲目》不仅是一部药物学著作，还是一部具有世界性影响的博物学著作，书中涉及的内容极为广泛，在生

物、化学、天文、地理、地质、采矿乃至历史方面都有一定的贡献，不仅在国内有深远的影响，而且在国际上也有较大的影响。公元1606年时，《本草纲目》即由日本学者林道春首先传入日本，1637年日本的翻印本出版。1783年又有由日本小野兰山译为《本草纲目译说》附注解的日译本出版。1929年日本人白井光太郎按照金陵版，翻译为《国译本草纲目》十五册。此书的问世引起了日本医药界的震动，对于日本植物学和药物学的研究，产生了巨大的影响。在日本有关《本草纲目》研究的书就有9种之多，并且编写了许多配图本和袖珍本。一直到今天在日本《本草纲目》仍被视为珍宝。1647年波兰人卜弥格将《本草纲目》译为《中国植物志》于1657年以拉丁文出版。1735年在法国巴黎出版的《中国史地年事政治纪录》中有法文的《本草纲目》数卷，在英国也有两种《本草纲目》英语全译本流行。据不完全统计，《本草纲目》在世界上有拉丁文、法文、德文、英文、日文、俄文、西班牙文、朝鲜文等8种文字的译本流传，被誉为“东方医学巨典”。英国著名生物学家、进化论的创始人达尔文在《人类的由来》一书中，还把它称为“中国古代的百科全书”。

12.《本草纲目》以外

李时珍的著述颇丰，《本草纲目》之外，尚有《濒湖脉学》《奇经八脉考》《命门考》《五脏图论》《濒湖医案》等书。李时珍的医学贡献，无论脉学、医理、方剂学，在历史上影响都很深远。他在医学上最突出的成就在脉学方面。《濒湖脉学》《奇经八脉考》《脉诀考证》等著作，对脉学的发展有划时代贡献。《濒湖脉学》以歌诀形式阐述科学内容，易懂易记，便于初学，取代了流行的《脉诀》而成为脉学基本教材，正如《四库全书提要》指出的，《濒湖脉学》问世，"《脉诀》遂废"。《奇经八脉考》明奇经之要义，阐述奇经八脉同十二经脉的关系，发前人所未发，有承先启后之功。

关于医理，《本草纲目》中大量医案、医话，阐述了李时珍的独到医学见解。关于三焦、命门学说的论述，尤有显微阐幽之功，对清代医学家赵献可、张景岳等影响至深。赵献可《医贯》一书，以肾间命门学说为纲，凡病机、诊治、方药，无不依命门学说立论。张景岳《类经附翼》中《三焦包络命门辩》《大宝论》等篇，极力强调三焦、命门学说的重要性：称命门"为水火之府，为阴阳之宅，为精气之海，为死生之窦"；称三焦为"五脏六腑之总司"。这都看出他们是李时珍的三焦、命门学说的直接继承发扬者。

李时珍对方剂学的发展，尤有巨大历史功绩。《本草纲目》保存的 1 万多附方，启发后代医家从不同角度研究方药，促成清代掀起研究方剂学的新高潮。汪昂的《医方集解》(1682)和《汤头歌诀》(1694)、吴仪洛的《成方切用》(1761)、徐大椿的《兰台轨范》(1764)、赵学敏的《串雅》内外篇(1759)等，还有检索性方剂著作《本草万方针线》(1712)、《本草类方》(1735)、《本草纲目万方类聚》(1800)等，都是在《本草纲目》影响下编撰的。

作为一个研究者，李时珍总结前人经验，又不为前人经验所限，历尽艰辛，广泛发展祖国的医药科学；作为一个

医生，李时珍不仅在平时对病人精心治疗，在著述时仍然不忘关心民生疾苦，具有“医者父母心”的仁慈。

斯人已逝矣！医圣李时珍不仅作为一位伟大的医学家、药物学家，贡献卓著，更作为一名悬壶济世的医者，令后世敬仰。

现代解剖学的奠基人——维萨里

维萨里(Andreas Vesalius, 1514—1564)，出生于比利时布鲁塞尔，世代行医，其曾祖父、祖父、父亲都是宫廷御医。是著名医生和解剖学家,近代人体解剖学的创始人，与哥白尼齐名，是科学革命的两大代表人物之一。

生命是什么，人是什么，而人与周围世界的关系又是什么？也许自人类有思维能力始，当人们被生命的神奇和伟大所震慑时，这个问题就不可避免地出现。人类为此一代又一代进行了艰辛的探索。而人与动物的区别是什么，是什么东西在人体内部运作，使得我们富有活力，为什么生命会戛然而止？——人们最终把关注点放到了人类的身体本身。而要了解人体的构造，“解剖学”这一个专业名词便悄然而生了。

欧洲文艺复兴时期，人们冲破了宗教思想的禁锢，已经认识到人体解剖学在医学中的重要地位。公元131年，意大利波轮亚大学的蒙迪诺公开解剖了一具女尸，并写了历史上第一本专门论述解剖学的书，从此正式开始了人体解剖的历史。不过最初正式描述人体结构的不是蒙迪诺，而是以作画而闻名的达·芬奇(1452—1519)，当然今天人们已经毫不吝啬地给予了达·芬奇医学家、生物学家、发明家等诸多称号。不过达·芬奇并没有自己的解剖专著和成果，他留下的是一些人体结构的素描。完成解剖和绘图相结合这一事业的是后来的继承者——维萨里。

1. 偷盗尸体的解剖家

维萨里(1514—1564)出生于文艺复兴时期。他的家庭在比利时布鲁塞尔，世代行医，他的曾祖父、祖父、父亲都是宫廷御医，家中收藏了大量有关医学的书籍。维萨里幼年就喜欢阅读这些书籍，并立下了当一位医生的志向。

他的父亲喜欢解剖动物，维萨里童年时代就解剖过狗、兔子和鸟类，他对解剖学的兴趣大概在这个时候已经萌芽了，而他的解剖技能大概此时就已经打下了基础。

著名的维萨里手持手臂像

1530—1533 年维萨里在比利时著名的大学城鲁汶求学（也有传记说维萨里去鲁汶大学的时间是 1528 年），鲁汶是当时比利时最好的学校，欧洲的顶尖学府。100 年前，维萨里的曾祖父就曾经在鲁汶大学教授医学。不过维萨里到鲁汶学习的是美术。在这本书中，我们将有机会发现，像胡克、海尔蒙特这样的生物学家、科学家都曾经学习过绘画，有非常好的绘画功底，他们的绘画基础为他们的研究工作提供了很有力的支持。艺术和科学之间如何产生了联系，这确实是一个非常有意思的问题。

1532 年，维萨里的父亲成为查理五世（荷兰和比利时的首位统治者）的侍医，维萨里决定继承祖业，学习医学。1533 年，维萨里 19 岁，到巴黎学医。当时巴黎大学每年只允许开展一次解剖教学，教授们高坐在讲台上宣读盖伦的著作，由仆役（也有人说是理发师兼外科医生）持刀做解剖示范。盖伦这位古希腊医学家的见解和理论在他死后的一千多年里是欧洲占支配性地位的医学理论。无人怀疑过他的著作和理论，因为盖伦的许多知识来自于他对活体

动物的实际解剖。但此时正值文艺复兴时期，年轻人崇尚思想自由，崇尚挑战权威。盖伦的理论注定要接受检验和审判，青年才俊维萨里日后将担当这一重任。而此时，他和他的同伴却在做着一件恐怖的事——盗尸。

由于以维萨里为首的一些年轻人对学院这种教学方法非常不满，他们千方百计地寻找尸体自己进行解剖练习。据说维萨里经常与两三个同学一起，在深夜里偷偷去到郊外，盗取荒芜墓地的残骨，或者把绞刑架上已经腐烂不堪的尸体放到袋子里，然后一群年轻人驾着马车迅速撤离。之后这群年轻人在地下室的实验室里兴致勃勃地对盗来的尸体进行人体解剖。他们的解剖走得比课堂里所展示的要远得多，课堂里只是把人体的腹脏展示出来，他们却对人的肌肉、血管、骨骼、神经都加以研究。进行这私底下的解剖研究的人都有谁，已经无法具体考证。但是这群年轻人中至少有两个在世界医学史上留下了自己的名字：一个是维萨里，另外一个是塞尔维特①。

今天关于维萨里盗取尸体的传说传得很生动，据说维萨里曾经夜半从绞刑架上盗尸被卫兵发现，仓皇之下维萨里割断尸体颈部带着头颅匆匆逃跑。第二天整个城市都在张贴布告捉拿盗尸者，但维萨里却安静地躲在地窖里对偷来的头颅做研究。他曾因为盗取绞刑犯的尸首用以解剖，而被称为“偷盗尸体的医学家”。

1537 年，维萨里离开巴黎，前往意大利帕多瓦大学进

①塞尔维特(Michael Servetus，1511～1553)，西班牙医生，文艺复兴时期的自然科学家，肺循环的发现者。

一步深造。帕多瓦大学当时正处于医学教育的鼎盛时期，欧洲各地的顶尖学者会集于此。但是维萨里很快显示了他在解剖学方面的突出才华，23岁的时候获得医学博士学位，并被聘为外科学和解剖学教授。对于维萨里来说，真是如鱼得水。

维萨里在平时的解剖示范中，要求学生自行观察："请用你们自己的手去感觉，并相信你们自己的感觉吧。"他当时下决心根据自己的对人体的观察编写一本新的教科书。在帕多瓦大学，维萨里得到了自由研究的机会，使他的研究工作得到了大胆的创新。

维萨里为了能够进行解剖实验，又率学生掘墓盗尸。在任教期间，他解剖了几十具尸体。据说维萨里曾经认真解剖过6具尸体，3具用于教学，另外3具，一个是被谋杀的孕妇的尸体，一个是上吊死亡的妇女的尸体，还有一个6岁的小女孩的尸体是他的学生从墓地里偷来的。

2.《人体构造》——盖伦理论的终结者

维萨里一边从事教学，一边进行科学研究，在研究的过程之中对盖伦的理论产生了怀疑。1539年，他写出了两本小册子——《解剖基础》和《解剖图表》。

1540年，维萨里在博洛尼亚进行了公开解剖，他拼好两副骨骼，一副是猿猴的，一副是人的。在对比中，他指出了盖伦的理论是根据猿猴得出的。

1541年，维萨里在博洛尼亚发现盖伦所有的研究结果都不是源于人体而是动物的解剖：因为在古代罗马人体解剖是被禁止的，所以盖伦选用了巴巴利猕猴来代替，还坚称两者在解剖学上是相近的。于是，维萨里对盖伦的文章做了校正，并开始撰写自己的著作。

1543年，帕多瓦刑事法庭的法官同意把已被处死的罪犯的尸体移交给维萨里，以供解剖学研究之用。有了充足的可供解剖之用的尸体来源，维萨里在人体解剖学领域取得了重大进展。维萨里将自己的研究结果整理成一部带插图的书籍，出版了《人体构造》。

《人体构造》全书7卷663页，有278幅插图，书中指出盖伦解剖学的200多处错误，对人体的结构进行了精确的描述。

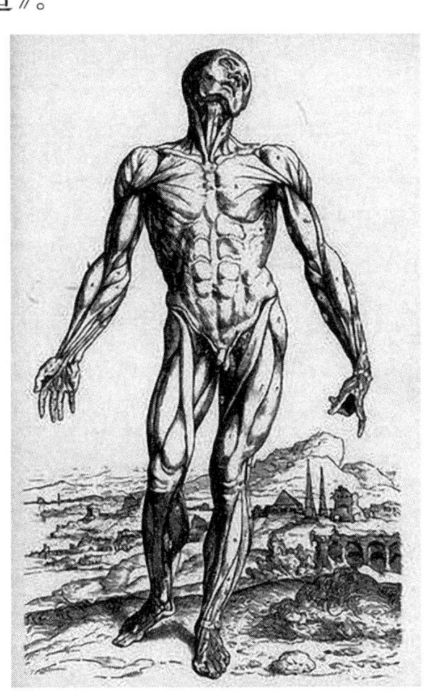

《人体构造》插图1

这部著作从人体基本结构骨骼开始，对肌肉、血管系统、神经系统、腹部器官、胸部和心脏进行了介绍，全面总结了盖伦的错误，使人们对自身的解剖结构有了全新的认识。该书否定了盖伦心室膈中有孔的说法，描述了心脏瓣膜的正确结构，为血液循环的发现奠定了基础。维萨里在此书的序言中说道："我在这里并不是无故挑剔盖伦的缺点，相反的，我肯定他是一个大解剖家。他解剖过很多动物，但限于条件，没有解剖过人体，以致造成许多错误。在一门简单的解剖课程中，我能指出他的两百种错误。但我还是尊重他。”

不仅是针对盖伦，《人体构造》还对当时的许多流行观点产生了冲击。例如《圣经》曾经说，女人是由男人的肋骨做出的，所以男人要比女人少一根肋骨。但《人体构造》显示的显然不是这样。另外《圣经》说人体有一块不怕火烧、不会腐烂的复活骨，支撑整个人体的骨架，维萨里否定了这一点。亚里士多德认为心脏是生命、思想和情感活动的地方，维萨里却提出，大脑和神经系统才是这些高级活动的场所。

另外维萨里把解剖图引入医学典籍中，如此之多的插图，超过了古代任何一本解剖学著作。书中插图出自提香的学生、佛兰德斯画家 J. S. 加尔加之手。艺术家和医学家合作，再加上此前维萨里曾经学过美术，图画画得非常精致和准确。这些画现在也是世界名画。

1565 年，《人体构造》印了第二版，不到半个世纪，此书已经被人们普遍接受，为欧洲各医学院普遍采用，西方的解剖学从此发生了根本性的变化。维萨里因此成为近代人体解剖学的奠基人。而维萨里亲自进行解剖，开辟了近代医学的实验观察风气。

3. 追寻真理的代价

任何进步和科学的革命性进展都伴随着代价的付出。

谈及代价，不得不提到维萨里在巴黎大学的同学，西班牙医生、生理学家米凯尔·塞尔维特。在巴黎大学时他们曾经一同偷盗尸体，进行过解剖实验。而此时，出于对真理的执着追求，他们先后走上了对于以盖伦学说为代表的传统人体解剖学概念的挑战之路。在人体解剖实验研究中，塞尔维特发现了血液的肺循环，推进了维萨里没有解决的人体血液流动方向、通道和作用等问题的解决，为他们的后辈哈维发现“血液循环运动”奠定了重要基础。1553 年，塞尔维特《基督教复兴》一书在维也纳匿名出版，阐明了人体结构和功能，以科学发现纠正了盖伦的“三种灵气说”，被天主教徒与基督教徒视为异端邪说，宗教裁判所对他进行缉捕并判处火刑。因为拒绝放弃自己的观点，塞尔维特于 1553 年 10 月 27 日在日内瓦被烧死在火刑柱上。为了增加他的痛苦，他们用火活活地烤了塞尔维特两个小时。他的著作也付之一炬，只有三本《基督教复兴》手抄本幸存。

《人体构造》插图 2

1543 年《人体构造》出版之后，维萨里受到了激烈的反对。他于 1544 年被迫离开帕多瓦大学。比他的同学稍微幸运的是，可能是因其世代宫廷侍医的身份，维萨里受到了王室的保护。

他随后应聘为西班牙宫廷医生，先后成为查理五世和菲利普二世的侍医。由于医术高明，深得王室信任，维萨里被封为伯爵，在宫廷从医服务近 20 年。

但是宗教事务所视维萨里为异端分子，并不会就此放过他。他们四处宣扬维萨里“盗掘坟墓”“亵渎神明”的罪名，仍不能达成目的，最后想到了一个极阴险的手段：有一次，维萨里为西班牙的一位贵族做验尸解剖，剖开胸膛时，监视官说心脏还在跳动。他们以此为借口，诬陷维萨里用活人做解剖。宗教裁判所便趁此机会提起公诉，最后判处维萨里死罪。在监狱中，维萨里望着铁窗外繁星闪烁的夜空长叹，“这种法庭是最不讲理的地方”，他知道申辩也无济于事，便抱定了为科学事业献身的准备。但他的朋友们仍在积极奔走营救，一直上书到国王那儿，最后在菲利普二世干预下，“死刑”改判“赎罪”——责令维萨里去圣地耶路撒冷向上帝忏悔自己的罪行。

1564 年约 6 月，维萨里死在朝圣赎罪的途中。《简明不列颠百科全书》中记载：“1564 年到圣墓朝圣，可能于归途中病逝于希腊。”其死因众说纷纭，有“船破遇难于地中海”；“航船遇风暴，可能死于萨金索斯的荒岛上”；“染重病死于归途中”等多种说法，但是更多的人怀疑维萨里极有可能是“被教徒暗害了”。

17 世纪以后，《人体构造》成为欧洲各医学院解剖学的主要教材，人体解剖也成为一门必修课。科学真理终于冲破黑暗势力的重重阻拦。维萨里和他的同学塞尔维特为现代医学的发展，献出了自己毕生的时间甚至生命，历史将永远铭记他们的名字和他们曾经做过的努力。

近代生理学之父——哈维

威廉·哈维(William Harvey，1578—1657)，英国医生、生理学家、胚胎学家。1628年发表其划时代的著作《心血运动论》。这部书的问世标志着近代生理学的诞生，同时也奠定了哈维在科学发展史上的重要地位，使他成为与哥白尼、伽利略、牛顿等人齐名的科学革命的巨匠。恩格斯说：“哈维由于发现了血液循环而把生理学确立为科学。”

血液是怎么样流动的？自古以来许多科学家在进行着不懈的探索，但是总没有办法得出一个确切的令大家都能信服的结论。古罗马名医盖伦认为，血液的流动以肝脏为中心，血管中的血液就像潮水涨落一样做起伏运动，逐步被身体吸收。他的血液理论被奉为神圣不可侵犯的经典。16 世纪中叶，比利时人维萨里在解剖动物心脏时发现心脏中膈很厚，血液根本不能渗透进去。西班牙人塞尔维特的研究也证明，右心室的血液流经肺部，通过曲折的路径到达左心室。他们为自己挑战权威的行为付出了巨大的代价，维萨里被迫逃亡，而萨尔维特则被当作“异教徒”处以火刑。他们解到一半的谜最终由他们的后辈哈维揭开。

1. 杰出青年

1578 年 4 月 1 日，哈维在英国肯特郡法克斯顿镇出世。他的父亲托马斯·哈维是当地有名的富商，曾经出任该镇的镇长。他对儿子的成才寄予了厚望，自幼悉心教育。哈维在坎特伯雷著名的私立学校——国王学校受过严格的教育，16 岁考入剑桥大学，学习的是人文科学。1597 年哈

近代生理学之父——哈维

维19岁时完成了极为出色的毕业论文，获得文学学士学位，然后继续在剑桥大学学习了两年与医学有关的课程。为了深入学习医学，哈维来到意大利的帕多瓦大学学习。帕多瓦大学是当时欧洲最著名的高级科学学府，科学革命时期的巨匠伽利略当时就在这所大学执教。哈维的老师当中不乏大科学家，如著名的生理学家、解剖学家法布里休斯①。哈维在帕多瓦大学阅读了大量的医学专著。其中，维萨里的解剖学专论《人体构造》使哈维受益匪浅。哈维的医学导师法布里休斯十分注重科学实验研究，要求学生亲自参与解剖动物的实验。1602年，24岁的哈维获得医学博士证书。他的博士证书上写道："威廉·哈维以突出的学习成绩和不平凡的才能引人注目，并获得杰出教授的高度赞扬。"

2. 帝王宠臣

早期的哈维可谓一帆风顺。他顺利获得毕业证书后，于1603年在伦敦开业行医。他曾任英国文艺复兴时期最重要的学者弗朗西斯·培根(1561—1626)的私人医生，哈维此后与培根过从甚密。不久哈维与伊丽莎白女王的御医朗斯洛·布朗的女儿结婚。这桩婚姻对于哈维的事业

①法布里休斯(1537—1619)，意大利解剖学家。生于阿夸彭登泰。师从帕多瓦的法洛皮奥(Fallopius)。1562年继承其师任解剖学教授。他是详细描述静脉瓣、胎盘和喉的第一人。

显然有巨大的帮助。1607 年,哈维被接受为皇家医学院成员,1615 年他被任命为卢姆雷恩讲座的讲师,1616 年被任命为圣保罗医院的医生。

在职业生涯中,哈维与皇室建立了密切的关系,靠岳丈的关系,他曾先后担任英王詹姆斯一世(1566—1625)和查理一世(1600—1649)的御医,阅读了大量的皇家藏书并进行科学研究。

两位皇帝都曾经参观过哈维的科学实验,尤其查理一世,不仅与哈维私交甚笃,而且对哈维的科学工作极有兴趣。他们甚至经常一起从事科学实验,其中包括关于心血运动的实验。查理一世还将皇家公园的鹿提供给哈维研究动物的生殖。

哈维对于国王的宠爱心怀感激。他在《心血运动论》的开端写道:“献给最杰出最无畏的君主,大不列颠、法兰西和爱尔兰的国王,信仰的捍卫者,查理,最杰出的君主。”在这本书中,他把心脏比喻为一个国家的君主,是动物体内小宇宙中的太阳,所有的力量都来自于心脏。心脏像国王一样,是一切理论和一切恩典的源泉——虽然难说没有主动讨好、谄媚的嫌疑,但却也是发自他内心的。

哈维一直效忠于查理一世国王,即使在英国内战期间。遗憾的是在 1649 年,查理一世被判以绞刑,哈维从此失去了他事业上最重要的支持者。内战结束后,哈维因为效忠于查理一世被处以2 000英镑罚金,并被禁止进入伦敦城。

3. 再度挑战盖伦

在哈维之前，古罗马医学家盖伦的学说在当时占有统治地位。盖伦是继希波拉底之后最出名的理论大师，他把古代希腊医学与生理学、解剖学加以系统化，并在解剖学、病理学和医疗学等方面有许多重要的发现，但是他的一些观点显然是想象的产物。例如他认为“元气”是生命的要素，“生命元气”在心脏中与血液混合，心脏是血液运动和调节体热的中心，“自然元气”从肝到血液，肝是营养和新陈代谢的中心。他认为人体摄入的有用部分进入肝脏后变成血液，在肝脏调制成的血液由静脉运动到右心室。血液透过心室间的隔膜从右心室流到左心室。在左心室，经脉中的烟气与废物被隔离出来，通过肺静脉排到肺里。空气从肺进入左心室，在左心室空气和“元气”与血液混合成鲜红的动脉血流到

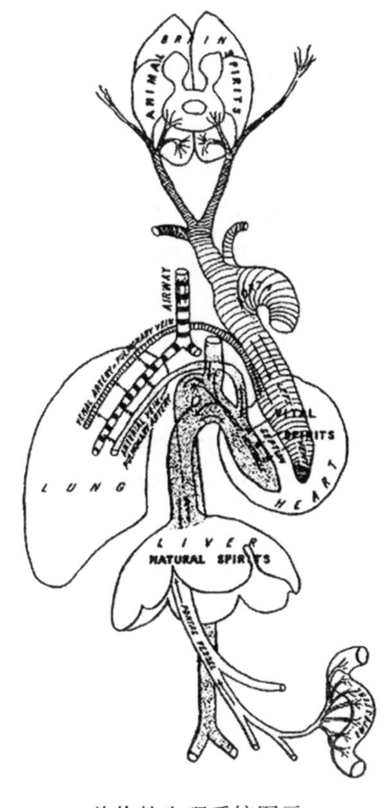

盖伦的生理系统图示

躯体的各个部分。盖伦提出心脏也负责呼吸，心脏舒张时吸进空气，收缩时排出空气。当人们对某些猝死的动物进行尸检的时候，发现静脉中充满了血液，而动脉中是空的。这在盖伦的追随者看来，证实了动脉中只有空气和“元气”，而没有血液的推论，但真实的情况是：动物死亡之后，静脉中的血液因为静脉瓣的作用被阻滞在血管中，而动脉没有脉瓣，所以不能阻滞血液的流动。虽然人们注意到动脉血管被切开之后会有大量的血液喷射出来，但他们认为：动脉血喷射是因为血管穿孔造成的，穿孔使静脉血流向动脉，然后喷射而出。这些理论被广泛地应用于医疗实践，如果有人动脉出血，盖伦派会认为其原因是病人静脉中的血太多，以致不得不穿透动脉流出，所以他们所给出的治疗动脉穿孔的方案是从静脉放血。在盖伦派，放血疗法是很重要的一个手段，而盲目的放血疗法往往导致患者的死亡率升高。所以路易斯·托马斯曾经感叹说：“在科学注入之前，医学简直就是一部令人难以置信的惨剧，而人们对此几乎无动于衷，任凶手逍遥法外。这实在令人震惊。”

盖伦的学说完全符合当时的基督教教义，因此其权威性受到教会长期的支持。直到文艺复兴为止，盖伦的学说还是被认为是唯一正确的，不允许怀疑和批判。提出质疑的人常被认为是异端，会遭到严厉的惩罚。

哈维生于文艺复兴的后期、宗教改革的中期，正是社会剧烈变革行业学术蓬勃发展的时期，中世纪的神权统治及思想禁锢受到强烈的冲击，已开始动摇。在詹姆斯一世和查理一世时期，虽然英国的经济发展很快，文学、艺术和哲学有很大的进步，出现了像莎士比亚(1564—1616)这样的文学泰斗和弗朗西斯·培根这样的哲学大师，但是国内的矛盾也愈演愈烈，新教徒和天主教之间，保皇派与新兴的资产阶级之间经常发生冲突，以至于在1642年爆发了国内战争，直到1646年才结束。早哈维一个世纪的波兰天文学家哥白尼(1473—1543)提出了日心学说，揭开了科学革命的序幕，开普勒(1571—1630)从数学角度增加了哥白尼体系的精确性，并且提出了行星运行三定律，伽利略(1564—1642)望远镜对天体的观测为哥白尼和开普勒的学说提供了确切的证据。哈维在帕多瓦大学攻读医学课程时，伽利略在那里教授数学，当时正在研究液体流动的有关原理及水泵理论。虽然没有资料显示他们之间是否有交往，但是大学的新科学思想氛围对哈维的思想肯定会有很大的影响。

1543年，帕多瓦大学的教授维萨里(1514—1564)发表了《人体构造》一书。对盖伦的一些观点提出了谨慎的怀疑。比如，维萨里指出，心室之间的肌肉比较坚韧，血液不可能通过右心室流到左心室。西班牙哲学家、医学家萨尔维特在1553年发表的《基督教的复兴》一书中，提出心室不存在膈膜，他在书中提出肺循环学说，认为血液由右心室经肺动脉流向肺，再由肺静脉流回左心室，血液在肺部放出不干净的物质，吸入空气，重新恢复血液的鲜红色，清洁的血液从左心室流出，循着动脉散布到全身。他已经推测出血液必须在肺部进行气体交换了，可惜被宗教裁判处死而没能进一步深入研究。

哈维在帕多瓦大学学习时的老师是著名的解剖学家法布里休斯。当时法布里休斯在心血循环上已有重大发现。1579 年，他提出在人体的经脉血管壁上有许多小门（也就是今天我们说的静脉瓣）。不过他认为这些静脉瓣的作用是调节血液以应对各种病变。事实上静脉瓣的真正作用是锁定血液流动的方向，使血液能够流回心脏——这跟盖伦的推论是截然相反的。

总之在哈维所处的时代，是愚昧和科学、黑暗与光明交织的前夜，一些错误的理念像黑暗一样借由着保守的势力、借由着宗教的权威仍严实地笼罩着大地，但科学的萌芽已经蠢蠢欲动，前辈的经验为哈维的发现做好了准备。

4.《心血运动论》

1579 年到 1616 年间，哈维赴帕多瓦大学学习。他在维萨里的著作中了解到心脏的结构，从法布里休斯那里了解了静脉瓣，哈维的血液循环概念逐渐形成。但哈维不急于发表自己的见解。1616 年哈维在开设卢姆雷恩讲座时，开始向听众传播他的心血运动观点，这些观点收入他 1628 年出版的《心血运动论》一书中。

《心血运动论》书影

《心血运动论》建立在观

察和定量分析上：哈维观察和计算出心脏每次收缩压出55克血液，每分钟72次，每小时有243千克血液经心脏流出，几乎是人体重量的3倍，认为如此大量的血液不经过循环回流，绝对不是一个人每天摄入的营养所可能供给的。他从解剖学角度观察到血液经由静脉从四肢流入大静脉，根据静脉瓣及心脏瓣膜的结构，证明血液是单向流动的，静脉血最后注入右心房，然后由右心室经肺动脉流到肺，再由肺静脉注入左心房，由左心室经大动脉而至全身，然后再由静脉回到右心房。

在盖伦的理念中，是血液循环造成了心脏搏动而不是心脏搏动造成了血液循环。哈维在书中说道："当我试图利用活体解剖，经过观察来了解心脏的运动和功能时，我发现这项工作异常艰辛，充满挑战，我几乎认为只有上帝才能参透其中的玄机。"他在书中还指出："如果我们在一些温血动物（如猪和狗）濒死时，能仔细观察其由强变弱的心跳的话，就会发现这种结果尤其明显。"哈维在其理论的形成过程中对差不多80多种动物做过实验。因为显然没有办法对人类做活体解剖，他于是寻找循环较慢的冷血动物来观察研究心脏的搏动，还用放大镜研究身体透明的河虾的心脏搏动。

当时的光学仪器不够先进，无法使哈维发现人体四肢的动脉和静脉之间存在微小的通路，也就是毛细血管。不过哈维还是找到了一种聪明的办法来证明血是从动脉流向静脉的。他经过多次的细心实验发现，当用丝带扎紧人的上臂时，丝带下方的静脉膨胀起来，而动脉却变得扁平；而在丝带上方的动脉膨胀，静脉扁平。这表明动脉和静脉中血液流动的方向相反：一个从心脏流向肢端，一个从肢端流回心脏。

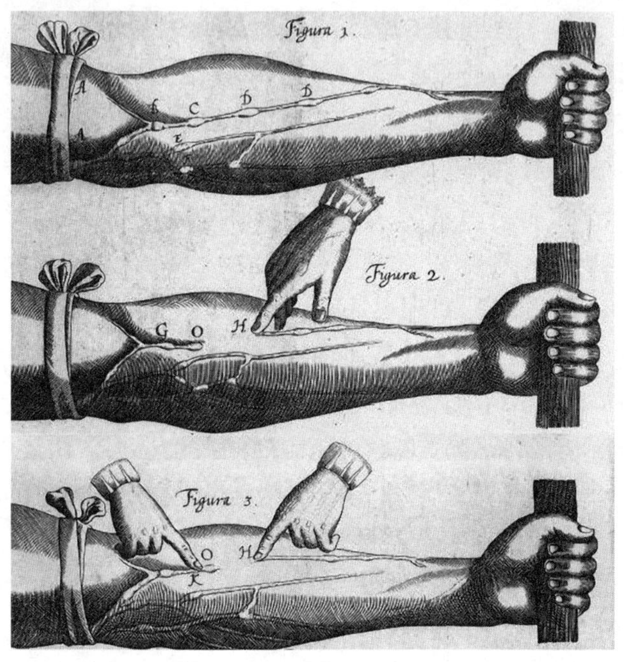

哈维的实验

哈维没有直接批判盖伦和亚里士多德的观点，反而在《心血运动论》一书中尽量用他们的话做依据。他主要是用解剖和观察的方法进行研究，在书中提供了大量的证据，包括人的临床观察和实体解剖，从各方面证明心脏是一个可以泵出血液的肌肉实体，血液以循环的方式在血管系统中不断流动。他彻底地否定了心脏的心室之间可以透过血液的说法指出右心室的血液通过肺循环流到左心室。他证实心脏瓣膜的作用是防止血液倒流，证实了静脉瓣的作用是防止静脉中的血液回流。他证明动脉是将血液从心脏输出的管道，静脉是将血液输回心脏的管道，这两个系统并不是截然分开的。当剖开静脉，不仅静脉中的血液，连动脉中的血液也会流空，反之亦然。他利用大量的证据从各个角度证明血液在体内以循环的方式流动。在哈维死后4年即1661年，意大利马尔基教授用显微镜观察到毛细血管的存在，有力地支持了哈维的心血循环学说。

《心血运动论》的问世标志着近代生理学的诞生，同时奠定了哈维在科学发展史上的重要地位。其实血液循环理论并非哈维首先提出来的，如希波克拉底、维萨里等都提出来了这些观点，但哈维的最重要的贡献在于利用充分的证据和缜密的推理，使得血液循环流动理论变得十分明了、透彻、无可辩驳、令人信服。他无意间彻底推翻了盖伦的心血运行体系，开创了生理学、解剖学的新时代。

5. 战战兢兢的准备

哈维在写作《心血运动论》时所使用的文字是拉丁文，由于当时的出版审查委员会禁止本国出版商出版甚至接触该书，因此哈维不得不找到远在德国法兰克福的威廉·菲茨帮忙，但此书可谓生不逢时，正好赶上了一场历时30年的内战。

其实早在1628年该书出版之前，哈维的研究已经基本成熟，他用9年的时间在他所任职的皇家医学院里进行讲解和演示，系统地向同行介绍了他对于心血循环理论的认识，以期获得同行的支持，所以尽管全书只有 72 页，印刷粗糙，但他审慎的写作态度、简洁的语言仍足以使人对其内容一目了然。不过当哈维提出这一论点时，显然是有一点疑惧的，他说道："我甚至冒昧地期望：我会欣慰地发现，你们赞同我的见解是出于对真理的热爱。""真正的哲学家只热爱真理和知识，并不认为他们的学识已经足够，而是欢迎来自任何人、任何时期的新知识，他们不会狭隘地认为古人传给我们的所有医书和科学都尽善尽美，后人尽管聪慧勤勉也徒劳无益。"

当时的宗教信仰非常狂热而缺乏理性。1591 年，苏格兰女勋爵犹法姆·麦卡利恩因为借助麻醉剂减少生产时的痛苦而在爱丁堡被施以火刑。因为根据《圣经》的说法，生产时的痛苦是上帝对女人的诅咒和惩罚，她这种做法等于逃避了上帝的制裁。1553 年，塞尔维特《基督教复兴》一书在维也纳匿名出版，被天主教徒与基督教徒视为异端邪说，宗教裁判所对他进行缉捕并判处火刑。塞尔维特拒绝放弃自己的观点，于 1553 年 10 月 27 日在日内瓦被烧死在火刑柱上。他的著作也被烧毁。意大利哲学家布鲁诺因为坚持认为宇宙无穷无尽没有极限，惹怒了支持古希腊天文学家托勒密地心说观点的教会，因此于 1600 年被施以火刑。伽利略曾著书立说反对托勒密在公元 2 世纪提出的宇宙观，最终在宗教裁判所的强大压力下宣布放弃自己的信仰，但仍被软禁家中。这件事就发生在哈维的著作问世不久之后。

1618 年哈维是詹姆斯国王的私人医生之一，但国王本人热衷于政治迫害，所以很难揣测詹姆斯的想法。1625

年，詹姆斯国王病故，哈维就曾经受到指责，称他因为拒绝国王的宠臣白金汉公爵的医疗方案而致使国王死亡。这件事最后虽然过去了，但哈维从此以后一直受到猜忌。

所以哈维不得不顾忌自己一旦发表种种惊世骇俗的理论可能会遭遇的命运。他在《心血运动论》中写道："一定有人欢喜有人忧，会有人斥责我甚至中伤诽谤。因为在他们看来，我的这一发现无疑是离经叛道，是对所有解剖学家的犯罪。"在该书的第八章哈维写道：他完全有理由相信公众对血液循环理论的反应可能会更为激烈。"我关于人体内血液数量及其循环的理论，本质上讲完全是他们闻所未闻的奇谈怪论，因此我不仅担心少数学者们的嫉妒之心，我甚至害怕自己会因此而与人类为敌。这让我不寒而栗。"

6. 攻击与背叛

哈维的疑虑很快得到了证实。在《心血运动论》发表之后，虽然拥有国王的庇护，哈维的人身安全得到保障，但攻击和批判在所难免。为了映射他的血液循环理论，当时的人给他起了个绰号叫"循环器"。同时代的人奥布里曾经写道："我听他(哈维)说过。在那本书出版之后，街上的人都喊他精神病，而且所有的医生都反对他。"康威子爵还建议自己的儿媳不要让哈维担任她的私人医生："我知道他是个了不起的解剖学家，而那本书也称得上是他的杰作……不过作为一个医生，我觉得他太沉迷于幻想。让这么一个满脑子都是幻想的人当私人医生，简直太危险了。”这个所谓的幻想指的就是血液循环理论。而当康威子爵说这个话的时候，已经是1651年，《心血运动论》已经发表了23年，并已经得到一定程度的认同了。即便如此，哈维质疑并推翻了古代医学权威理论的做法仍然让与他同时代的人耿耿于怀。

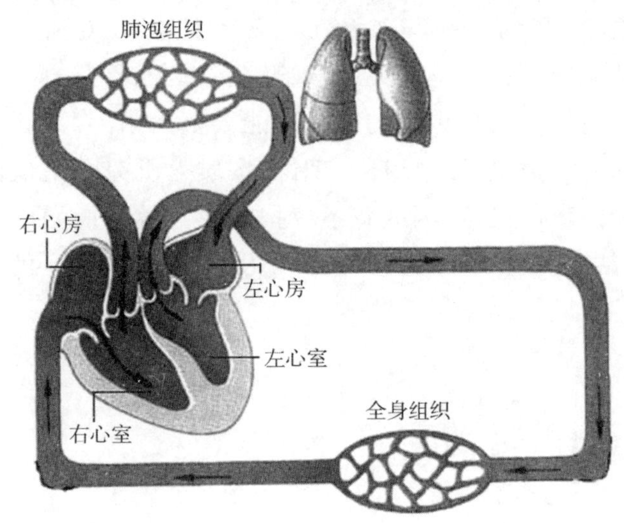

血液循环图解

在1628年《心血运动论》出版之前的10年时间里，哈维一直致力于自己的研究。他写了大量的手稿，并且做了多次讲座。这期间很少有人公开著书立说抨击他，一些人也对哈维表示过象征性的支持。第一篇真正从科学角度对哈维理论进行讨论的文章是1637年由笛卡儿所写的一篇论文，但这篇文章的主旨却是反对哈维提出的心脏理论。

在英国，乔治·恩特和柯奈姆·迪格比分别在1641年和1649年撰文支持哈维，这是英国国内出现的最早的

支持声音。这些文章对笛卡儿提出的反对意见做了回应，有人怀疑这些文章是哈维本人假冒他人名义写的。

哈维的批评者中有一个人非常值得一提，那便是英国著名的医生兼作家詹姆斯·普利姆罗斯。他在1630年率先出书驳斥了哈维，不过其内容完全是对哈维理论的误解。普利姆罗斯在书中说道，他仅仅用两个星期的时间已经完全驳斥了哈维用20年时间所做的研究。普利姆罗斯是一个固执的反对者，直到1644年，血液循环理论已经逐渐为世人所接受时，他仍坚持写了许多小册子与哈维的一个支持者进行辩论。

将《心血运动论》从拉丁文翻译成英文的罗伯特·威利斯在1878年曾写道，普利姆罗斯的书只是一味否定哈维的理论，有时甚至歪曲事实，而他从未做过一次实验以验证自己的观点。

普利姆罗斯如此固执的反对，其实不完全是学术上的探讨，其中涉及了他与哈维的私人恩怨。他曾经在1629年12月至1630年1月之间向哈维任职的皇家医学院提出过申请，结果未被接受。他认为哈维对此负有责任。另外，有证据显示当时的皇家医学院的院长约翰·阿吉特在暗地里挑动普利姆罗斯向哈维发难。但就是这位约翰·阿吉特却被哈维当作好朋友，哈维在书的扉页上所写的就是“谨以此书献给约翰·阿吉特博士”。

7. 为真理而改变

哈维明白自己发表《心血运动论》公然反对盖伦的理论可能遭到什么样的危险，为了避免这种危险的发生，他做了大量的周密的准备。他花了很长时间去宣传、去准备充分的材料，希望能够博得权贵和专家的支持——从哈维的这些准备还有他获得国王支持来看，哈维为人不失其谨慎和圆滑。

哈维在向人们介绍他的心血运动论

但是当时人们对哈维的印象是“个子不高，一头黑发，目光犀利，面色微黄，说话像连珠炮一样，从来没有安分的时候”。科学史专家杰罗姆·J. 白尔拜尔曾经这样评论哈维:“虽然他这个人说话直率、脾气暴躁,但了解他的人都很喜欢他。”另外一位传记作者约翰·奥布里曾经对哈维做过这样的描述:“他是一个易怒的人,所以年轻时就随身佩有短剑。虽然这在当时是一种时尚,但他却每每因为一些小事拔剑而出。”另外一位传记作家杰弗里·凯恩斯则认为哈维之所以到中年还佩着剑,完全是因为他年轻时在帕多瓦大学求学的经历造成的。因为那个学校里满是来自不同国家的年轻人,本身有文化上的差异,再加上大家年轻气盛,因此彼此间常大打出手,有时甚至就是一场混战。更糟的是,学生与当地居民之间的也冲突不断——白尔拜尔和凯恩斯都多少有些“为尊者讳”替哈维粗暴的个性开脱的意思。其实无论是受到学校风气的影响,还是哈维个性生来就如此,哈维的性格中有其绝对固执和坚持的一面。为了他的理论能够获得人们的支持,哈维出乎意料地收敛了许多。

哈维曾经说过:“假如为真理和无可怀疑的证据而改变自己过去的看法,他们就应该这么做而不害怕改变;如果发现谬误,即使是古人所承认的,也应该毫不吝啬地加以抛弃。”从中我们可以看得出,性格是没有绝对的好坏之分的,关键是看他是否用对了地方。哈维把这种眼中不容沙子的火爆脾气用在了对科学和真理的热情追求中。在他眼中,是非对错是客观的,不管前人的观点如何,如果错了,必须改变。他做到了,所有预期和现实中的阻碍都不妨碍哈维最终坚定地发表了自己的观点。

1657 年,79 岁的哈维死在伦敦郊外弟弟的家中。哈维一生写了大量的科学论著，但只发表了《心血运动论》和《论动物的生殖》，以及几封为《心血运动论》辩护的公开信。这两项刚好是他主要的研究领域。在他晚年的时候，他在伦敦的寓所遭到抢劫，后来又被大火焚烧，留下的手稿仅有两部，一部是论述感觉的，一部是讨论动物运动的。

哈维的贡献是划时代的，他的工作标志着新的生命科学的开始，属于发端于 16 世纪的科学革命的一个重要组成部分。哈维因为他的出色的心血系统研究（以及他的动物生殖研究），而成为与哥白尼、伽利略、牛顿等人齐名的科学革命的巨匠。他的《心血运动论》一书也像《天体运行论》《关于托勒密和哥白尼两大体系的对话》《自然哲学之数学原理》等著作一样，成为科学革命时期以及整个科学史上极为重要的文献。

生物化学之父——海尔蒙特

范·海尔蒙特（Van Helmont，1577～1644），比利时化学家、生物学家、医生。在化学理论和实践上都有卓越贡献。海尔蒙特是炼金术向近代化学过渡的代表性人物，被尊称为“生物化学之父”。1644年12月29日因为实验卒于维尔伏尔德。

1. 拒绝学习的纨绔子弟

海尔蒙特的人生颇富传奇色彩。他1577年(也有的传记说是1580)年出生于布鲁塞尔一个贵族世家。布鲁塞尔是当时比利时的文化、艺术之都。早年的海尔蒙特并没有出生于世家而应有的高贵、温文尔雅的个性,那时的他,是一个喜欢思考、内心忧郁,看起来却离经叛道、很调皮捣蛋的一个男孩。

话说有一天早晨,在布鲁塞尔大家都在等待着教堂的钟声像往常一样敲响,然而等了很久都没有声音。这个时候一个仆人急匆匆地从外面跑进来,叫道:“老爷不得了了,教堂的钟又被偷走了。”老爷立刻就想到是谁干的,他愤怒地看着他十九岁的儿子:

“你把教堂的钟取下来干吗?”

少爷一脸无辜地回答:

“我在烧一些石头,需要一个大盖子来罩住,所以……就用了钟。”

“那你烧石头干吗?”

“我想看石头被烧以后是否会变出什么东西来。”

“你用了什么东西烧石头?”

“用你花200先令给我买的书。”

“啊?你把学校规定要买的课本都给烧了?”

少爷抬头看着父亲:“为什么要读书呢?好成绩最多不过满足一个人自负的心理而已。”老爷终于气到捶胸顿

足:“我的儿子疯了,疯了,三百年来弗兰德最尊贵的家族,为什么会出现这样一个孩子?”

早期的海尔蒙特多少有点像一个无可救药的纨绔子弟——说是纨绔子弟或许还是好的,纨绔子弟虽然花天酒地,至少跟周围人的生活不至于脱节太大,他们家也并不在乎他糟蹋那么一点钱。可是海尔蒙特糟蹋钱的方式太独特:烧毁所有家人买给他学习的书籍,甚至烧毁图书馆。他的离经叛道的行为直接与社会的认知相背离,太过令人不安。

人们有时候很容易认为一个孩子的叛逆是基于年少无知的狂妄和浅薄,是基于学识和责任感的缺乏,但是谁又认真去想过听听这孩子的困惑和他所思考的问题?海尔蒙特的想法是:“每个人都认为到学校受教育是一条理所当然的路,但是受教育后所要追求的东西,我不用念书已经有了。我不知道我到底要什么,我不知道读书的意义在哪里,没有人知道我心中长期的不安和痛苦。如果我不知道读书的真正意义,我相信我所花的时间与努力终将付诸东流,转眼成空。”

海尔蒙特在当时认为,许多人接受教育是为了财富和权势。那么对于含着金汤匙出生、与生俱来就拥有大量的财富和未来必将拥有很大权势的他来说,读书自然是没有多大意义的事。因为这个问题想不通,所以他拒绝念书。家人强迫他念,为他安排老师,为他找学校。他到十九岁时,已经经过很多名师的调教,念过很多学校,可惜从来没有毕业过,人家在背后嘲笑他:“海尔蒙特家的墙壁很大,却挂不了一张毕业证书。”至于奖状之类,从来跟他绝缘。

当时应该没有人能够理解这个孩子内心的迷茫和痛苦，他知道自己与这个社会的主流价值观格格不入，时常感觉极端孤独和焦虑，有时忍不住失声痛哭。

迷茫往往带来沉沦，如此下去，只怕海尔蒙特不过就是度过行尸走肉一生的一个贵族而已，早被历史的尘埃所淹没和抛弃。幸而，我们的海尔蒙特在迷茫的同时有一颗求索的心，当这颗求索的种子遇到合适的阳光和土壤，将不可遏制地迎来自己的新生。

2. 改变生命轨迹的一部书

1599 年，海尔蒙特在外闲逛时偶然看到一本书，瞬间改变了海尔蒙特的一生。这本书就是金碧士所著的《效法基督》。

金碧士是位德国修士，在这本书中他用浅显的文字介绍了他对于宗教的看法。他在其中谈到了信仰和人的自我实现的问题："最高深和最有益的学问，就是对自己具有正确的认识和评价。"这番话给了挣扎中的海尔蒙特很大的启示。如果我们用现在的话来说就是：一个人应该顺应自己的感觉，放弃思想上无谓的挣扎和没有结果的思考，开始慢慢静下心来去读书，在书籍中寻找自己人生的方向。

在以后的十二年里，海尔蒙特开始疯狂地读书，一心想补回少年时期荒废的时光。他在卢文学习过哲学、法律、天文学、植物学。当时他阅读了古希腊医学家希波拉

底的医学文集，兴趣和学习的方向慢慢转向医学。经过十多年的钻研和五年的游历，1609 年，海尔蒙特在三十一岁时终于拿到了第一张毕业证书，具备了医师资格。

毕业后，海尔蒙特已经有一个发现，他认为“化学是开启医学的一道门，化学的定量分析能够使医学更为精确”。波尔·哈维说他“不论白天黑夜，完全投入化学操作之中”。他如此重视化学疗法和实验方法，“主张把化学列入大学的课程”。为了这一重要的思想发现能应用于世，海尔蒙特到了维尔伏尔德，放弃名利，隐姓埋名，潜心著述和实验研究。

3. 炼金术士的转型

海尔蒙特在维尔伏尔德的贫民窟隐姓埋名，建立了自己的实验室。他日以继夜地做实验，连邻居都不知道这个人是干什么的。他的实验非常精确仔细，日后留下来的记录显示，光是测定汞重量，就重复了两千次。在精细的测量中，他发现无论是溶解或是沉淀反应，实验物质的重量在反应前后其实没有改变，改变的只是物质的形态而已，这就是著名的“物质不灭定律”。他热衷于用化学实验检验他所能够接触到的事物，特别是检验人体的反应。他认为元素可以转换，通过定量分析的实验证明，金属溶于酸后并不消失，可以用适当的方法使其还原。当时无论中外，人们都认为汞是一味仙药，可用以保健和养身，海尔蒙特经过定量实验，指出过量的汞是剧毒，可以致人死亡。

他曾经测量小便的重量，发现热病患者的小便的比重比健康人的大。他在小便中又发现两种固体盐：食盐和磷酸，在尿结石患者的小便中又发现了固体物质。

这一系列创新的实验发现，震动了当时的学术界。要了解海尔蒙特这些实验的价值，必须要谈及当时的背景：

早期炼金术

在人类历史上很长一段时间，化学被炼丹术、炼金术所控制。炼金术起源于埃及，最初是有人试图将贱金属伪造成贵金属，后来这种技术逐步发展起来，因为在加工的过程之中实现了物质的转换，人们开始幻想，是否可以通过某种方法炼出黄金来。于是炼金术士和炼丹家们产生了。为求得长生不老的仙丹或黄金，炼丹家和炼金术士们开始了最早的化学实验。虽然炼丹家、炼金术士们都以失败而告终，但他们在探索“点石成金”的方法和炼制丹药的过程中用人工方法实现了物质间的相互转变，积累了许多物质发生化学变化的条件和现象，为化学的发展积累了丰富的实践经验。随着炼丹术、炼金术的发展和衰落，炼金术中积累的化学实验知识渐渐在医药和冶金方面得到发挥，药物学和冶金学的发展为化学成为一门科学准备了丰富的素材。在15、16

世纪，随着欧洲近代自然科学的兴起，化学开始摆脱炼金术的束缚，医药化学和冶金化学随之兴起。但是医学化学派主张化学研究的目的是制药，冶金化学派强调化学研究的目的是制取金属。古希腊以亚里士多德为代表的哲学家提出万物都是由水、火、土、气四元素组成的“四元素说”，古代的炼丹家、炼金术士信奉这些理论，认为只要改变这些元素的比例，就能炼出长生不老药，就能把普通的金属变成贵金属。医药化学家派信奉帕拉塞苏斯提出的“三元素说”，认为万物都是由盐、硫、汞三种元素以不同的比例构成的，这三种元素在物质中含量的多少就决定该物质的性质。

海尔蒙特不接受硫、汞、盐三元素说和亚里士多德四元素说，他认为火和土不算真正的元素，从而提出了自己的二元素说，认为真正的元素只有水和空气，因为这二者不能再还原为更简单的物质了。姑且不论海尔蒙特的观点是否正确，但是他的这种观点在指导他进行化学研究上却是成功的。海尔蒙特早期曾被当作著名的炼丹术研究者，实际上，海尔蒙特是由炼金术过渡到近代医化学的代表人物。

古代的炼金术充满许多错误的思想，但坚持用实验去检验并进行严密的逻辑思考，后面慢慢就能获得新的正确的东西。新的理论从错误的旧理论中诞生。海尔蒙特的研究成果正是一个很好的例证。

4. 虔诚高贵的女子

作为一个开创者，海尔蒙特必然会走上跟当时的社会主流观念背离的道路。我们今天几乎把化学治疗的方法当作主流，甚至被许多人下意识地认为是唯一便捷有效的方法，但是在当时，用化学知识来解释生物生理反应，无疑还过于惊世骇俗，所以当时的医学界没办法理解并接受海尔蒙特的看法。海尔蒙特的英译本《医学精要》于 1622 年发表，他在其中对当时传统的医学思想进行了猛烈的抨击。

毫无意外，海尔蒙特当时的研究给他带来的不是荣誉而是排山倒海般的反对。海尔蒙特 1624 年被耶稣会士控告为异端，1634 年被投入监狱中，1636 年获释，仍然遭到教会的审讯和迫害——这种情形一直持续到他 1644 年做气体实验意外死亡为止。同时，海尔蒙特遭到政界和贵族的反对，因为作为一个前程似锦的贵族，躲在贫民区研究如何抽取胃酸，这无论如何与他的身份不相称，有损于贵族的声誉。所有的贵族联合起来给他压力，要求他回到布鲁塞尔。

在所有激烈的反对声中，居然有一个女孩对海尔蒙特表示赞同。这就是兰斯特，当时比利时最有权势的公爵家的女儿。这个慧眼识英雄的女子于 1609 年与海尔蒙特在维尔伏尔德举行盛大婚礼。海尔蒙特此后定居于此进行化学研究与行医。如果说《效法基督》是海尔蒙特科学人

生路的启蒙，那么信念以及贤惠妻子的精神支持就是他科学研究持续不断的动力源泉。

海尔蒙特后来写道："我一生都要感谢上帝，因为他赐给我一位虔诚又高贵的女孩子做妻子。"这对志同道合的夫妇经常骑着马趁着黑夜，悄悄地把钱袋放到穷人家门口，只在钱袋下划一个十字架，然后悄然遁去。

5. 柳树实验和气体实验

这是许多生物课本必然要引述的海尔蒙特的经典案例：柳树实验。海尔蒙特取一个瓦盆，其中装上已经在炉中干燥过的 200 磅（90 千克）土，用雨水浇湿，然后栽种上重 5 磅（约 2.25 千克）的柳树干，期间只用雨水或蒸馏水浇这个瓦盆。五年以后柳树已经很高了，它的重量是 169 磅 3 盎司（76.8 千克）。海尔蒙特没有办法计算几个秋天落叶的重量。最后，海尔蒙特把瓦盆中的土加以干燥，发现只比原来的 200 磅少了 2 盎司（56.7 克），他认为这 2 盎司可能是计算的误差。所以 164 磅的木头、树皮、树根只能是由水产生的。

柳树实验

以当代的眼光审视有关柳树实验的有限叙述，我们不免要觉得这个实验疑点重重、充满瑕疵，他的实验设计也无法正确呼应其实验目的。海尔蒙特只称了土壤前后的重量变化，并没有将五年来每次浇水的份量记录下来，就草率地推论因为土壤几乎没有变化，所以柳树增加的164磅全来自于水。

然而，土壤的重量真的毫无变化吗？从叙述中，我们知道他确实发现土壤有2盎司的误差，却从未对此做出解释。当然今天我们可以知道，土壤损失的2盎司不是误差，而是土壤提供植物成长所消耗的养分。此外，就实验的技术层面而言，不管是在17世纪或是当代，我们都无法彻底分离植物和植物生长的土壤。关于这点，海尔蒙特也没有对他使用的方法多做说明。

提供柳树生长因素的除了水是不是还有其他的成分？海尔蒙特注意到化学反应中放出的气体，认为灵气就在其中。他设法收集并研究了从酿酒过程中发酵出来的"酒灵气"、木炭燃烧过程中放出来的"碳灵气"、硝酸和金属反应释放的"硝灵气"、硫磺和硝酸反应过程中的"硫灵气"。经过严密的测量，他发现它们是有重量的，而且重量不一。他燃烧62磅(27.9千克)重的木炭，只剩下1磅(0.45千克)的灰，有61磅(27.45千克)不见了，他说："我给这种至今尚未了解清楚的物体起了一个新名字——气体(gas)"。他对人自称："我是气体的发明家"。gas这个词是海尔蒙特首创的。从发现焚烧减少木头的重量开始，海尔蒙特推想空气中可能有提供给植物生长的某种物质，形成植物的一部分。所以他继续通过燃烧木头来研究二氧化碳。

1644年12月30日，在位于贫民区内的实验室里，他

中毒身亡，罪魁是不完全燃烧产生的一氧化碳，这是他所不了解的另一种足以致命的有毒气体。这个伟大的化学医学家以燃烧而开场，以燃烧为结束。他出场时只是一个有点迷茫有点任性的纨绔少年，去时，已经卓然一位科学大师。

海尔蒙特毕生唯一一本著作《论石》，两年后由儿子出版，影响了无数代的科学家。

微生物学先驱，最早的显微镜制造家——列文虎克

列文虎克（A.V.Leeuwenhoek，1632—1723），荷兰显微镜学家、微生物学的开拓者。

在阅读生物学发展史的过程之中，我们可以发现显微镜是如此重要的一个研究工具：微生物学之父巴斯德在显微镜下发现了酵母菌，遗传学家摩尔根用它来观察果蝇的变异，中国的克隆先锋童第周曾经为了买一台显微镜进行实验而宁愿负债十多年……提到显微镜就不能不提到列文虎克，他不是发明显微镜的人，但正是他将镜片的磨制技术进行改进，并第一个将显微镜应用于广泛的观察和科学研究之中，从而为后来的研究者开辟了一个重要的研究方向：微观世界。大批的参观者涌到荷兰只为了看看他显微镜下的神奇世界，其中包括英格兰的国王詹姆斯二世和俄国的彼得大帝。列文虎克在给英国皇家学会的最后一封信中说道："一个人要有所成就，必须呕心沥血，孜孜不倦。"他自己正是这样做的。不过列文虎克早期进行最后导致他名闻世界的研究时，恐怕并没有想到要真正为之呕心沥血，那个时候，这竟然只是一种让他脱离无聊和琐碎的凡世生活的一种小小的乐趣！

1. 列文虎克与显微镜

在这么多影响世界的西方生物学家中，列文虎克是少数没有受过大学教育的人之一。他 1632 年出生在荷兰的代尔夫特，他的父亲靠编制篮子为生，他的母亲出生于酿酒的家庭。他 6 岁的时候父亲就去世了。他接受过基本的正规教育，但是没有受过高等教育，因为 16 岁时继父去世，他要担起照顾家人的责任，列文虎克就到首都阿姆斯特丹的一家布店当学徒。六年学徒生涯结束后，他回到家乡开了一家布店。此后他转行找到了一份好差事：担任代尔夫特市政厅的看门人。虽然很轻松，但是如果你曾经尝试过，就知道，这是少数典型的消磨人的意志的工作之一，每天开门、关门，为来客登记、接受来客的提问，有的兼做清洁打扫的工作。他们每天大部分的时光消耗在看着人们进进出出上。但是这项工作让列文虎克接触到了各行各业的人。

由于列文虎克早期的生活没有留下多少资料，人们对他早期的生活的描述有许多出于臆测。关于列文虎克如何对显微镜产生了兴趣，现在至少有三种差异较大的说法。在这三种说法中，他与显微镜接触的时间越来越靠后。

一种说法是：列文虎克家旁边就有眼镜店，小时候，列文虎克就喜欢到店里去观察工人磨制镜片，并跟着他们学习，于是越来越感兴趣，这种从小产生的兴趣维持了一生。有人说列文虎克 16 岁在阿姆斯特丹当学徒时，就已经对检测麻布质量的放大镜产生了浓厚的兴趣，在回到家乡开了自己的布庄之后，他把大量的时间花在了吹制玻璃、磨制透镜和精制金属工艺品上。

一种说法是：一个偶然的机会，列文虎克从朋友那里得知，首都阿姆斯特丹有许多眼镜店，除了磨制镜片外，还磨制放大镜。朋友告诉他显微镜是很奇妙的东西，可以把细小的东西放大，使观察者得以看清楚它们的细节。当列文虎克知道世界上有显微镜这个东西之后，很想拥有一个。可是他跑到眼镜店一问，发现价格非常惊人，不是他

能够支付得起的。不过看到眼镜店离的人磨制镜片的过程，他转念一想，自己当过学徒，也有手艺，磨制镜片看起来并没有很复杂，为什么不自己动手做呢？列文虎克的许多传记总强调他手艺人家庭出身的事，因为他的成功跟他惊人的手艺有直接的关系。列文虎克认真观察着眼镜店磨制镜片的方法，默记在心，回去自己找玻璃材料，充分利用自己充裕的时间，开始耐心地磨起镜片来——这是许多传记的一种说法。

还有一种说法是：1668年，列文虎克在阅读英国科学家罗伯特·胡克的名著《显微制图》（又译《显微术》）后，对里面提到的显微镜技术产生了浓厚的兴趣。他最初可能只是想用显微镜检查布料，但却被激发了更大的好奇心。和胡克不同的是，他没有使用复式透镜组成的显微镜，而是选用了单个的高倍透镜，或者说，那是一个高倍率的放大镜片，而不是人们一般见到的双透镜和复合显微镜。当时的显微镜放大的倍数有限，往往只能到二三十倍左右。列文虎克耐心地磨制镜片，几年之后随着磨制经验的丰富，加上良好的视力条件和灯光设施，他磨制出了放大倍数达到200多倍的镜片。这样精湛的手工技艺，在此后长达两百多年内无人能及。

因为双透镜和复合显微镜虽然功能很强，却受色差现象干扰，观察时每件东西周围都会被一层颜色所包围。列文虎克制作的单透镜显微镜不仅放大倍数不低于复合透镜，而且没有色差问题。他把透镜磨制成一个小玻璃珠子，再把它嵌入黄铜盘上的一个洞眼里，然后把待研究的物体放在适当的位置，离开透镜的距离可以用不同的活动销来调节。他的显微镜具有很高的放大能力——其中一个现在还保留着,可以把物体放大到原来的275倍——但要求强光聚集,会引起严重的眼睛疲劳。

2. 第一位微小世界的探察者

其实当时的荷兰已经逐渐成为欧洲的眼镜制造中心。世界上第一台显微镜是在1590年产生的。当时一个叫詹森的眼镜制造商发现,当把两块凸透镜前后放置,并调整好两块透镜的距离时,人眼透过这两块透镜,就可以看到原来很微小的物体被放大。詹森在一个中空的长管两端分别装上透镜,制成了世界上第一架复式显微镜。但当时人们并没有意识到它的科学价值,而是把它当成玩具,用来观察跳蚤的举动,所以在当时显微镜又被称为跳蚤镜。

列文虎克用放大镜在进行观察

而列文虎克有了自己精心磨制，而且放大倍数奇高的镜片之后，开始兴致勃勃地观察各种各样的东西。他把所能够想到的小东西一件一件放到显微镜下，一个个无比精彩的世界出现在他眼前，他看清了蜜蜂复杂的眼睛结构、蜜蜂的腿和蛰针、蚊子的长吻、甲虫的腿。好奇心满足之后，他开始制作更大倍数的显微镜，以求能看清楚更小的东西。列文虎克后面变换了许多工作，如酒类化验员、政府小职员、财产保管员等，但唯一不变的是对显微镜制造和观察微观世界的兴趣。

列文虎克是一个没有受过多少教育的商人，他不懂得当时学术界人士所必须掌握的拉丁文——事实上除了荷兰语之外，他没有任何其他的语言知识——在这么多西方科学家之中，算是一朵奇葩。但没有受过太多教育的结果对他来说是利弊参半的，正因为不能大量阅读当时科学家们的著作所以他在研究上就没有受到太多的束缚，而是按照自己的感觉和发现去进行研究，反而发现了一条大家都没走过的路，填补了其中的空白。

3. 从业余玩家到专业研究者

制作了这么多新奇的东西，列文虎克急切地希望能够和一个人分享，他反复思考之后，找到了自己的朋友格拉夫。格拉夫是一个医生兼解剖学家，当时年仅 32 岁的格拉夫由于发现了人类卵巢中产生卵细胞的位置已经在科学界小有名气，是英国皇家学会的通讯会员。他之前就听说过列文虎克在自己的屋子中秘密磨制神秘的镜片，在列文虎克的邀请下，他欣然前往参观。当看到琳琅满目的显微镜及显微镜下的奇妙世界时，他完全震惊了。他立刻意识到这些发明是多么的了不起。于是格拉夫立刻鼓励列文虎克把自己的观察记录整理出来，寄给英国皇家学会发表，并自己写信给英国皇家科学院的院长亨利·奥尔登伯格，向奥尔登伯格极力推荐列文虎克。读完格拉夫的推荐信后，奥尔登伯格立即致信列文虎克，邀请他为自己的特殊发现写一篇观察记录，预备刊登在英国皇家科学院的刊物《皇家学会哲学学报》上。有趣的是，当时的列文虎克听到自己的显微镜可能要交给皇家学会审查时，立刻警惕起来，觉得这个家伙肯定不怀好意——实际上在列文虎克去世之前，他从未将自己制作透镜的秘诀外传过。格拉夫只得耐心地向他的朋友解释，上交论文和实验器材是研究的需要，不是贪图他的宝贝。在格拉夫苦口婆心的劝说下，列文虎克终于同意将自己的发明公之于众。

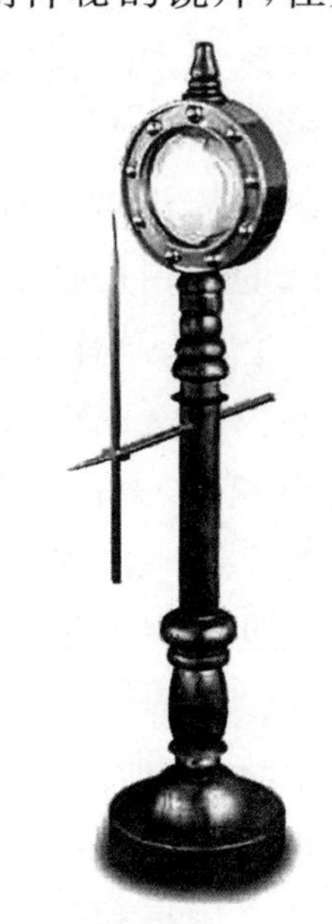
17 世纪的滑杆显微镜

1673 年的某天，英国皇家学会收到一份从荷兰寄过来的观察记录，作者是列文虎克，这篇文章不仅文字很粗糙，结构不科学，就连文章的名字都透着一股外行的味道：《列文虎克用自制的显微镜，观察皮肤、肉类以及蜜蜂和其他

虫类的若干记录》。幸好虽然学会的专家们很轻视这篇文章，出于认真负责的习惯和多少带一点看热闹的心态，他们还是审读了这篇文章。然后他们惊奇地发现，这篇文章记录了世人从未了解和深入研究的微观世界。列文虎克在里面提到他通过显微镜观察到的“大量难以置信，各种不同的、极小的‘狄尔肯’（即荷兰语中细小活泼的物体）”。这个“狄尔肯”实际上就是微生物。列文虎克以一种孩子式的兴奋心情描述他观察到的“狄尔肯”是如此众多，它们活跃地繁殖和运动着。经过严格的检验，皇家学会的会员们发现列文虎克那些看起来荒诞不经的“狄尔肯”的故事，在微观世界里是真实的。这个实验报告得到承认并翻译成英文发表在皇家学会的刊物上。当然，经过翻译的文章要比列文虎克自己写的东西要文通句顺得多。自 1673—1723 年，整整五十年间列文虎克将他的发现陆续以通信的方式报告给学会，其中绝大多数都发表在《皇家学会哲学学报》上；1673 年，列文虎克详细地描述了他对人、哺乳动物、两栖动物和鱼类等的红血球的观察情况，并把它们的形态结构绘成了图画。由他提供的第一幅细菌绘图也于 1683 年在该学报上刊出。

4. 小跳蚤又被更小的叮咬

1675 年，雨水成为列文虎克的观察对象。他用四天的时间观察雨水中的小生物，他说道：“在我偶尔观察到这颗水滴时，非常惊奇地看到许许多多不可思议的各种微小生物，让我感兴趣的是，这些小生物远比直接用肉眼观察到的东西小，甚至只是它们的万分之一……这些小生物在运动的时候，头部会伸出两只小角，并不断地活动，角与角之间是平的……如果把这样一个小生物放在蛆的旁边，它就好像是一匹高头大马旁边的一只小小的蜜蜂……在一滴雨水中，这些小生物要比我们全荷兰的人数还多许多倍……”他详细地叙述了对雨水、池水、井水和海水等各种水源进行的观察。每种样品都在空气中放置一段时间后再进行观察。每次他都会看到一些极微小的动物。这些小动物就是原生动物。

列文虎克提出的“一滴水中存在成千上万的微小生物体”的论点令亨利·奥尔登伯格不敢相信，他要求列文虎克对其给出具有说服力的证据，列文虎克请来当地最有威望的人，包括郊区牧师，到他家中观赏他的显微世界。这些人最终证明了他的说法。若干年后，胡克在自己的实验室中也发现了同样的现象，并请来伦敦圣保罗大教堂的设计师克里斯托夫·瑞恩作公证人，在他面前演示了实验过程。

1675—1680 年这五年中，列文虎克用显微镜首次发现了钩虫和滴虫，这无疑是他所有发现之中最重要的一项。他用笔详细地描述了钩虫和滴虫的形状和特性，为后来研究治疗钩虫、滴虫感染所引起的疾病奠定了基础。

1677 年，列文虎克同他的学生哈姆一起，共同发现了人以及狗和兔子的精子。他发现精子由一条小尾巴和一个小脑袋组成，它们以类似小蝌蚪的方式在游动。这种发现在当时简直太匪夷所思了，直到几十年之后才得到科学界的广泛承认。列文虎克于1680年被选为了英国皇家学会的正式会员。

列文虎克所绘制的图

1683年牙垢成为列文虎克观察的对象。他发现人的口腔中居然藏着活生生的动物，它们像蛇一样做弯曲姿势的运动。他记录道："在人们的牙垢中生活的动物，比整个荷兰王国的居民还多！"这是人类第一次发现细菌，从此微生物学诞生了。列文虎克的一系列发现，在生物学史上开辟了一个新的研究领域，他成了在显微镜下观察到微生物和原生物的第一人。

《格列佛游记》的作者斯威夫特受到列文虎克的启发，写了一首著名的四行诗："博物学家告诉我们，跳蚤身上有小跳蚤叮咬，小跳蚤又被更小的咬，如此这般，没完没了。"

成为英国皇家学会正式会员的列文虎克继续一如既往地把自己关在屋子里，改进着他的显微镜，观察着微生物世界的故事。

5. 活了90年10个月又2天

专心于磨制镜片和观察各种微小生物的列文虎克应该不是一个很成功的丈夫和父亲。他在22岁时与芭芭拉结婚，婚后他们生育了 5 个儿女。12 年后芭芭拉因病去世，子女们也由于缺乏足够的照顾多数夭折。后来列文虎克再婚，但不久后第二任妻子也因疾病去世。从此他没有再婚，女儿玛利亚后来搬回家中照顾父亲。他们的居所极为简陋和宁静，家中只有一条长毛狗和一只鹦鹉及一匹马为伴。

1723 年，列文虎克在弥留之际把自己制作的部分显微镜、放大镜以及精良仪器的制作秘诀赠送给了英国皇家学会。他用自己持久的好奇心、执着和勤奋，为学研究开辟了一个崭新的天地。

临死之前，他对女儿说："玛利亚，快去请霍霍夫利特先生到我这里来……"即将离开人世的列文虎克，镇静地对好友霍霍夫利特说："对不起，请将桌子上的两封信译成拉丁文，并连同包袱送到伦敦皇家学会……"

伦敦皇家学会收到列文虎克的两封信和一大包东西。一封信中详细地写着显微镜的制作方法；另一封信却这样写道：

"我从 50 年来所磨制的显微镜中，选出了最好的几台，谨献给我永远怀念的皇家学会。"

人们打开包袱一看，共有大小不同的最精致和他最心爱的银质显微镜 26 台和好几百个放大镜！

有人曾经问列文虎克，为什么不把经验和方法传授给年轻人。他说："训练年轻人来磨透镜，为了这个目的而创立学校，我看不出有什么作用。因为许多学生去那里是为了从科学中赚钱，或者在学术上获得名声，但是磨制透镜和发现我们眼睛看不见的东西，是值不了多少钱的……主

要是大多数人并没有什么求知欲……”早期可能人们或多或少会觉得他是出于手艺人不希望教会徒弟饿死师傅的保守心理，但他最后把所有镜片寄送给伦敦皇家学会显然已足以为自己正名。

曾经有一个记者在列文虎克的实验室采访了他，问他成功的秘诀是什么。列文虎克把因为长期磨制镜片而满是老茧和裂纹的手伸到他眼前说：“这就是。”

一个看门人竟登上了科学的宝座，他在后辈的人生旅途中，留下了多么宝贵的精神食粮。“狄尔肯”的本来面目被公诸于世，他给人类的健康、幸福，拓开了多么巨大的物质宝库！他一生中磨制了超过 500 个镜片，并制造了 400 种以上的显微镜，放大率从 50 到 300 都有，其中只有 9 种至今仍有人使用。他生活的唯一乐趣就是制造各种显微镜，并用来观察各种各样的微生物和微小物体。他第一个用放大透镜看到了细菌和原生动物，虽然缺少正规的科学训练，但他对肉眼看不到的微小世界的细致观察、精确描述和众多惊人的发现，对 18 世纪和 19 世纪的初期细菌学和原生动物学研究的发展起了奠基作用。

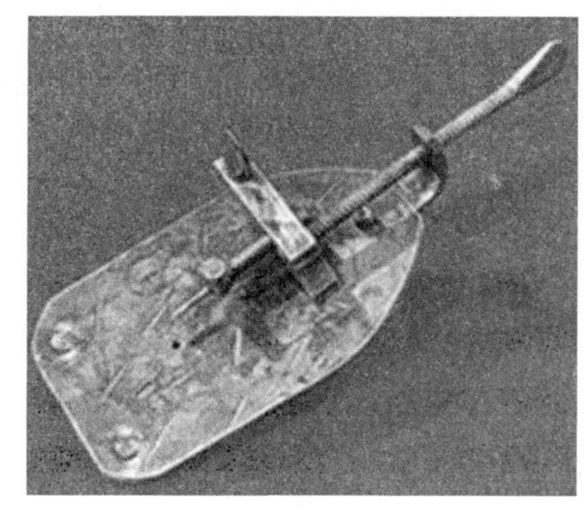
列文虎克的显微镜

他的传记作者多贝尔非常钦佩他，称他为“世界上唯一重要的显微镜学家，一个既没有对手也几乎没有人能模仿的人”。

就是这么一个五大三粗、其貌不扬的人，在48岁时被选为英国皇家学会会员。他们一家住在代尔夫特，这个小城现在因为出了两个杰出人物而广为世人所知，一个是列文虎克，一个是画家维梅尔。他成名之后吸引了大批知名人士去到代尔夫特。络绎不绝的来访者打乱了他原来平静的生活，他为此觉得有点不快。在这些参观者中，有英格兰的国王詹姆斯二世和俄国的彼得大帝。他们到来的那天，周围挤满了满是羡慕的围观者。1716年，列文虎克84岁时，劳万大学授予他一枚奖章和一首赞美诗——相当于今天的荣誉学位。诗歌是用拉丁文写的，因为他不会读拉丁文，诗歌是由别人念给他听的，他后来在给皇家学会的信中说，虽然听不懂，但这使他“眼泪夺眶而出”。

列文虎克是科学家中的寿星，活到1723年8月26日，享年91岁，他死时他的几个孩子中只有玛利亚还活着。也许是惊讶于他的寿命之长，他的墓碑上刻着的墓志铭是：活了90年10个月又2天。

组织学的先驱——罗伯特·胡克

罗伯特·胡克（R.Hooke，1635—1703），英国物理学家、天文学家。在物理学、生物学、化学、气象学、天文学等学科及显微镜、钟表和机械制造上都做出过重要贡献，被誉为“英国的达·芬奇”。他曾经是牛顿的最重要的对手之一，在死后300多年里都没有得到应有的评价，被认为是科学史上最被低估的科学家之一。

1. 天才少年

青年时代的罗伯特·胡克

罗伯特·胡克于1635年7月18日出生于英国南部怀特岛的一个牧师家庭,他自幼体弱多病,他的父亲原希望他未来能够子承父业,但他常犯头痛病,他小的时候就喜欢研究钟表等机械物品,于是他的父亲只能由他自由发挥。胡克曾师从当时著名的画师彼得·莱利爵士学习绘画。在未来奠定他学术地位的《显微制图》一书的写作中,这样的训练发挥了作用:当时没有照相机,书中的58幅反映显微镜下精彩世界的图画都是胡克亲手所绘。他13岁的时候父亲就去世了,只给他留下100英镑的财产。后来胡克做过教堂唱诗班的领唱,还当过富豪的侍从,眼见就要离科学家的道路越来越远。但幸运的是,胡克的中学校长非常喜欢这个孩子,收留了他,并使他受到了良好的教育。胡克读书非常用功,曾经一个星期内连读了6本欧几里得的书,并很快将书中的几何知识学以致用,做了几种飞行器的设计方案。

由于胡克的勤奋好学及精巧的手工技艺，他得到了威斯敏斯特市的全力资助，因而转到了牛津大学。在牛津，胡克受到了英国皇家学会的科学精英们的赏识，他首先担任了 T. 威斯利的助手，由此获得的解剖技巧对于他日后研究呼吸有根本性的帮助。1656 年，胡克 21 岁时经由威斯利的介绍成为物理学家同时又是近代化学奠基人的罗伯特·波义耳的助手，在其身上学到了丰富的化学知识和实验技巧。胡克在牛津大学没有获得学士学位，但他神奇地于 1663 年被牛津大学授予文学硕士学位。

2. 四面出击的研究者

胡克是 17 世纪英国最杰出的科学家之一。他在力学、光学、天文学等多方面有重大成就，而在力学方面的贡献尤为卓著，曾为研究开普勒学说做出重大贡献。在探索万有引力的过程中，胡克首先发现了引力和距离平方成反比的规律。1662 年到 1666 年间，胡克在研究引力可以提供约束行星沿轨道运动的向心力问题上，做了大量的实验工作。胡克支持吉尔伯特的观点：引力和磁力相似。1664 年，胡克曾经指出彗星靠近太阳时轨道是弯曲的。1674 年，他根据修正的惯性原理，从行星受力平衡观点出发，提出了行星运动的理论，在 1679 年给牛顿的信中正式提出了引力和距离平方成反比的观点，但由于缺乏数学手段，还没有得出定量的分析。

胡克首次描述了所有物质受热后将会膨胀的普遍

规律。

1670 年，胡克的《论刀具切削》出版，在里面提出著名的弹性规律。这个规律也被称为“胡克定律”，是物理学的重要基本理论、现代结构设计的力学基础之一。它的主要内容是：拉伸或压缩某一个固体物质时，其内在的应变或者物质尺寸的改变，与作用在其上的应力或者力成正比。（在弹性限度内，弹簧的弹力 f 和弹簧的程度的变化量 x 成正比，即 f=－kx。k 是物质的弹性系数，它由材料的性质决定，负号表示弹簧所产生的弹力与其伸长或压缩的方向相反。）在天文学上他也有所发现，他定位了木星上的大红斑，并提出这个巨大的行星围绕自轴旋转。

荷兰的物理学家克里斯蒂安·惠更斯在 1690 年发表的著作中提出了具有影响力的光波动说。但早在 1672 年，胡克就提出了自己的光的衍射的发现（光线的弯曲），提出光可能以一种类似波的形式运动。

另外，胡克是一个重要的发明家。他对反射望远镜、复式显微镜、空盒气压表、风速表、湿度计、游丝（用于钟表中的平衡弹簧）、象限仪、万向节和可变光圈不是有所发明就是进行了重大的改进。他甚至还预见了蒸汽机与电报系统的发展。

胡克发明的显微镜

此外胡克还是一个多才多艺的建筑师，在 1666 年伦

敦大火后参与了城市的局部设计工作。

3.《显微术》的惊人成就

作为物理学家，胡克因其对弹性的研究闻名于世，但胡克同时也以生物学家之名而广为世人所知。使他获得这样评价的是他的著作《显微术》。该书出版于1665年，里面有很多精美的素描，展示了胡克显微研究的成果。书中的素描共57幅——大部分是胡克本人所绘，少部分可能出自著名建筑师雷恩之手——它们显示了生物奇迹般的构造，例如苍蝇的眼睛、蜜蜂的刺、跳蚤和虱子的解剖图、羽毛的结构及霉菌的形状。

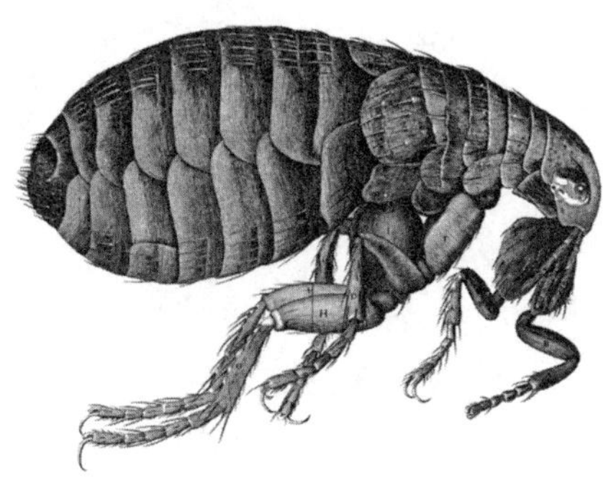

胡克手绘的插图1

《显微术》中有胡克的化石理论，他注意到石化木材与木材、化石贝壳及贝壳之间的相似关系，进一步描述了从无机矿物质到生物组织、再到无生命结构的整个石化过程。自从他在高山上发现了海贝壳之后，他便推测以前地球曾经发生过山崩地裂的大地震，使得海底峡谷上升为高山群岭，甚至进一步推测其中的某些化石很可能是已经灭绝的物种。这些超前的观念在当时颇具争议，直到200年后达尔文进化论提出时，胡克才被视为地质学观念革新中的精神领袖。

《显微术》中记录了胡克的光学研究。他的研究基于显微镜的观察。他对云母、肥皂泡、玻璃间的空气层等薄而透明的膜中的色彩进行了观察，发现颜色的变化呈现周期性，随着薄膜厚度的增加光谱出现重复，胡克为了解释这种现象，提出了光的波动说。就是后面造成他和牛顿第一次争论的观点。

胡克手绘的插图 2

胡克最著名的显微观察是他发现和研究了软木植物的蜂房结构，他称之为细胞（cell），因为它们很像修道院里修道士的单人住房（monastic cell）。胡克是使用单词“cell”的第一人。胡克在许多植物中观察到类似的结构，认为“细胞”也许可以充当某种通道使液体流遍全身，正如动脉和静脉在动物体内扮演的角色那样，为血液流动提供管道。实际上胡克所谓的细胞，并不是活的细胞，而是软木组织中一些死细胞留下的没有生命的细胞壁。但是他的发现引导了后人对于细胞的进一步研究，以至建立细胞学说，使生物学从宏观深入到微观，从形态结构的研究深入到细微结构的研究，他提出的“细胞”名称也一直沿用

至今，成了表述生命基本结构的专用名词。

另外胡克在书中提出了他的燃烧理论。在协助波义耳进行燃烧实验时，胡克曾注意到：当木炭在密封的容器中被加以强热时，它并不变成灰烬，而只是变黑；但是，如果放进空气，木炭就立即烧掉，最后变成白色的灰烬。在有无空气这两种不同的条件下，木炭燃烧的结果是不同的。胡克推测，空气中存在某种燃烧时必需的条件。胡克在《显微术》中提到他最初的燃烧学说。后来，胡克在波义耳的"火粒说"的基础上，进一步提出了他的"硫素说"。"硫素说"的基本特点，在于充分肯定空气在燃烧中的作用，而其学说的理论核心，在于认为燃烧物体中含有可燃物质"硫素"，含"硫素"物体一旦接触空气，就立即发生他所说的溶解作用，而这种溶解放热过程也就是燃烧过程。

胡克在该书中还提出显微镜中的一些其他发现，其中包括雪的晶体结构。

4. 最早的人工呼吸

在胡克的年代还没有分离出氧气。不过他意识到："动物在呼吸的时候，必然有一种绝对重要的气体被吸入血液中而流遍全身。"1667 年，胡克做了呼吸生理的动物实验。他把狗的肋骨和横膈膜切除，然后用风箱把空气吹到狗的气管中，继续维持狗的生命（这可以算是最早的人工呼吸之一了）。他将狗的肺部戳刺多次，发现肺没有再膨胀，但心脏仍然在跳动，气管里仍然有空气进入。胡克据此认为，如果没有新鲜空气供给肺脏，动物也不能维持生命，所以肺并不是古人认为的使心脏变冷的风箱，肺的作用是吸入空气。这一系列工作为后来的呼吸生理学提供了资料。

5. 成也萧何，败也萧何

从1656年胡克在牛津遇到了罗伯特·波义耳起，波义耳就一直是胡克生命中的贵人。这个波义耳就是1660年发表《关于空气的弹性与其效应的物理实验》、1661年发表《怀疑的化学家》、1662年发表《波义耳定律》的波义耳。在《怀疑的化学家》中，他第一个确立了近代化学的元素假说，因此赢得"近代化学之父"的美称。因为发表《波义耳定律》，国王查理二世赐给波义耳一所在爱尔兰的庄园，并且他们的"无形的学院"由查理二世正式命名为皇家学会，波义耳被任命为首任干事之一。他从此平均每年写一本书，总计达30多卷。

胡克和波义耳相遇之后，成为他的助手。在胡克担任波义耳助手的时候，几乎波义耳所用的所有科学仪器都是胡克制造或设计的。当时波义耳热衷于对空气的研究，特别是对真空和燃烧现象的研究，但这方面的研究必须拥有性能优良的抽气机作为硬件保证。当时马德堡市长冯·格里克刚完成使他名噪一时的"马德堡半球试验"：利用自己发明的抽气机在马德堡半球内制造真空环境，两队马反方向拉金属球也拉不开。波义耳希望当时最著名的抽气机制造工程师拉尔夫·格雷托雷为他制造一个比冯·格里克的抽气机更优良的设备,可是格雷托雷失败了。胡克则在1659年发明了空气泵,为波义耳的研究提供了良好的条件。这是当时最优秀的抽气机。为感谢胡克做出的贡献,波义耳在正式出版的论文中亲切地将胡克制造的设备称为“我们的抽气机”。1662年,贵族院提升胡克担任皇家学会实验管理员,波义耳在其中发挥了作用。但是这个每周要在例会上向学会展示“3或4个值得关注的实验”的工作要求,给了胡克太大的压力。一方面他不得不想尽办法四面出击,尽可能地寻求突破,从而使他获得了多方面的成就;另一方面也使他没有更多的时间深入研究和充分完善自己的富有创造性的惊人发明和发现。

6. PK牛顿

提到胡克不能不提牛顿。在某种程度上讲,在许多人心中,胡克以和牛顿争论而出名。1672年年初,牛顿由于制造了反射型望远镜,当选为皇家学会会员。作为见面礼,他给学会寄去一篇证明白光是不同颜色光的混合的论文《光与色的理论》,阐述了三棱镜实验中对白光组成的发现,提出光是由粒子组成的。当时胡克对这篇论文进行了评论:“我已经拜读过牛顿先生的大作……他的观察是如此新奇和完美,令我非常高兴。但是,虽然我完全同意他所陈述的都是事实,因为那些东西都已被测试过千百遍,产生的结果也都一样,但坦白讲,对于他用于解释颜色的假说，我尚未亲见足以说服我、使我无法否认的雄辩证明。至今为止，自我所从事的实验和观测，甚至从他所说的实验中，我完全可以证明光是一种脉冲，或者说它是在均匀、一致和透明的介质中传播的一种运动。”

牛顿认为光是一种微粒，而胡克认为光是一种波。两人其实各自寻到了真相的一半。（现代物理学认为，光具有“波粒二象性”：既是波，又是粒子。）但当时他们都本能的维护自己的研究成果，坚持自己的唯一正确性。牛顿有点过于自信地说：“且细想以胡克先生这样严谨的反对者审阅我的论文的感受，很高兴他没有贬低其中任何部分……我毫不怀疑，经过更严谨的检验之后，将会发现我所言者确属事实。”牛顿把假说直接定成了唯一真理，这样不恭敬的回答无疑刺激了胡克，以致他开始猛烈地攻击牛顿。

据一位科学史家研究，牛顿对光的认识观点最初还在微粒和波动两者之间有所摇摆，并没有全然否定波动说。可有意思的是，当受到胡克批评后，他却毫无保留地坚持了光的微粒说，并因此极端愤怒，威胁要退出学会。在学会书记劝说并提出免去牛顿应缴纳的会费的条件下，牛顿才留了下来。

1675 年，两人绕过皇家学会，有了私底下的通信。

1679 年，胡克主动致信牛顿，谈到自己新的研究计划，引发了他们的第二次争执。当时胡克在信中提出沿曲线切向的直线运动合成行星运动的假说和弹性定律，牛顿在 1679 年 11 月 28 日致胡克的信中，虽然用词似乎很谦卑但实际上非常不客气地否定了胡克的看法。他告诉胡克：一

个下落物体的轨道将是一条陀螺线——这是两人第二次争执的导火索。牛顿曾经在回信中说道:“如果我对您上次提到的假说感到陌生并没有使您过于不快的话(因为我几乎推开了所有哲学中所有要做的或想做的事情),那么我将遵照您的愿望,把我能想到的对它们的反对意见都发给您,如果我能想得到的话。而另一方面,我将不惧于听到任何对我工作的反对意见,并将尽可能轻描淡写地回答它。”

此时他们的关系还稍有缓和,其间胡克还在皇家学会演示了牛顿《光与色的理论》论文里的实验。

但之后两人的关系又进入了白热化的阶段,两人的斗争持续了终生。他们之间最大的争议可能是关于万有引力的发现。1686 年,牛顿的《自然哲学的数学原理》即将由皇家学会出版,胡克读到了其中的部分。他认为,其中的重力与距离平方成反比的定律,是从自己的论文中得来的概念,尽管计算出来的曲线完全是牛顿的发明,所以,他希望牛顿能在序言中做点声明。当一位知情人士将这些情况写信告诉牛顿后,牛顿勃然大怒。他重新仔细检查了一遍《原理》手稿,从中删掉了绝大多数有关胡克的引用。剩下不多的,语气也从“非常尊敬的胡克先生”变成“胡克”。这一次,他们之间的关系彻底崩裂,再无缓和的可能。

其实早在 1687 年牛顿的《自然哲学的数学原理》出版之前,英国的科学家已经对万有引力产生很大的兴趣。1661 年,英国皇家学会成立了一个委员会专门研究重力问题,陆续参与者有胡克、哈雷(E. Halley,1656—1742)、雷恩(C. Wren,1632—1723)等人。1674 年胡克已经就引力问题提出了以下的看法：首先，每个天体都有倾向于中心的吸引力，它不仅吸引自身，并且还吸引在作用范围内的天体，它们之间的吸引是相互的；其次，天体如果没有受到其他天体影响，将保持直线运动不变；最后，物体离中心越近，所受到的吸引力也就越大。这样的说法已经接近了万有引力的论述了。不仅如此，早在1679至1680年间，胡克在与牛顿的通信中就明确指出重力与距离的二次方成反比。这也就是胡克指责牛顿抄袭的根据所在。但是根据牛顿的遗稿编成的《朴茨茅斯文稿》的说法，牛顿是在1666年发现从万有引力理论中得出的重力加速度理论值与实测值很相近，但是他还不能确定球外附近某点的万有引力怎么计算，于是他推迟了结果发表的时间。直到1684年，哈雷向牛顿询问行星运动问题时，牛顿掌握了由他发明的积分法，证明研究引力问题时球状物体可以看作质量全部集中于球心上的质点。

7. 天才的埋没和重新发现

胡克早年脾气暴躁，过于好斗，所以树敌颇多。到老年的时候，性格越来越阴郁和孤僻。这跟他与牛顿的矛盾有很大的关系。据说牛顿在登上英国皇家科学院的主席宝座后，曾经下令把英国皇家科学院中关于胡克的所有研究成果和资料部分或全部销毁。胡克心身憔悴，整天失魂落魄。另外因为他早年在自己身上尝试了多种药物试验，这些药物到后来严重损害了自己的健康。而且为了赶上

科研进度，他反复地给自己注射兴奋剂，以保持旺盛的精力，过分地透支了自己的生命。1687 年，胡克的夫人格蕾丝去世，他从此更一蹶不振，朋友也纷纷背离。在生命的最后几个月，胡克的病情迅速恶化。1703 年 3 月 3 日胡克去世时只有一个女仆在身边为他送终。

当时牛顿如日中天，已经被捧到了一个有点夸张的高度。英国诗人亚历山大·蒲柏为牛顿做诗说："上帝说，让牛顿出世！于是世界一片光明。"牛顿的对手可能遭受到的下场可想而知。因为与牛顿的矛盾，在死后的 300 多年间，胡克都没有得到应有的评价。多才多艺的胡克是科学史上最被低估的科学家之一。直到 20 世纪人们才重新意识到了他的研究的巨大贡献。20 世纪 80 年代，对胡克的研究进入了高潮，但因为身后寂寥，关于胡克的档案有不少已经散逸了。

2006 年初，汉普郡一户人家在拍卖旧壁橱时顺便搭上了 520 页泛黄的手稿，它用古怪的斜体字记录了一连串显赫的名字：雷恩、莱布尼茨、奥布里、伊夫林、牛顿……伯罕斯拍卖行的专家眼前一亮，回头立刻召集一批科学史专家、笔迹学专家乃至纹章学专家对这份手稿进行反复识别论证，最后得出的结论让所有人大吃一惊——这份看起来毫不起眼的手稿竟然是 17 世纪英国科学家胡克亲笔所写，内容包括英国皇家学会 1661 至 1682 年的会议记录，以及胡克本人的一些笔记。

手稿中还包含着一些在当时堪称天才的设想和实践，其中一份日期为 1679 年 12 月的文档就记录了胡克与牛顿、雷恩往来信件的内容，其中雷恩曾提议通过发射子弹的实验来证实地球自转：他建议胡克和牛顿以一个垂直点为中心，每天向着一个特定的角度向空中射一枪，看看掉下来的弹壳是否能组成一个圆圈，以此验证他们的假设。而除了这样的“实验设计”外，手稿中还有一些扎扎实实的实验结果，比如最早用显微镜观察到细菌和微生物的详细记录。

这份手稿在同年3月28日的拍卖中被皇家学会以94万英镑竞得，5月17日回到皇家科学院，成为科学史上最重要的发现之一。

由于其中有如此丰富翔实的记录，这份胡克手稿一经公布，便被科学史家视为“见证现代科学起源”的珍贵资料，能够有效地弥补科学史上的“缺失一环”。正如专家菲利克斯·珀瑞尔所评价的：“这份手稿对于科学史的价值，不亚于发现一本古老的《福音书》。”这份手稿不仅为胡克与牛顿之间的公案提供了一些耐人寻味的佐证，更重要的是，它的记录为后人进行科学史的研究提供了重要的资料。

2007年，为了纪念胡克逝世300周年，英国皇家学会和牛津基督教会学院专门举行了几场专题研讨会，英国国家海洋博物馆专门举办了胡克展，一批讲述胡克的专门著作也相继出版。

随着史料的补充，胡克终于迎来科学史对他的重新评价。

现代生物分类学的奠基人——林奈

林奈（Carl von Linne, 1707—1778），瑞典自然学者，著有《自然系统》《植物属志》、《拉普兰植物志》《植物种志》等。林奈在《自然系统》中首次阐述了他的分类系统，并对所有已知的植物、动物和矿物进行了分类；在《植物属志》中，他对其所知的所有植物属进行了列举和描述；在《植物种志》中，他对所有已知的植物种进行了列举和描述。他是现代生物学分类的奠基人。

“上帝创造，林奈整理”，人们是这样来赞美林奈的。“上帝的账房先生”是对于这个伟大的生物学家的另一个美称。因为林奈建立了生物学的分类体系，并给植物以拉丁文的命名，使得在生物研究中账目清楚，不再彼此混淆。

1. 菩提树与林奈

林奈原来并非一个真正的姓，而是某一种树木的名称。他原来的姓叫林内乌斯(Linnaeus)，拉丁化后称作林奈(Linne)，正是菩提树的名字。不过人们更喜欢另外一个有浪漫色彩的说法：他们家的屋子旁边有一棵高大的椴树(Linden Tree)，于是他的父亲指树为姓。他的父亲是一个牧师，喜爱园艺，以一种植物为姓倒也合适。但是能够轻易地改变姓，可见得他们家族的门第不是很高贵。实际上直到 1753 年，林奈被授予星级骑士，他们的家庭地位才从根本上改观。林奈是第一位获此殊荣的瑞典科学家。1762 年，卡尔·林奈因为在植物学的分类体系上的巨大贡献被授予贵族称号，现在所称的卡尔·冯·林奈(Carl von Linne)中间的“冯”就是那个时候加上去的，它是贵族的标志。

2. 偏科的穷差生

林奈的家庭不富裕。他显然没有办法像达尔文或海尔蒙特那样仗着良好的家庭环境,爱什么时候读书爱读哪个学校都行。林奈有两次面临无法上学的窘境。一次是他中学的时候,由于对经典课程不感兴趣,他的学习热情不高并经常逃学,全班 18 个人,他排名第 11,老师的评语是:“对学习缺乏兴趣,学习不努力,成绩不好,前景不佳。”他的父亲送他上学原来是为了他将来能够成为一位神父而出人头地,既然成绩并不是那么好,家庭本身又很贫困,于是他的父亲觉得不应该再做这赔本的买卖,何况林奈告诉父亲说,他对做神父没有兴趣,他喜欢医学和植物学。父亲因此跑到学校与老师商量自家孩子的前途问题。有的老师建议林奈做皮匠,虽然没有神父高贵,至少还能糊口。只有物理老师罗斯曼博士不同意林奈退学,他发现了林奈对于植物的兴趣,于是找到了劝说林奈父亲的突破口:那孩子很聪明,对感兴趣的课程学习很快,他喜欢植物,从诊断角度来看,18 世纪的西方医学主要是一门对疾病进行描述的学科,治疗的主要手段是药用植物,它就必然对植物要有很深入的研究,所以喜欢植物对于成为一名医生是有利的。这段很有诱惑性的话终于打动了林奈的父亲,小林奈得以留下继续学习。罗斯曼把林奈带到自己的家中,为他提供了大量的植物学的书籍。林奈开始认真地研读《植物学大纲》并采集了许多植物标本。1727 年,他以优异的成绩考入德隆大学。当时还没有生物学这门学科,他果断选择了医学专业,因为医学最接近他所钟爱的植物学。

3. 奇遇斯托俾尔斯

在考取德隆大学的林奈身上重现了许多贫家子弟的悲剧:他的家庭无力支付学费。林奈有个远亲是个富商,在瑞典南部德隆市经商,林奈希望能得到这位亲戚的帮助,却不料到了德隆才知道,这位亲戚竟然去世了。身无分文的林奈不愿意放弃自己的求学梦想,于是只身一个人在德隆闯荡,寻求求学的途径。就在他身无分文,已完全无计可施时,瑞典著名的自然科学家、隆德大学的教授斯托俾尔斯收留了他。

这个叫斯托俾尔斯的教授老头倒也算是善良,但是脾气古怪,不好相处。林奈除小心翼翼地照顾老人家外,把全部的注意力放在斯托俾尔斯家中的藏书上。他每得到一本书就如获至宝,通宵达旦地阅读。斯托俾尔斯老头发现这个年轻人在熬夜,以为他在半夜看闲书,带着病弱的身体怒不可遏地冲进林奈的房间,从他手中把书夺过去——却发现林奈所读的书正是斯托俾尔斯本人最喜爱的植物学书籍!一时间老人像看到了自己的知己和未来的继承者。从那个时候起,他就像对待自己的孩子一样对待林奈,像家人一样对他关怀备至。他的藏书室的大门朝林奈打开,任他随意出入,自由阅读,并且时常指点和鼓励林奈。在斯托俾尔斯的帮助下,林奈储备了丰富的植物学知识,并采集和精心制作更多的植物标本,为将来的科研打下了基础。

4. 又一个斯托俾尔斯

当时德隆大学陷入财政困难，系里只有一位医学老师，林奈缺乏对于医学的学习热情。由于学业成绩不佳，林奈于1729年转入乌普萨拉大学。但早年的林奈似乎跟穷困很有缘分。乌普萨拉是一个老牌大学，此时已经大有没落的迹象，管理不善，设备简陋，下属的医院年久失修，破烂不堪，连个病人也没有，林奈在此倍感无奈，不过他很快发现了乌普萨拉大学的图书馆和植物园，这是他所喜欢的天堂一样的地方，他经常不听课，呆在图书馆啃书本或呆在植物园潜心观察。当时他实在太穷，经常衣食不继，营养不良，不幸患了坏血病。不过幸运的是，他竟在植物园里被摄而思教授发现。

他们的相遇颇富有戏剧性，当时林奈正在认真观察花的结构，连有人走近都毫无察觉。老教授看着一个衣衫褴褛、面容憔悴的年轻人专心致志地研究着那些植物，非常地欣赏，攀谈之下才发现这个年轻人竟然有那么丰富的植物学知识和不凡的见解。摄而思欣喜若狂，决心帮助林奈，邀请他到自己的家里住下，那样可以一边学习，一边当他的助手。林奈在德隆大学的幸运一幕重新上演。因为有摄而思教授的帮助，林奈不需要再为谋生而分心。

由于深知林奈对植物学的热爱，摄而思毫不犹豫地把他介绍给了植物学教授鲁德伯克。在鲁德伯克的指导下，1729年林奈做出了他关于植物性别研究的第一篇论文。

他把它当作新年礼物送给了摄而思。摄而思被打动了，抄了几份，拿其中一份在瑞典皇家科学院宣读，科学院意识到其价值所在，决定以科学院的名义正式出版。从那个时候起，林奈时来运转，被任命为讲解员，接着被提升为讲师。那个时候他是大学三年级学生。

5. 拉普兰探险的收获

青年林奈

成功带给了林奈极大的自信和动力，这个年轻人希望能够靠自己的努力在所有同行中脱颖而出。1732年，瑞典政府提供了一笔小额资助，林奈决定前往拉普兰进行野外探险，研究当地的植物生长状况。这段经历后来成为他心中最为自豪的事情，他写过四部自传，每一部都不一样，但是从来没有漏过这一光辉事迹。那时他25岁，身上带着4 000铜第尔——相当于50美元的经费出发了（也有的传记说他带了100美元，总之不是很多）。拉普兰位于斯堪的维尼亚的北极地区，在北极圈以内，所以他需要面临的首要问题就是恶劣的环境。他有时骑马，但大部分时候需要步行，

穿越崇山峻岭、沼泽地，攀越悬崖峭壁，冷的时候裹着兽皮御寒。林奈采集到了大量罕见的植物和奇花异草制成标本，记录了它们的生长特性和形态。由于经济拮据，在覆盖4 600平方英里、历时5个月的行程中，饿肚子成为常事。好在林奈已经饿出经验来了。有时候饿到头晕眼花，他便喝泉水充饥。不过更多的时候，他可以采集一些野菜，或捕食一些野生动物，虽然渔猎不是他擅长的事情。他就这样在半饥半饱中坚持了5个月，直到冬天来临，才回到乌普萨拉大学。他带回了537份标本，其中100多个是新发现的物种。林奈为此十分骄傲。他带回一套色彩鲜艳的拉普兰人的服装，经常在公开或正式场合穿上，以提醒人们他在拉普兰的伟大探险之旅。这一次探险非常重要，他在这次5个月的考察之中获得了大量的标本和丰富的资料，为他的植物学分类研究奠定了基础。此次探险的成果以《拉普兰植物志》(1737)之名出版了。

拉普兰探险使林奈成为了植物学界的传奇人物，人们渴望听到他在那些地方的种种见闻。他不仅因此受到人们的热烈欢迎，被称为“植物大王”，而且世界各地研究植物学的学者纷纷来到乌普萨拉，投入林奈的门下学习，把林奈的学术成果带到世界各地。

此时林奈的声望如日中天，他幸运地与一位富裕医生的女儿相爱并成婚。岳父大人由衷地欣赏自己的植物学家女婿，在金钱上慷慨地支持了他。他把林奈送到荷兰去镀金，使林奈完成自己的医学学位——如果他林奈在植物学上的发展不是那么顺利的话，至少还可以做一个医生不是吗？

在岳父的资助下，1735 年林奈前往荷兰，先后在荷兰的阿姆斯特丹和哈尔德韦克进修医学并在几个月后获得哈尔德韦克大学的硕士学位（有的传记说是医学博士学位，不过没有关系，对于林奈这样的大师来说，今天任何学校都不介意把自己的博士学位授予他的）。林奈回国的时候还带了大量的植物标本。在荷兰期间，他遇到了包括 John Frederick Gronovius 和 Hermann Boerheave 在内的当时一些著名的博物学家。前者资助他出版了《自然系统》（1735），林奈在该书中首次阐述了他的分类系统并对所有已知的动植物和矿物进行了分类，该书在 1768 年第 12 次印刷的时候已经成为洋洋数千页的巨著。林奈因此被誉为植物王国的分类学家。后来林奈成为荷兰东印度公司董事长 George Cifford 的私人医生，这给林奈一个可以长期研究生长在 Cifford 的花园里的大量热带植物和温带植物的宝贵机会。在 Cifford 的资助下，林奈出版了一些手稿，包括《植物属志》等。然后林奈去了英国，在那里他遇见了起初将林奈称为"将植物学推向混乱之人"的 John Jacob 教授，这次会面后 Jacob 立刻成为林奈分类系统的坚决拥护者。

1736 年，林奈成为利奥波尔迪纳自然研究协会的会员，之后不久又当选为新成立的瑞典皇家科学院的院长。

这所有的一切，其最初的来源是一次拉普兰的探险。

6. 双命名法

林奈在采集标本时遇到一个问题，那就是标本的分类和归类。在林奈的那个年代，博物学家们遇到了和林奈一样的问题：他们采集了大量的动植物标本，但是分类极其混乱，大家无法把标本分类统一。那在动植物标本的收集、保存和整理上必然会产生很多的困难，比如把相同类属的甚至就是同一种动物或者植物，当作不同的动植物去处理。这在李时珍整理《本草纲目》的时候就遇到过。当然，他们各自用自己的方法解决了这个问题。因为《本草纲目》是以药物为主，范围毕竟有限，还有其规律可循，但林奈的关注点是整个自然界的植物，那么问题显然要更严重一些。为庞大的植物群体命名、分类，这是一项前无古人的伟大创举。它需要实地考察、观察、采集标本，了解各种植物的特征和生长的习性，厘清植物之间的区别和联系。

有林奈像的邮票

综合前人的观点和他在野外采集动植物标本时的经验，林奈提出以植物雄蕊和雌蕊的数目进行植物分类等许多新观点。他一生的著作中论著达 80 种，其中《植物种志》一书，从 1746 年开始写，到 1752 年才脱稿，历时 7 年。在这本著作中，林奈提出了植物学命名的法则——双命名法。近代分类学正是从 1753 年林奈发表的《植物种志》开始纪元。在林奈提出双名制命名法之前生物学家往往根据植物的表面特征来描述植物，有的采用单命名法，只用一个属名，有的采用双命名法，一个属名加上一个形容种的性质的词，有的采用多名法，一个属名加上几个形容词。虽然有不少科学家曾经尝试过命名法的改革，但是他们所建立的命名法太过复杂，没有为各国科学家所普遍接受。

林奈在《自然系统》中首次阐述了他的分类系统，并对所有已知的植物、动物和矿物进行了分类；在《植物属志》中，他对其所知的所有植物“属”进行了列举和描述；在《植物种志》中，他对所有已知的植物“种”进行了列举和描述。每种植物包括以下几点：

属名；多名描述短语或者以属名开头的短语名称，最多 12 个单词，试图作为该植物的描述；在边缘处有次要的名称或种加词；异名和重要的早期参考文献；生长环境和地区。属与气候的次要名称构成了每个种的名称。因此林奈建立了双命名法。

林奈的系统基于雄蕊的数目划分了 24 个纲，使用起来非常方便。这些纲再根据心皮特征进一步划分为目，比如单蕊目、双蕊目。仅仅一年时间，他将他的著作《植物种志》中的 5900 多种植物全都加上了“双名标签”。他以植物的“性器官”即花朵作为植物分类的基础，以植物的雄蕊和雌蕊为依据，根据雄蕊的数目和次序把所有植物分为 24 个纲，再按照雌蕊的数目把纲细分为目。这样在野外，即

使没有资料，只要会数数的人也都可把一株植物进行分类。

林奈的《植物种志》(1753)标志着当代植物命名法的起点。他的目的是建立自然分类，并在《植物属志》(1764)第6版中列出了58个自然目。尽管是后人将其进行改进，但林奈在他那个时代创造性地完成了自己所能做的工作。

7. 老师的威胁

1738年，林奈返回瑞典参加医学实习，1741年，被指定为医学主任。一年后，他回到乌普萨拉大学任植物学教授。鲁德伯克教授逝世后，林奈被任命为乌普萨拉大学的医学和植物学教授，直到1778年他逝世一直担任这一职务。林奈日益增长的名声和著作吸引了大量的学生，其数量与日俱增，乌普萨拉植物园的实力也得到充分的加强。

林奈画像

每年夏天，林奈的植物学远足队伍中都要包括一名做笔记的注解者、一名负责训练的督导官和一些打鸟的射手。每次旅行的最后，他们在林奈的带领下，吹着号角，敲着桶鼓，举着大旗回城。

当时的人曾这样报道："周三和周日早 7 点到晚 9 点采集完植物标本后，考察队员们草帽上插满了鲜花，敲着鼓吹着号角，兴高采烈地簇拥在林奈的身边凯旋而归。"这是林奈张扬、高调个性的最好剪影。

林奈一生都对植物痴迷。他热情的学生中，有两个人分别叫 Peter Kalm 和 Peter Thunberg。林奈让他们远赴非洲、美洲、亚洲收集植物。当 Kalm 带着成包的标本从美洲回来时，身染重病、卧床不起的林奈，立刻忘记了病痛，把注意力转移到植物上，全心研究起来。

1750 年，李时珍的《本草纲目》出版 250 年后，在瑞典，林奈看到了《本草纲目》的节译本。他心生向往，于是派遣自己的学生欧贝斯克乘船前往中国收集植物标本。临别的时候他对学生进行了一番威逼利诱："等你回来的时候，我们将用你带回来的花草编织王冠，你的名字将刻在钻石一样的石碑上，你的姓氏将载入植物王国的史册。但你千万不要空手而归，如果没有好的战利品，那我们就请海神把你卷入海底。"欧贝斯克十分在意老师的提醒和警告，他在 1750 年到达广州，在中国的南方收集了大量的花草植物，回国后，向老师献上了一本内容丰富的中国草木志和 600 件草木标本。中国是最早发现茶树和利用茶树的国家，所以欧贝斯克带回的标本中有武夷茶的标本。林奈欣喜异常，在 1753 年出版的《植物种志》中将武夷种茶树作为中国茶树的代表，这种做法一直沿用至今。

在林奈影响下，瑞典植物学界出现了一大批探险者。他们几乎踏遍世界各地，把采集到的珍奇植物标本寄给林奈，充实了他的植物宝库，从而培养出一大批出类拔萃的植物学家。

林奈积极鼓励自己的学生和崇拜者到世界各地探险，采集植物，据有人估计，这些追随者中有三分之一死在探险的途中。他们用自己年轻的生命为植物学的发展做出了贡献，但历史甚至未必记住了他们的名字。

8. 七头蛇的鉴定

在当时，人们如此敬仰林奈，发现什么特殊的物种都希望林奈给予鉴定和正名。1735 年，汉堡几位德高望重的市民把汉堡自然标本室的镇馆之宝七头蛇拿给林奈看。这个怪物在布拉格一个天主教堂圣坛上放了数十年之久，然后在三十年战争期间又辗转落入了一个瑞典陆军元帅的手里，成了他的战利品，后面又辗转到了汉堡。当时林奈刚好编写完《自然系统》。林奈为此写道："我们离开图书馆，为了能仔细观察赛巴所描绘的那只七头蛇……这只怪物有四个分开的脚趾，没有蹄，没有翅膀。它的牙齿非常像鼬的牙齿……长为两艾勒(1.5 米)，没有耳朵，没有鼻孔。""当着我的面没有人发现这是一件伪造品。"林奈发现，那只怪物不过是人们把七个鼬的脑袋缝到一条蛇的身上，在里面塞满锯木屑制造出来的杰作。

这次鉴定又一次让林奈声名大振。

9. 本专业领域最伟大的人物

林奈平时快乐幽默，笑声不断，但是同时也是一个狂妄自负的人。在一封家书里他曾经写道："我的著作超过当今世上任何一个人，我书桌上已经有27本我自己写的书，我的名声与印度的大师齐名（一个西方人干吗要跟印度的大师比？），我被公认为本专业领域里最伟大的人物。"

1778年，林奈去世之后，他的儿子卡尔接过他在乌普萨拉大学的教授职位和标本。1783年，卡尔去世的时候，标本被送往"林奈之窗"，目的是卖给愿意出高价的人，幸运的是最后出了大价钱的人是英国的植物学家Smith。他于1788年建立了伦敦林奈学会，并把这些标本转交给这个学会。这些标本因此得以拍摄并以胶片的形式得到利用。

林奈雕像

林奈的花钟大概是植物学家的浪漫情怀和林奈"整

理”上帝所创造的事物的卓越能力的最好注解。林奈对植物的开花时间做了很多的观察和研究，他在自己的植物园中把各种花种在一起做了一座花钟，这些花都有自己固定的开放时间：

蛇床花：黎明三点左右开花；

牵牛花：黎明四点左右开花；

野蔷薇：黎明五点左右开花；

龙葵花：清晨六点左右开花；

芍药花：清晨七点左右开花；

半枝莲：上午十点左右开花；

鹅鸟菜：中午十二点左右开花；

万寿菊：下午三点左右开花；

紫茉莉：下午五点左右开花；

烟草花：晚上七点左右开花；

昙　花：晚上九点左右开花。

这些花在它们静静盛开的时候，会不会怀念它们的知己林奈呢？

进化论的奠基人——达尔文

达尔文（Charles Robert Darwin，1809—1882），英国博物学家，进化论的奠基人。他创立的生物学理论不但改变了生物科学的面貌，而且彻底变革了人们的科学观念。恩格斯将“进化论”列为19世纪自然科学的三大发现之一。

1. 婆婆妈妈的父亲

1809 年，查尔斯·达尔文出生在英国西路斯伯里市一个医生家庭。这是一个很幸福的家庭：查尔斯有三个姐姐，一个哥哥和一个小妹妹。父亲罗伯特多年行医收入丰厚，母亲苏珊娜出身陶瓷世家，带来丰厚的嫁妆，夫妻俩感情深厚。遗憾的是，在查尔斯不到九岁的时候，他的母亲去世了。从此他的父亲罗伯特开始又当爹又当妈，独自操持起这个家。于是有人说道："这位身高 1 米 88 的汉子，不得不婆婆妈妈了。"

幸运的是，这些孩子大都很懂事听话。大的孩子已经会照顾小的弟弟妹妹了。能干的二姐姐卡洛琳还会教小弟弟查尔斯学习。但令人头痛的正是这个查尔斯，也就是我们后来所熟知的达尔文。很长一段时间里，达尔文调皮捣蛋，总是闯祸，从来没有办法安定下来，从一个学校不断地转到另外一个学校。好在宠爱孩子的父亲不厌其烦。

达尔文最初是在凯斯日校，不过只读了一年，就转到布勒特寄宿学校和哥哥伊拉兹马斯一起读书。这是英格兰很有名的一所中学，以严格的校规、高质量的教学闻名，被誉为英国中学教育的典范，这里培养出大量的政治家、学者和诗人。达尔文在这所学校呆了七年。这所学校追求的是古典式的教育，祷告、拉丁文、诗歌、数学——听起来非常完美，唯一的缺憾就是跟达尔文的天性不太符合。少年时他喜欢搜集各式各样的东西，捕捉昆虫，制作花鸟标本，采集矿石和贝壳，收藏印章信纸。如今这些兴趣完全带到了学校里。14 岁的时候他又迷上打猎，早晚用姑父的猎枪练习射击。随着年龄的增长，他对自然科学的爱好和校方的要求偏离，在即将结束中学学习的时候，哥哥伊拉兹马斯在家中储藏室建立了一个化学实验室。兄弟俩经常偷偷从学校跑回家，钻进实验室摆弄烧杯试管，有时直到深夜。达尔文尤其喜欢跟同学炫耀自己所做的气体实验，因此得了一个外号叫“瓦斯”。这件事很快被校方知道，达尔文因此遭到校长的训斥，说他是一个没前途的浪荡子。他的父亲是一位很知名的医生，在当地极受人们的爱戴和尊崇，却没想到因为这孩子而受到了侮辱，于是很生气：“你只知道打鸟、养狗、抓老鼠，其他什么都不管，这不但会伤害你自己，还会连累我们全家的。”他不得不把达尔文弄回了家。做父亲的在为孩子的将来头痛，但是查尔斯从学校回家，只感觉一阵轻松和解脱。他后来曾说过：“最有害于我的智力发展的无过于布勒特博士的学校。”

2. 从爱丁堡大学到剑桥大学

父亲苦想之下，为达尔文选了下一条路：学医，便送他去哥哥所在的爱丁堡大学医学院。在此之前，罗伯特特意让儿子参加了一些医疗活动，查尔斯确实做得很认真，并学会了开泻药和催吐剂治疗便秘和中毒。既然他对医学有兴趣，而且又有哥哥看着，这下总算是万无一失了。

这或许有些矛盾。查尔斯·达尔文是一个博物学家，

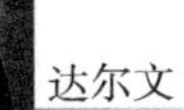

在他环球航行的过程之中，收集和制作了相当多的动物标本，但他从小就是一个极富有同情心的人，不太能够忍受那些动物垂死挣扎的场景。于是在他自己后来采集昆虫标本时，总是用自己发明的药物对昆虫进行麻醉，希望昆虫能够没有痛苦地死去。面对昆虫尚且如此，何况是人？他第一次看到泡在福尔马林里的尸体就觉得难以忍受，并且当他意识到这些是济贫院里孤苦无依的人的尸体时，他写信给自己的父亲说："我禁不住想，这些躺在台上的可怜人和我们一样爱过人也被人爱过。他们会有这样的结局，被任意宰割，成为粗鲁玩笑的题材，实在叫人无法理解。"他在医学院学习时，看到过截肢和剖腹手术。这样的手术在当时没有任何有效的麻醉措施，只是给病人灌点酒然后把嘴堵上，把手脚捆起来就开始动手术。手术期间病人痛苦的挣扎让达尔文接近崩溃以致两次从手术室中逃出来，从此发誓再也不进手术室。手术室的遭遇让他对医生这个行业产生了绝对的抗拒心理。

他的父亲很郁闷地承认：达尔文同样不适合做医生。既然他如此善良，那么做个牧师总可以吧？1828 年，达尔文依照父亲的意愿进入了剑桥大学的基督学院，在这里学习培养牧师的课程。这个时候的达尔文年纪增长了一些，知道体谅父亲的不易，多少能够约束自己，认真地应付考试，不让父亲太担心。1831 年，达尔文通过了基督学院的毕业考试，并且成绩相当的不错，名列第十。他的父亲当时松了一口气：这个让人头痛的家伙终于能够顺利完成学业了。

3. 与亨斯罗教授一起散步的人

达尔文在剑桥偶然认识了亨斯罗教授,后者成为达尔文一生中最重要的指引者。当时的亨斯罗年仅 30 岁,正在教授学生。亨斯罗把达尔文带到了另外一个世界。在他的家中,每一周都有爱好科学的青年聚会。参加聚会的有许多热爱科学的学生,还有教师、学者。达尔文在亨斯罗家中结识了许多当时很有名、职位很高的学者,像天文学家休厄尔、教育学家理查德·道斯等。达尔文经常和亨斯罗教授一起散步或者到周围的乡村考察,因而获得了一个绰号“与亨斯罗教授一起散步的人”。亨斯罗善于引导学生,保护他们研究的积极性,他的学生有很多人后来成为英国著名的学者。

达尔文在剑桥颇受朋友欢迎,很懂得诱惑朋友去从事与自然科学相关的事。后来成为大法官的哈波特在晚年回忆起如何在达尔文的要求下,半被强迫地跟着达尔文到野外抓甲虫。他按照达尔文的要求把他认为少见的甲虫放到酒精瓶子里,不过达尔文常常无可奈何地叹道:“这些全都不行。”

达尔文在鉴定新物种方面显示了特殊的才能,他搜集的甲虫很受昆虫学家的重视,另外他还自己发明了一套方法给各种甲虫命名。后来人们为了表达对达尔文的尊敬,许多甲虫都沿用了达尔文的命名。昆虫学家斯蒂芬在《不列颠昆虫图集》中就收入了达尔文鉴定和命名的昆虫。为

此达尔文骄傲极了。

4. 达尔文露怯了

达尔文在剑桥的最后一年，阅读了两本对他产生巨大影响的书籍，一本是德国自然科学家，近代地质学、化学、生物学、地球物理学的创始人之一的洪堡的《南美旅行记》。洪堡的科学考察遍及西欧、西伯利亚和南北美洲。一本则是英国年轻的哲学家、天文学家和化学家约翰·赫歇尔的《自然哲学的初步研究》。赫歇尔 21 岁就成为英国皇家学会会员。达尔文说："我在剑桥的最后一年，曾以极大的兴趣仔细阅读了洪堡的《南美旅行记》。这一著作以及赫歇尔的《自然哲学的初步研究》激起了我火热的激情，希望在自然科学的宏大建筑上添加一点极其微小的贡献。其他的书都没有像这两部书那样对我发生过如此重大的影响。"达尔文从此迷上考察，一度鼓动大家与他一起去南美旅行考察，并已经打探好船票的票价。亨斯罗提醒他，科学考察需要充分的知识和技能。达尔文在动植物学的采集鉴别和分类上已有相当的基础，但在地质学上才刚刚入门。亨斯罗告诉达尔文，著名的地质学家赛治威克夏天回到北威尔士考察，他可以说服赛治威克带上达尔文。达尔文非常高兴，开始积极准备地质学方面的知识。这时候他多少有些后悔自己当初没有好好学习地质学了。他专门买了测斜仪和锤子，并把房间里所有的桌子摆成可能设想的角度和方向，然后进行测量。他像一个小孩，希望能够马上大显身手，所以非常焦急地反复写信催促亨斯罗确认赛治威克是不是真的打算带他去。终于，达尔文盼到了出发的日子。

但是准备不足还是让达尔文露怯了，在见到赛治威克时，为了和对方套近乎，达尔文说自己在考察一个古老砾坑时找到一个热带大涡螺的甲壳，像旋转的烟囱帽子，本想买来作为礼物送给赛治威克，可是工人死活没卖给他。赛治威克告诉他："买来也没有用，那一定是后来的人丢进去的。"赛治威克解释给他听：英格兰中部的砾层都属于冰期，不可能有热带的大涡螺。达尔文这时才真正意识到缺乏知识就无法对自然现象做出正确的判断。赛治威克带着达尔文出发，一路给他讲解所见到的各种地质现象，教他识别岩石和选择岩石标本的方法，还有怎样绘制地质图。这次考察使达尔文在地质学上得到上佳的训练。

5. 最有见识的人

如果没有意外的话，从基督学院毕业的达尔文应该循着父亲为他选择的路，在乡间做一个规规矩矩的牧师，偶尔做一些科学研究。19 世纪上半叶，英国为了海外扩张的需要，派出舰艇四处探险、勘察、测绘，这同时为许多科学考察活动创造了很好的机会和条件。正是这样的背景，改变了达尔文可能的命运。

达尔文结束了北威尔士的短期地质考察回家之后，接到亨斯罗教授和剑桥大学天文学教授皮柯的信。他们告

诉他，海军部派菲茨·罗伊舰长率领贝格尔舰去南美洲海岸执行测量任务。菲茨·罗伊打算找一位博物学家去进行自然考察。不过，海军部只能够提供正式的委任并提供各项设备，但不能支付薪酬。达尔文欣喜若狂地把这两封信拿给他的父亲。他的父亲看完之后平静地告诉他：我不同意你去。航海旅行对当牧师有什么帮助呢？而且一出去就那么长的时间，谁知道会遇到什么意外？好不容易等到这让人操心的小子终于要安定下来，刚要喘一口气，他突然又改变志向，作为一个父亲，自然是无法接受的。但是作为一个一贯宠溺孩子的家长，他随后还是安慰达尔文说：除非你找到一个有见识的人主张你去，那样我才会同意。

没想到达尔文还真的找到自己的舅舅也就是他未来的岳父乔赛亚·韦奇伍德做后援。他的舅舅将他父亲的八条反对意见逐一驳斥之后还觉得不保险，亲自出马说服了达尔文的父亲。一贯疼爱孩子的父亲终于让步，达尔文最终得以成行。达尔文为此一生都很崇拜自己的舅舅。

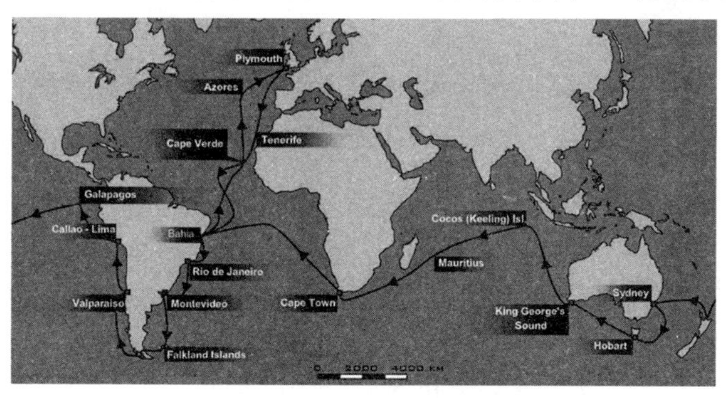

达尔文环球考察的路线图

6. 环球考察的代价

1831年,达尔文带着一本英国地质学家莱尔刚刚出版的《地质学原理》登上英国皇家海军的贝格尔号勘探船开始了环球航行。为了出海远航,达尔文做了各种准备,其中包括治疗身体的疾病、锻炼身体等。环球旅行必然会非常艰苦,他似乎做足了心理上的准备,但他没想到他遇到的第一个问题是:晕船。

达尔文出发的第一天就遇到了大风浪。船身在大浪中剧烈地颠簸,达尔文一阵阵眩晕,狼狈地爬回自己的吊床。他在当天的日记中写道:"我从来没有经历过这样的一个夜晚,除了痛苦以外,再没有什么可以陪伴我;狂风的呼啸声、海浪的咆哮声,军官们嘶哑的命令声和水手们呐喊的声音混杂成一种交响乐,我永远不会忘记。"

第二天贝格尔号被迫返航,艰难地返回船坞。达尔文感觉头晕目眩,心口剧烈地疼痛。

贝格尔号第三次顺利开航后,进入了巨浪滚滚的比斯开湾,以最大的速度向大西洋行驶。达尔文再次晕船,胃里像有一个大棍子在搅动。他反复呕吐,吐光肚子里所有的东西,然后开始干呕。肠胃似乎要撕裂了,胃液和胆汁呕吐出来,灼伤了咽喉。达尔文几次几乎晕过去,倒在吊床上喘息,向上天祈求一个不晕船的胃。开始的几天,他都没机会到甲板上去看过。

然而达尔文在这次环球考察中所付出的代价远远不

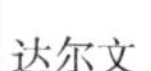

止于此。一次在巴伊亚，达尔文被一棵带刺的灌木扎了一下，当时还没什么感觉，第二天却剧烈疼痛起来。原来这是一种有毒的灌木，医生用当地特有的药物为他进行治疗，但是他还是整整过了六天才能下地走路。

在达尔文留在波托佛果湾考察的三个月中，贝格尔号返回了巴伊亚一次，去复查核实测试数据。等到里约热内卢时，有三个同伴因为热病死去，其中有一个小男孩才十四岁。这件事对达尔文产生了极大的刺激，他第一次在航海的过程之中面对死亡。达尔文在信中跟家人说道："可怜的小家伙，才十四岁，还没开始生活呢。他那么想家，现在他再也回不到家了。"

贝格尔号模型

1835 年 3 月 26 日在瓦尔帕莱索，达尔文遭到一只勃猎蝽攻击。这种虫子吸血前身体是扁的，吸到血之后不到十分钟内身体迅速变圆。后来他的父亲达尔文医生推测，小查尔斯·达尔文可能是在此时感染上了某种病原，所以不仅当时生了一场大病，在床上躺了一个多月，而且回国之后，健康已经大不如前，被某种说不清楚的疾病折磨了几十年。查尔斯的身体这样糟，以至于在 1848 年他父亲去世的时候，他甚至没有办法去送葬。查尔斯·达尔文的孙女拉菲拉特在《往事片段》中写道:“他生病被认为是一件正常的事。”

7. 环球考察的收获

代价注定伴随着更多的收获。贝格尔号环球考察也注定是令达尔文痛并快乐的伟大冒险。

达尔文在环球旅行中发现了各种闻所未闻、见所未见的有趣的东西。

在环球考察中,他的主要工作一个是进行地质考察,收集地质标本。比如在旅行的过程之中,他试图推测珊瑚礁形成的原因。(因为当时莱尔认为珊瑚礁是海底火山的顶部,达尔文在考察过程之中对此产生了怀疑。)另外一个工作就是收集各种生物物种的标本,观察它们的特征,对它们进行记录。他将采集到的标本和所做的考察记录通过来往的船只一一寄送到他的老师亨斯罗教授的家中。亨斯罗教授则乐此不疲地将达尔文的考察笔记印成小册子在科学家中散发,引起了不小的轰动。因此在达尔文回到英国前,他已被公认为英国科学界的一颗新星。

在巴西,达尔文曾用几个月时间进入森林观察自然界的各种现象和采集标本,最后他写信跟他妹妹凯瑟琳说:“我经常到茂密的森林中去。我所体验到的愉快心情,真是无法用笔墨来形容。我已经采集到数量极大而且前人从未记录过的动物……一直到老死,我都不再缺乏研究和自娱用的材料。”

在智利，达尔文看到一种棕榈树，砍倒以后会流出甜蜜的树汁，可以连续不断地流几个月，浓缩以后味道就跟蜂蜜差不多。他又看到一种特殊的小猎狗，竟然能跳到狮子身上去咬它们的喉咙，因而成为当地人捕猎狮子的重要助手。

1835年1月19日夜里，达尔文亲眼看到了奥索尔诺火山的大爆发。一个月之后他又经历了大地震。海水像沸腾了一样，发出浓烈的硫磺味。他上岸之后看到两个城市完全成为废墟，地面上尽是裂缝，最大的地方有一米宽。原来躺在水中的礁石被抛上岸，表面还带着海洋生物。这是地质考察中很宝贵的经历。达尔文曾说："以后如果再看见某一区域中贯穿大量裂缝的现象，我就能清楚地了解其原因了。"

达尔文像

1835年9月，贝格尔号行驶到"乌龟岛"。岛上一片黑色的玄武岩，地势如波浪般起伏，在正午的阳光下发出淡红色的光，整个像一个火炉，植物也发出难闻的气味。但是岛上竟然有许多大乌龟在缓慢地爬动。另外海边的低矮岩石上还有成千上万只巨大的蜥蜴。岛上还有一些鸟儿，它们从来没有见过人类，没有任何的危机意识。他们用帽子一挥就能打死一只小鸟。水手们每天捉回10～15

只大乌龟当食物。有的乌龟太大，达尔文怎么也抱不起来，甚至他站在它的背上乌龟还是很轻松地往前爬动。有一只超级大的乌龟六个人还很难抬起来，他们看到它的龟甲上刻着“1786”的日期，是曾经的捕鲸船留下的印记。因为它太大，水手搬不动，所以幸免于难。达尔文在这个岛上采集了25种鸟儿的标本，都是别的地方没有见过的。

从1831年12月27日贝格尔号离开德文港，到1936年10月2日，贝格尔号抵达英格兰西南角的法尔茅斯，历时五年时间，达尔文完成了环球一周的考察旅行。

环球考察极大地扩展了达尔文的认知，使他有机会去验证此前的科学家、博物学家们的学说，触动了他许多的思考，为他未来的学术研究奠定了基础。在考察过程之中，达尔文把大量的化石、鸟类、四足动物、兽皮和地质标本源源不断地寄回给亨斯罗教授。伦敦医学博物馆馆长认真研究了达尔文寄回的大懒兽骨头并给予了高度评价。达尔文回到英国的时候已经成为一个很著名的博物学家，这是他迈入学术界的重要一步。

从达尔文回国之后所发表的大量研究成果和达尔文所参与的学术活动中可以看得到环球考察对于达尔文的重要意义：在回国的同年11月达尔文被推选为地质学会会员。1837年1月，他在地质学会上宣读《智利海岸在近代上升的证据考察记》，3月发表论文《关于美洲鸵鸟的记述》，5月在地质学会上宣读论文《从珊瑚构成物的研究推导太平洋与印度洋中某些地区升降情形》，提出珊瑚礁形成假说，7月整理好《环球考察日记》全部书稿，开始记录第一本《论物种变异》的笔记。1939年1月达尔文被推选为

英国皇家学会会员，1842 年完成《物种理论概要》初稿，1844 年完成《火山岛》一书的撰写……

8. 达尔文的遗嘱与《物种起源》

1837 年 7 月，就在刚结束航行回到伦敦后不久，达尔文开始在他的笔记本中记载他关于“物种转变”方面的思考。那时候，他已深信演化是已经发生，并且正在持续进行的事实。因此，他想找出一个能解释演化如何产生的理论。在这个过程中，达尔文历经了许多不成熟的臆测和不成功的假设，最后，他从一本为排遣时间而读，并且表面上好像毫不相关的书里，汲取到了最重要的灵感。达尔文后来在自传里说：“在 1838 年 10 月的一个晚上，我为了消遣散心，正好拿起一本马尔萨斯（1766—1834，英国经济学家）的《人口论》来读。由于那时我已经长期观察过动植物的生活习惯，所以相当能体会在生物界里无处不发生的竞争。突然间，我的脑中迸发出一丝灵感：在这种竞争的状况下，较有生存优势的变异品种应该比较能生存，而不太能适应环境的个体就较易被淘汰；若这种情形经年累月地延续下去，就会造成新种的产生。”达尔文很早就从动物育种专家那边，学到了人工选择对培育新品种的重要性，但若不是马尔萨斯在人口拥挤和生存竞争方面提出的卓见催化了他的思绪，达尔文恐怕就无法想出物竞天择的根本原因。如果各种生物族群所生殖的后代数目远超过环境所能提供的食物及栖息地的负荷量，并且假设活下去的生物平均来说是比较能适应当时的各种生存条件的话，那么自然选择应该就是演化的驱动力。

早在1842年及1844年，达尔文就把这个理论及其微言大要写成初步纲要（1842年完成《物种理论概要》的初稿，1844年完成二稿）。因为前面曾经说过，他的身体很差，以致无法为父亲送葬，在1844年达尔文给他的妻子艾玛留下一封遗嘱式的信。那时候他只有35岁。

《物种起源》第一版书影

达尔文在遗嘱中说："我刚写完我的物种理论的概要。若依我所想的，如果将来即使只有一个有资格的裁判者接受我的理论，那也将是科学上一个相当大的进步。"

"如果我骤然死去的话，这封信算是我最庄严的和最后的遗愿。我确信，你会认为这同依法写在我的遗嘱上是一样的。我请求你拨出400英镑作为出版的费用，请你自己或者通过亨斯罗教授（乔·韦奇伍德先生）来努力实现我的遗嘱。"

同时达尔文列举了几个可能作为编者的人选。"如果上述人中没有一个人愿意承担，我就请你就编者（必须是地质学家兼博物学家）一事同莱尔或者其他任何一个合适的人商量。若还要100英镑才对吸引好的编者有用，那就

请你把钱数提高到500英镑。”

《物种起源》在1859年公开发行。1860年6月英国科学协会在牛津召开代表大会,《物种起源》成为中心话题。会议上有人对达尔文的著作发起了激烈的攻击,甚至贝格尔号的舰长,海军中将菲茨·罗伊,也起来反对《物种起源》。在航海考察中他和达尔文曾是非常要好的朋友,互相欣赏对方。菲茨·罗伊声称:“我要对《物种起源》进行强烈的谴责,对达尔文先生提出强烈的抗议!抗议他写出这样一本邪恶的书!”接着主教威尔·伯弗斯进一步进行演讲并侮辱和挖苦支持达尔文的人。会议的气氛如此紧张以致一位女士当场昏厥过去。

因提出进化论达尔文被画成猴子

所以有研究者认为,达尔文的物种起源理论迟迟不发表,直到1858年才与华莱士发表联合论文《论物种形成变种的倾向;兼论借助自然选择方法的变种和物种的存续》的主要原因,并不像一般所认为的那样——在1844年只有理论框架而缺乏充分的事实说明,后来的时间都用于搜集事实的工作——反而很大的可能性在于达尔文已经估计到他的这种观点抛出来所必须要面临的巨大压力。这种压力在达尔文1844年的遗嘱中就说得很明白了。达尔文之所以在1858年发表了自己的论文，是因为在1855年莱尔发现，青年博物学家华莱士跟达尔文在同一个方向上做了同一类型的研究。莱尔担心华莱士会在达尔文之前发表物种问题的系统理论，所以他敦促达尔文抓紧时间把自己多年搜集的资料写成论文发表出来，否则会失去优先权。

9. 近亲结婚的悖论

大家都知道婚姻法出于优生学的考虑不允许近亲结婚，但是未必知道优生学跟达尔文有关。早在1862年达尔文《兰花的传粉》一书中的主要论点就是说明异花传粉对植物有利，达尔文在这本书的结束语中说："未必是夸大其词地说，大自然断然告诉我们，她厌恶永恒的自花传粉。"达尔文的这一结论，对园艺学的发展产生了突破性影响，为培育更好的花卉、水果、蔬菜开辟了广阔的道路。伦敦一家报纸因此称达尔文是"园丁之父"。达尔文的表弟高尔顿(S. Galton，1822—1911)把达尔文的进化论直接用于人类，将人类学、遗传学、统计学的研究结合在一起，于1883年创用了"优生学"(eugenics)这一名词，从而奠定了这门科学的基础。

但是就是这个在优生学上有突出贡献的家族，却承受了近亲结婚带来的巨大痛苦。

达尔文和表姐艾玛结婚以后，共生了10个孩子。

1842 年，次女玛丽·埃莉诺在出生当年死在襁褓之中；1851 年，长女安娜·伊丽莎白，过了 10 岁生日不久被病魔夺去了生命；1858 年，小儿子查理·韦林刚 2 岁又夭折了。而其他 7 个有幸长大的孩子，都有程度不同的疾患。

在他的 7 个长大的孩子中，除四女儿伊丽莎白(1847—1925)终生未嫁外，竟有 3 个孩子绝了后，显然与近亲结婚有关。以后，在后人研究他的家谱时，还发现他的叔祖父、叔父、大姐玛丽安妮都患了无法诊断的“神秘疾病”，达尔文自己从中年起也患了一种连续折磨他 42 年的“神秘疾病”。因此，医学家诊断认为在达尔文家族中有一种忧郁病在遗传蔓延。这种疾病，在达尔文的子女身上进一步凸显。虽然他的二儿子乔治(1845—1912)、三儿子弗朗西(1848—1925)、五儿子霍勒斯(1851—1928)，后来都成了著名的科学家、皇家学会会员，并被封为爵士，可他们弟兄三人和四女儿伊丽莎白(1847—1925)都患有程度不同的精神病，特别是三儿子弗朗西斯，在 30 岁那年患发严重的精神抑郁症，后来又患了妄想症。

一代科学巨匠，伟大的进化论者，优生学说的肇始者，却自身饱尝近亲结婚的恶果。历史开了多大的一个玩笑啊。

10. 说不尽的达尔文

达尔文物竞天择的理论，是现代思想的支柱之一。1873 年 7 月 16 日，马克思把《资本论》第二版的第一卷平装本送给达尔文，在该书扉页的右上角写着："查尔斯·达尔文先生，他的真诚的敬慕者卡尔·马克思"。马克思、恩格思认为达尔文进化论是科学史上的一次革命，它极大地推动着19世纪自然科学的发展。马克思说："达尔文的著作非常有意义，这本书可以作为我研究历史上阶级斗争的自然科学根据。"而恩格斯将进化论誉为十九世纪世界三大发现之一，并将其与马克思的伟大发现相提并论，他在马克思的葬礼上说："正像达尔文发现有机界发展规律一样，马克思发现了人类历史的发展规律。"

但是自进化论在自然科学和哲学上掀起轩然大波，进化论自提出之后，就不断受到挑战和质疑。反对达尔文的科学家和支持达尔文的科学家一直在进行着激烈的交锋。著名博物学家赫胥黎自称达尔文的斗犬。而进化生物学家道金斯则直言不讳地为达尔文及自然选择理论进行辩护。但也有不少生物化石的发现使达尔文的进化论受到了冲击。富有传奇色彩的美国加州大学伯克利分校法学教授詹腓力在1991年出版的《审判达尔文》一书中，客观地综合了反对和支持达尔文的学者提出的证据及理由——这场争辩还在持续，结果如何，无法预料！

但是达尔文的研究以石破天惊之势，为人们打开了一个崭新的视野。达尔文不一定完全正确，但他对于真理执着的探索，对于自然科学和哲学的贡献，仍使他无愧于"伟大的科学家"这一称号。1882年4月19日，73岁的达尔文因病逝世，被葬于伦敦威斯敏斯特教堂的牛顿墓旁。

近代遗传学的奠基人——孟德尔

孟德尔（Gregor Johann Mendel，1822—1884），出生于奥地利摩拉维亚地区的海钦道夫（现属捷克的海恩因斯）。他通过豌豆实验发现的分离定律和自由组合定律，是19世纪继达尔文进化论之后，生物学取得的又一重大科学成就。他另外论证了颗粒遗传的思想，并在气象学上也有所研究。

1. 艰难求学路

1822年，孟德尔出生在当时属于奥地利摩拉维亚地区的海钦道夫（现属捷克的海恩因斯）一个贫穷的农民家庭。他是家里唯一的男孩，还有一个姐姐和一个妹妹。海钦道夫在当时是著名的农业区，鸟语花香，景色怡人，素有"多瑙河之花"的美称。孟德尔家族世代务农，他的父亲安东爱好园艺，是嫁接果树的行家，母亲罗西娜是园丁的女儿。或许连他自己也没想过，有一天他会跟农业、种植业结下这么深的缘分。但幼年在农村的生活和如诗如画的环境，已经悄悄在他心中播下了热爱大自然、热爱科学的种子。以至于孟德尔后来给友人耐格里写信谈到自己的实验时，都带着一种诗性的浪漫："可以想见，实验的进行是缓慢的，在刚开始时，需要耐心。但以后当几个实验同时进行时，情况就有了改进。从春天到秋天，每一天里，你的兴趣都会变得更为新鲜，这样你所花在你的材料上的心血将得到充分的报酬。"

孟德尔像

幼年时的孟德尔以超群的智力给周围的人留下深刻

的印象。他从 6 岁起在舅舅所创办学校就读，到 11 岁时转学到莱布尼克，接着到靠近波兰国境的特鲁堡就读高级中学，一路以优异的成绩获得老师的赞赏。然而早年孟德尔的生活极其艰苦，忍饥挨饿是常事。而求学之路，更有数次几乎中断。

11 岁那年，父亲打算让他休学帮忙干活，在老师的劝说和孟德尔的恳求下，父亲才让他进入了中学。这在当时来说并不容易。对于这个贫困的家庭，这不仅意味着父亲工作上少了一个帮手，也意味着筹备学费和膳食费的困难。他后面转到离家 20 英里远的学校学习，为了节省费用，家里只能供应他一半的膳食费，剩余部分，则由父母想办法尽力送去一些食物作为补充。然而 1838 年，就在他中学快毕业的时候，他的父亲在工作时被大树砸伤胸部，从此丧失工作能力。贫困的家境雪上加霜。他的父亲忍痛卖掉土地，其中的一部分充当孟德尔的学费。孟德尔在一份简短的自传中写道："1838 年我的双亲连学费也缴不出了，16 岁的我被迫自寻生计。于是这一年我参加了特鲁堡郡立学校预备教育和家庭教师讲习班。幸好考试成绩优秀，被推荐到高等中学高级班，一面勉强自立，一面继续读书。"孟德尔靠当家庭教师糊口，读完了中学。

1840 年，孟德尔考入了奥尔缪茨大学哲学学院学习。在大学的学习期间，孟德尔经常为求学的资金而奔波，他在自传中写道："由于缺乏朋友，又没人推荐，所有努力都没成功。"生存的压力使他异常焦虑和惶恐，以致患上严重的疾病，被迫辍学。在他病好之后，学费仍是个问题。他的妹妹将自己的嫁妆变卖以资助他完成学业，这使他终身感念。在后来,成为牧师的他资助妹妹的孩子完成大学的学习作为回报。

2. 不务正业的神父

为了让孟德尔完成学业,他的家人无疑做出了相当大的牺牲。在 4 年的大学生涯中,孟德尔刻苦努力地学习,终于以优异的成绩毕业。当孟德尔面临未来的选择时,他对于自己的处境和责任有着清醒的认识:“我有必要投身于一个不必为糊口而没完没了地操心的行业。这样就会摆脱为生存而斗争的痛苦。”他为此求教于自己的老师迈克尔·法朗兹教授。他的老师认为如果要在生存上无后顾之忧,又能够获得学习机会,那么神父是最适合他的职业。1843 年 10 月 9 日,在老师迈克尔·法朗兹教授的推荐下孟德尔正式进奥古斯丁修道院成为修士。Gregor 是他的教名。

孟德尔的个性显然并不适合做一个神父。1848 年,孟德尔见习期满,成为神父负责教会医院的传教工作时几乎陷入崩溃中。孟德尔的上司如此描述当时他的处境:“当他不得不去访问一个重病或病危的教民,看到他们受罪的样子时,他自己首先就会难过得失去控制……事实上,这种弱点使得他自己的健康也遭到严重的损害。因此我们不得不解除他的教区神父的职务。”

如果教会的工作仅限于此,那么这个世界就不会存在我们今天认识的孟德尔了。幸运的是当时孟德尔所在的

奥古斯丁修道院不是一般意义上的修道院。修道院院长F. C. 纳普非常注重人才的培养，规定修道院的青年修士必须进修数理化及哲学课程，学成后必须在大学或中学授课。这也是后来孟德尔能够顺利进入维也纳大学继续深造的原因。在这种情形下，纳普改派孟德尔到布鲁恩市附近的齐纳姆高级中学任教。孟德尔在此执教一年，讲授拉丁语、德语和数学。虽然只是个代课老师，薪水只有正式教师的60%，但孟德尔胜任愉快。1849年，主教派他当大学预科的代理教员，讲授物理学和博物学。由于他出色地完成了教学任务，受到国家社会道德教育部的通报表扬。

如何在谋生和个性、兴趣之间找到平衡，这在今天仍是一个难题。对当时的孟德尔来说，他终于在艰难的谋生路上隐隐看到一丝曙光。这一段经历一定极大地激发了他成为教师的热情。当时的奥地利有明文规定：必须通过国家统一的教师资格考试，才可以被任命为正式的教师。1850年春天，任课满一年的孟德尔参加了教师资格考试。

但是事与愿违，他的物理学、气象学方面成绩不错，但动物学却未能及格。

几个月后，孟德尔报名参加第二次考试，再次遭到淘汰。

3. 没有教师资格证的老师

主考物理的鲍姆加特纳非常欣赏孟德尔的物理和数学能力，他认为孟德尔的失败原因在于他没受过正规大学的全面教育，因此向纳普院长建议送孟德尔继续深造。纳普院长接受了这个建议，并在推荐信中对孟德尔的才能作了全面的评价："事实上，孟德尔不适于做神父工作，但另一方面，却显示出他在自然科学方面具有杰出的才华和特殊的勤奋……因此，有必要送他去维也纳大学，以利于他获得充裕的时间进一步深造。"

在维也纳大学，孟德尔接受了系统的教育，为他之后的学术研究打下坚实的基础。但他在大学的进一步深造最终并没有帮助他取得教师资格证。关于这一点有两种说法：

一种说法是：孟德尔在维也纳大学学习几年后，于1856年赴维也纳参加考试，却在参加笔试的第一天病倒，而且病得非常严重，以致他父亲和叔父匆匆赶来看他。他从此灰心丧气，再也没有参加教师资格考试。

另一种说法是：孟德尔在维也纳大学学习几年后于1853年回到布鲁恩，本不需要参加考试就可以直接任教，但他坚持照章办事，并很快通过笔试，但随后出人意料地撤销口试的要求。这一不合理的举动成为无解之谜——有人分析，这可能是因为孟德尔不认同考官的一些看法，他不愿意放弃自己的一些观点，而宁可选择放弃教师资格证。

不管关于教师资格考试的细节如何，最终结果是，孟德尔没有取得教师资格证，但却几乎终身坚持着教育事业。他从维也纳回到布鲁恩后的第二年5月应布鲁恩高等技术学校校长的邀请，做代课教师，讲授物理学和生物学课程。他的教学工作取得师生的一致好评。自此，他一直在该校任教，长达20年之久。

从早期孟德尔的经历看，他是一个学习勤奋、善良敏

感，多少有些偏于柔弱的人。当然，他同时有一种超乎寻常的执着和坚忍。有一位传记作者在谈到孟德尔的个性时，忍不住用了一个修辞，说孟德尔有一种“农民式的固执”。相信正是这种“固执”，才使得他在青年时代面临如此之多的困难时，仍能成功完成学业；在中年时默默地进行杂交实验，最终取得令人震惊的成果。当然，这都是后话。青年时代的孟德尔正如我们今天初出社会时一样，为生存焦虑，为适应社会而痛苦。

4. 科研气息浓厚的修道院

为了谋生，孟德尔在职业上曾经经历过艰难的选择和适应时期。神父的工作曾使他万分痛苦，教师的工作曾使他热情万丈而之后又受到了极大的打击。如果我们从孟德尔成长的经历中去追寻，便能够明白，遗传学之父并非凭空而生，他的成功是环境和个人努力共同铸造的结果。正如一篇关于孟德尔的论文中说的：“人才成长必须要有一个连续性的环境。”孟德尔在生物学上的成就与奥古斯丁修道院所提供的环境有重要的关系。

首先，当时孟德尔所在的奥古斯丁修道院不仅是宗教集会的圣地，还是摩拉维亚的学术中心，该院负有的使命之一是通过学术研究，发展摩拉维亚的工业和文化。因此，修道院中大多是科学家或技术人员，它有着浓厚的学术和科研气息。

青年时代的孟德尔(图中画圈者)

正如前面所介绍的那样,修道院院长 F. C. 纳普是位博学多才的人物。他既在当地政界、教育界任要职,还是当地的科学协会的负责人,亲自主持过 1840 年在布尔诺召开的全德农业大会。摩拉维亚是个农业昌盛的地区,所以在修道院的研究活动中,也包括杂交实验。在纳普主教的支持下,修道院内建立了植物标本室和植物园,还专门建立了葡萄苗圃,纳普亲自研究遗传的规律,培育葡萄良种。他还积极参加有关遗传问题的讨论会,力图以遗传规律来指导良种的培育过程。除此之外,他还特别注意吸收有才学的修士和学者参加修道院的科学教育及研究工作,形成了良好的学术环境。当孟德尔进修道院时,修士克纳谢尔、布雷湍克、萨勒迪博尔等在学术圈子中已闻名遐迩。

克纳谢尔不仅是一位优秀的生物学家,还是一位受人爱戴具有进步思想的哲学教授,他曾在修道院的花园中进行遗传实验,孟德尔曾做过他的主要助手。克纳谢尔渊博

的学识对孟德尔产生了深远的影响。孟德尔在自传中,写有一段话特别感谢克纳谢尔在学术上对他的帮助和指导。

布雷湍克曾任大学教授,著有多种科学著作,他对达尔文的思想有深入的研究,而达尔文的进化论学说是19世纪生物学史上的一个重大进展。萨勒则是一个植物学家,他主编出版的《摩拉维亚园艺报告》周刊,是有关植物学的专门刊物。另外,迪博尔也是一位著名的学者,对植物学、育种学和农作物栽培等都有研究。孟德尔的植物杂交技术和利用杂交改良品种的思想直接受益于迪博尔。

在这样一个良好的学术环境中,孟德尔如饥似渴地学习科学知识,这为他以后在生物学上的进步,打下了坚实的基础。

5. 群英荟萃的维也纳大学

孟德尔学术上进步的另外一个重要阶段始于他1851年10月27日在纳普院长的推荐下进入维也纳大学学习。19世纪中叶是欧洲科学技术大发展的时期,而当时的维也纳大学是欧洲最著名的学府之一,校内集中了一大批优秀的科学家。孟德尔在这样一个时期进入维也纳大学,如鱼得水。这是孟德尔学术生涯中非常重要的一个时期。在这里,他不仅接受了当时最前沿的科学知识,并接受了严格的科学思维和研究方法的训练。

例如孟德尔曾经受教于杰出的物理学家、著名的“多普勒效应”的发现者多普勒,并有幸成为多普勒物理实验的助手。多普勒的假说演绎法有别于过去的科学家常用的培根式归纳法。从大自然演化或科学实验的结果，经过分析，提出假说，然后，根据这个假说演绎出若干可供实验的事实，再经过实验予以证实或证伪，经过反复修正，逐步形成比较完整的理论。孟德尔后来著名的豌豆杂交实验及遗传学规律的获得，明显地反映出这种新思维方式对他的影响。

另外还有数学物理学家埃廷豪森及植物学家昂格尔。埃廷豪森在科学研究方法上主张用数学方法研究所探讨的问题。1826 年出版了一本反映当时欧洲数学最新成就的《组合分析》，他相信数学方法可以应用于各门自然科学。孟德尔后来在植物杂交实验中应用的精密实验技术和数理统计学知识，就受益于埃廷豪森。另外昂格尔对孟德尔也有重要的启示。昂格尔以研究细胞学著称。昂格尔认为植物杂交可能出现变异，形成新的品种，使生物获得进化。他在 1852 年出版的《植物学通讯》一书中，否定物种的不变性。1853 年，孟德尔的论文《一种有害的昆虫——豌豆蟓》在维也纳《动植物学会会志》第 3 卷上发表。这是孟德尔发表的最早的科学论文。从论文题目可见，在维也纳时代，孟德尔就开始对豌豆植物产生了兴趣。

1853 年秋，孟德尔自维也纳又返回布鲁恩。此时的孟德尔已经成长为一个训练有素的自然科学研究者。

当孟德尔在修道院为无法适应神父工作而痛苦，为无法取得教师资格证而焦虑，找不到人生方向而迷茫时，奥古斯丁修道院浓厚的学术气息和科研风气，维也纳大学科学家前辈们的言传身教，将这个迷茫的孩子未来的发展走向导入了正轨。

6. 豌豆的七对性状透露的自然奥秘

1856 年，孟德尔从市场上购买了 34 个豌豆品种，开始了著名的豌豆实验。起初，孟德尔豌豆实验并不是有意为探索遗传规律而进行的。他的初衷是希望获得优良品种，只是在实验的过程中，逐步把重点转向了探索遗传规律。这个实验持续的时间长达 8 年。他首先用两年试种，从中精心选择了性状相对稳定的 22 个品种，并确定 7 对稳定可区分的性状作为研究对象。孟德尔在维也纳大学所受到的专业训练在此时显示了它的重要性：

首先，孟德尔受启发选择了正确的研究对象。相对于其他的植物，豌豆作为实验对象有如下几个明显的优点：

1. 豌豆易于栽培，生长期短。

2. 豌豆具有明显的可识别、易于区分的性状，是一种理想的植物杂交实验材料。

3. 豌豆是一种自花授粉植物。豌豆的雄蕊和雌蕊都闭合在严密的花瓣中，不受风雨、蜜蜂等昆虫的干扰，可以保证自花及去雄后人工授粉的纯洁性。植株性状的确定，为孟德尔观察它们的遗传提供了条件。

第二，孟德尔受启发选择了正确的观察角度：在 19 世纪，尽管奈特、格特纳、诺丁等人做了大量的植物杂交实验，但没有一个实验就其规模和方法来说，能确定杂种后代出现的不同类型的数目，或者按照不同世代把这些类型予以可靠性归类，或者明确地查明它们在统计学上的关系。孟德尔在研究方法上优于前辈的重要一点是选择了豌豆的7对稳定的性状作为观察对象，单独观察每一对性状的遗传，而这7对性状刚好分布在不同的染色体上。我们不能不赞叹于上天的成全。前辈的积累，加上孟德尔对豌豆进行了长时间多代的观察，最终让孟德尔找到了合适的切入点。

孟德尔所选择的7对性状如下：

性状	相对性状	
子叶颜色	黄色	绿色
开花位置	腋生	顶生
茎的高度	高茎	矮茎
豆荚形状	饱满	缢缩
种皮颜色	灰色	白色
种粒形状	圆形	皱形
未熟豆荚颜色	绿色	黄色

豌豆七对性状表现

孟德尔由此出发，将具有一对可区分性状的植株作为一组进行杂交，如高茎×矮茎、种粒圆形×种粒皱形，等等。

第三，孟德尔接受埃廷豪森关于用数学方法研究自然科学的方法研究理念，使用数学方法对实验结果进行了分析和统计。他同时使用了多普勒演绎法，根据统计中发现的规律提出假设，并反复用实验加以验证，最终发现了遗传学规律。

孟德尔利用7对不同相对性状的纯系豌豆作亲本，进

行成对相互杂交。他用数学方法分析了杂种后代性状的分离比率。以圆形种子(母本)和皱形种子(父本)的豌豆杂交得到的子一代为 F_1 全部为圆形。F_1 自交(即把在母本上得到的 F_1 种子种下去,长出 F_1 植株,然后使其自花授粉)得到子二代(F_2)种子。在上述的杂交中,圆形种粒是5 474颗,皱形种粒是1 850颗,两者之比为 2.96∶1,在929 棵子二代豌豆植株中 705 棵为红花,224 棵为白花,个体比为 3.05∶1。孟德尔把在子一代 F_1 中表现出来的性状叫作"显性",把子一代 F_1 中不表现而在子二代 F_2 中表现的性状叫作"隐性"。在 F_1 中种子为圆形,在子二代中除了圆形还有皱形的种子,这种现象称为"分离"。其他的几对实验结果也很相似,显性性状与隐性性状之比都接近 3∶1 这个比率。(见下表)

孟德尔豌豆杂交子二代实验结果

相对性状			F_1 性状(即显性性状)	F_2 植株数	F_2 显性植株	F_2 隐性植株	F_2 显性与隐性的比率
性状名称	显性	隐性					
种粒形状	圆形	皱形	圆形	7324	5474	1850	2.96:1
子叶颜色	黄色	绿色	黄色	8023	6022	2001	3.01:1
种皮颜色	灰色	白色	红花	929	705	224	3.15:1
豆荚形状	饱满	缢缩	饱满	1181	882	299	2.95:1
未熟豆荚颜色	绿色	黄色	绿色	580	428	152	2.28:1
开花位置	腋生	顶生	腋生	858	651	207	3.14;1
茎的高度	高茎	矮茎	高茎	1064	787	277	2.84;1

孟德尔的大多数实验是经过四代到六代(经过 2~3

年的时间),结果都相同。孟德尔根据实验观察和数理统计后发现的规律,参考昂格尔提出的颗粒遗传因子存在的理论,大胆提出了自己的假说:

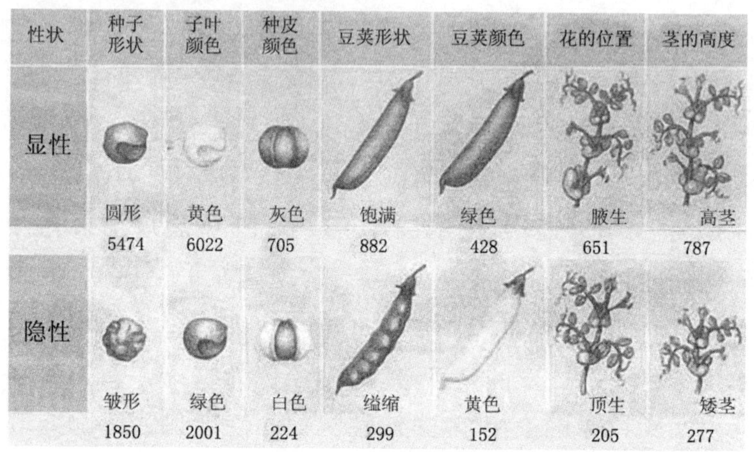

豌豆子二代杂交实验七对性状对比图

假设植株中存在遗传因子。其中带有显性特征的遗传因子为R,带有隐性特征的遗传因子为r。植株每一个性状由两个遗传因子决定,它们分别来自于母本和父本。相同的称为纯合体(RR或rr),不同的称为杂合体(Rr)。杂合体的性状表现出显性因子控制的性状。当植物形成配子的时候,成对的遗传因子彼此分离,分配到不同的配子中去,每个配子只有成对遗传因子中的一个,即R或r。杂种一代的体细胞中的遗传因子形成杂合体(Rr),表现出显性因子控制的性状,但R与r独立存在,互不干涉。到杂种子二代,隐性、显性因子相互分离,产生不同的组合,出现了显性及隐性性状,其分离比接近3∶1。

这样,孟德尔发现了一条重要的遗传学规律:当具有

成对不同性状的植物杂交时，所生第一代杂种的性状都只与两个亲本中的一个相同，另一亲本的性状在杂种第一代隐而不显。而将杂种第一代再自相交配（自花授粉）时，所生后代（子二代）的性状就不再相同，而会发生分离，并且显性性状个体数与隐性性状个体数间呈一恒定比数——3∶1。这条规律，后来被人们称为“孟德尔第一定律”或“分离定律”。3∶1这个比率在孟德尔之前曾多次被植物育种人员发现过，甚至达尔文在他的植物育种实验中也曾很多次发现这一比率。然而所有这些都毫无价值，直到孟德尔引进了适当的概念，才使得分离现象具有更大意义。

为了验证这个假说的可靠性，他又做了回交实验，就是利用杂交子一代 F_1 与隐性亲本进行杂交实验。它的主要目的是验证 F_1 是否是杂合体、F_1 形成配子时成对因子是否分离，及 F_1 形成的两种类型的配子比例是否是1∶1。根据孟德尔的假设，F_1（圆形种子 Rr）在形成配子时成对遗传因子分离，那么 Rr 必然要产生数目相等的两种类型的配子 R 和 r，由于隐性纯合体 rr 只产生一种类型的配子 r，因此回交后代就应为 Rr（圆形种子）和 rr（皱形种子）两种类型，而且比例为1∶1。其预计结果子二代的圆形与皱形比为1∶1，实验结果证明了假说的科学性。（如图）

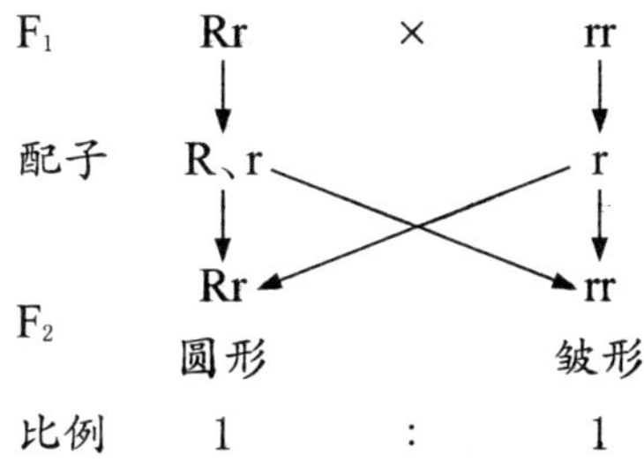

孟德尔进一步选用两对遗传因子进行杂交实验。P_1 为黄色圆形种子，P_2 为绿色皱形种子，二者杂交后，F_1 性状表现一致，都结出黄色圆形种子，说明黄色、圆形为显性性状。F_1 自交，F_2 出现明显的性状分离，在总共得到的 556 粒种子中，黄色圆形为 315 粒，黄色皱形为 101 粒，绿色圆形为 108 粒，绿色皱形为 32 粒，这四种类型的比例接近 9∶3∶3∶1。也就是说，含两对遗传因子的杂种，在产生配子时，按照成对遗传因子分类和非成对遗传因子自由组合的规律，两对性状将产生 4 种表现类型，就是 2 的平方（2^2），自交后所形成的遗传型是 9 种类型，是 3 的平方（3^2），而表现型则是 4 种类型，又是 2 的平方，表型比率又正是 $(3:1)^2$ 的展开式。（如图）

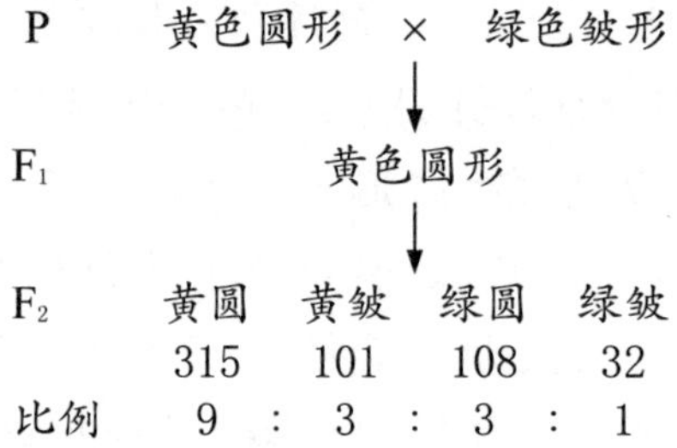

注：任 4 种表现类型 a，b，c，d，$(3:1)^2$ 代表着：

$$(3a+b)(3c+d)=9ac+3ab+3bc+bd$$

因此，记 $(3:1)^2=9:3:3:1$

进一步分析可发现，圆形和皱形形种子的比例接近 3∶1，黄色种子和绿色种子的比例也接近 3∶1，说明上述两对性状的杂交实验中，每一对性状只涉及一对遗传因子，因而它们的遗传仍符合分离假说，而两对相对性状综合起来分析，F_2 分离比是 3∶1 的平方，说明两对遗传因子

在各自分离的基础上彼此之间随机组合。

孟德尔继之又对三对可区分性状的植物杂交遗传进行了实验，以验证这种推测。他用圆形种粒、黄色子叶、灰色种皮的豌豆与皱形种粒、绿色子叶、白色种皮的豌豆杂交，子一代表现为明显的显性，子二代发生性状分离，3 对性状出现了 8 种表现类型(2^3)，其比例为 27∶9∶9∶9∶3∶3∶3∶1，它正是$(3:1)^3$ 的展开式。

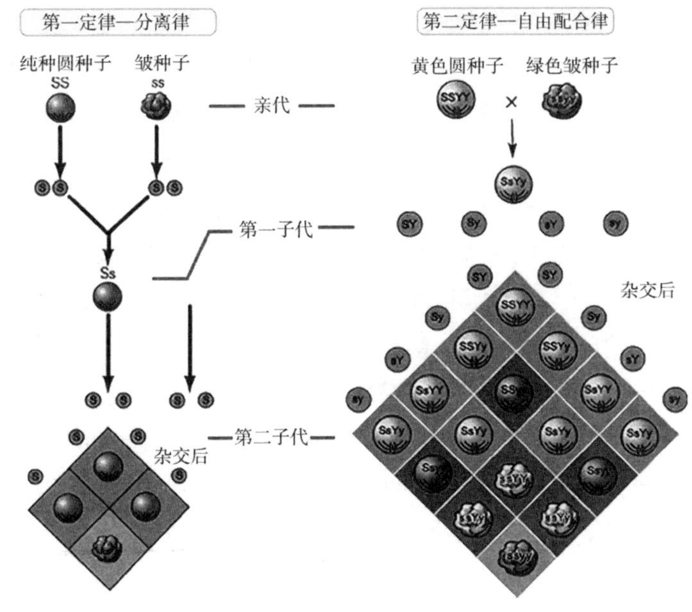

孟德尔第一、第二定律图示

孟德尔由此推而广之，将之上升为普遍法则：当同时具有两对或两对以上不同性状的植物杂交（例如圆黄豌豆×皱绿豌豆）并产生第二代杂种时，其中每一个性状各自按 3∶1 的比数独立分离、互不干涉、自由组合。这条规律，后来被称为“孟德尔第二定律”或“自由组合定律”，即多种(n 种)相对遗传因子杂交的,所产生的子一代 F_1 所产生的配子种类为 2^n,F_1 自交后 F_2 的遗传型、表现型及其比率分别是 3^n、2^n 及 $(3:1)^n$ 的遗传法则。这个遗传法则不仅有理论意义,它还是选优种的指南。它揭示了遗传性的数量规律。

孟德尔从豌豆杂交实验中发现了单个性状和多个性状的遗传规律后,又进入了新阶段的实验,用其他植物来验证他的遗传学发现。

他曾以菜豆为例,经过多年种植和杂交实验,发现其相对性状在杂种后代中出现的数目比例及规律与豌豆相同。此外,他还从事了山柳菊、金鱼草、大巢菜、紫茉莉、水杨梅、毛蕊花等 14 个属 30 多个品种的植物杂交实验,但一些植物表现出来的杂交遗传规律不同于豌豆,产生的杂种介于两个亲本之间,而不表现为显性。孟德尔把这个悬而未解的问题提出来,留给了后人。

当然孟德尔的研究不是完全没有可挑剔之处的。当孟德尔采样的数量较小时,他发现了一些与预期的 3∶1 比值严重偏离的结果。他充分觉察到这种采样误差的统计学性质,为了补整这样的误差,他在杂交实验中培育大种群,重复实验。

7. 天才的寂寞和辉煌

今天我们看来,孟德尔的发现如此之伟大,然而当他于 1865 年 2 月在布尔诺召开的奥地利自然科学学会会议

上报告自己的研究工作时，却没有引起与会专家的关注。

第二年，孟德尔把自己的研究成果写成论文，题为《植物杂交实验》，刊登在奥地利自然科学学会年刊上。虽然他的研究成果也曾多次被德国植物学家福克、俄国植物学家施马里高践、美国植物学家贝利、英国生物学家罗曼斯等引用，然而始终没有被学术界广泛地认识和接受。

孟德尔的学说在当时未能引起重视，被埋没了长达35年之久，令许多后来的学者颇为遗憾和困惑。

E. 迈尔在他的《生物学思想发展历史》中对这一结果提出了一个很独到也很令人深省的推论：这跟孟德尔的性格有相当的关系。E. 迈尔含蓄地对孟德尔的个性提出一些看法：孟德尔过分谦虚谨慎，个性也比较柔弱。他认为，孟德尔在长期的研究中必定积累了大量的资料，但是他发表的论文数量相当得少，并没有向学术界介绍他以往的发现及实验证实的信息，以至于他没有办法引起同期学者的关注。另外，孟德尔晚年结交耐格里，而耐格里并没有指出孟德尔这一明显的问题，没有介绍和鼓励孟德尔在知名的刊物上发表论文传播自己的学说，反而建议他进行山柳菊的实验，把孟德尔的研究引向歧路。1866—1871年这5年时间，孟德尔对山柳菊进行杂交实验，山柳菊具有特殊的生殖行为，由于这个属的一些品种是无融合生殖，即雌雄配子并不发生核融合，而由未受精的卵或反足细胞或助细胞直接发育成胚，因而后代性状就不发生像豌豆那样的性状分离，因而山柳菊实验以失败告终。这对孟德尔来说是进一步的打击。正如一位历史学家所说，“孟德尔和耐格里的交往完全是一场灾难”。

孟德尔的晚年，尤其是最后的十年郁郁不得志，对自己学术上的遭遇颇为介怀。孟德尔曾颇为自信地对他的好友尼耶塞尔教授说过："看吧，我的时代来到了！"而在他逝世前几个月说："我一生充满辛酸，但也有过美好的时光，因而我得感恩。毕竟我可以尽情地完成自然科学的研究。也许没多久，世人就会承认这项研究成果吧。"其间的微妙变化，令人感叹。

孟德尔雕塑

1900年，三位不同国籍的学者同时独立地"重新发现"孟德尔遗传规律。荷兰植物学家兼遗传学家德弗里斯从1892年起进行植物杂交实验，获得了与孟德尔同样的结果。他是在追踪文献时才从美国植物学家贝利所著《植物育种》(1895年出版)一书中知道孟德尔的工作。他在用德文撰写的论文《杂种的分离法则》中评述了孟德尔的贡献。另外两名学者德国植物学家C. E.科仑斯和奥地利植物学家丘尔马克，在完全不知道孟德尔的发现和另外两人的工作的情况下，分别得出与孟德尔同样的科学发现。三人在读到孟德尔的文章后将发现的优先权归功于孟德尔。

英国生物学家贝特森第一个把孟德尔的论文译成英

文，并在其 1909 年出版的《孟德尔的遗传原理》中全面介绍了孟德尔学说，使孟德尔学说在 20 世纪初开始传遍世界。他还第一个把研究生物遗传的这门科学定为“遗传学”，并尊奉孟德尔为遗传学的创始人。

生物遗传的分离律与自由组合律的发现，是孟德尔对生物学做出的最突出的贡献，也是 19 世纪继达尔文进化论之后，生物学取得的又一重大科学成就。孟德尔对生物学所做出的另一项贡献，是论证了颗粒遗传的思想。他假定“相同的或不同的因子”代表性状，他没有指明这些因子是什么但是认为这一概念十分重要，因而在他的《植物杂交实验》中不下十次地提到这些“因子”。很明显，这些“因子”就相当于现在所说的基因。当然，他还没能够为基因定名，也不了解基因的概念。孟德尔遗传定律则奠定了现代遗传学的基础，同时也促进了农学、园艺学、医学、人类学的蓬勃发展，对人类探求生命的奥秘有极其深远的影响。

寂寞的孟德尔，终于为世人所了解和承认，他的时代真的到来了。

微生物学之父——巴斯德

路易斯·巴斯德(L.Pasteur，1822—1895)，法国化学家、微生物学家，提出和证明微生物致病理论，从而成为微生物学的奠基人。1886年就狂犬病的研究向法国科学院报告并建议在巴黎建立一个专门的研究狂犬病的免疫机构，成立“巴斯德研究所”，该研究所在基础研究领域和公共卫生领域都有重大的贡献。

巴斯德纪念邮票

路易斯·巴斯德，现代科学中响当当的名字。他在理论上是个天才，而解决实际问题也毫不含糊。早年研究结晶学，在酒石酸和消旋酒石酸的研究中提出分子不对称理论，开创了立体化学；他研究发酵，证明酵母是微生物；他挽救了法国养蚕业、啤酒和葡萄酒酿造工业；在葡萄酒保存方面，他发明了目前仍用于牛奶和啤酒加热消毒的巴斯德灭菌法；他根据詹纳的种痘法，首创用疫苗接种法预防炭疽、鸡霍乱以及狂犬病。晚年，他以募捐方式建立了巴斯德研究院。巴斯德被世人称颂为“进入科学王国的最完美无缺的人”。

1. 学业平平的巴斯德

1822 年 12 月 27 日，巴斯德出生于法国的多尔。他的曾祖父克洛德·艾蒂安·巴斯德是德雷西埃伯爵家的农奴，父亲让·约瑟夫·巴斯德是一位制革工人，母亲让娜·艾蒂安内特也没受过什么教育。巴斯德有一个姐姐和两个妹妹。在巴斯德很小的时候，他们举家迁往阿尔布瓦，他的父亲仍从事鞣皮行业。巴斯德在这里度过了他的童年时代，读完了小学和中学。

巴斯德在微生物史上是个传奇性的人物，但他早年的表现并不出色。如果一个人曾经对自己的学习感到失望，只要看看巴斯德早年的成绩，一定能多少找回一点自信。

巴斯德小学的成绩一直很普通。中学时他用尽全力，每一道题反复推敲，学习也没有明显的起色。当时他父亲对他的最大期望是在阿尔布瓦中学，也就是巴斯德就读的中学当中学老师。

不过巴斯德的校长却指点他报考法国鼎鼎大名的两所学校：高等师范学校和高等理工科学校。这两所学校可以说是法国伟人的摇篮。它们在法国的首都巴黎。巴斯德最后选择了高等师范学校作为自己的目标。

1838 年 10 月底，未满 15 岁的巴斯德来到巴黎，准备大学入学的资格考试。但他年龄太小，无法适应独自在异乡的生活，一个多月之后就打道回府了。阿尔布瓦中学没有哲学课，所以 1839 年巴斯德转到布桑松皇家中学学习，准备高等师范学校的考试。巴斯德此时对考试有一种强烈的抗拒感，每次考作文就犯头痛病。1840 年 8 月 29 日，巴斯德在布桑松获文学业士学位。考试的档案记录表明，他的历史和地理成绩一般，哲学、希腊文、拉丁文和修辞学则将将及格通过。

要进入师范学校还需要理学业士学位，但他去第戎参加理学士业学位考试时名落孙山。在巴黎读预科班的希望落空了，他必须在布桑松读第二年的专业数学班。

巴斯德的父母开始怀疑是否应该把振兴家庭的希望放在他身上。巴斯德有些委屈，在信中说道："我真该诅咒那个理学业士学位考试，你们似乎认定，它对于我来说是

可望不可及的。”他开始调整自己的作息和学习方法，但是数学仍是他头痛的对象。他抱怨：“没有什么东西比学习数学更枯燥乏味；感觉不起任何作用；在你面前只是些几何图形、字母、计算公式。”1842 年 8 月初，巴斯德去第戎参加考试。从布桑松去参加理学业士考试的只有他一个人，他评价考试比上一年“难一百倍”，并且认为考官故意提出超纲问题为难考生。不过这次考试他居然幸运地通过了，虽然他的化学成绩不过刚刚及格而已。

巴斯德返回布桑松，师范学校的入学考试正等着他。他哲学考得很好，密密麻麻写了三页；至于物理和数学，他感觉良好。8 月 26 日发榜，他被录取参加第二阶段考试。四年的学习在此刻有了回报，巴斯德忽然觉得自己的自尊心受伤了：在 22 位考生中，他排名第 14。他不满意这样的排名，于是决定再考一次。1843 年，巴斯德终于获得全面丰收。他参加物理大考，获得一个奖状：这是他在圣路易中学获得的第一个物理学奖。重要的是他被高等师范学校理学专业录取了，且排名靠前，名列第 4，一雪前耻。不过巴斯德的大学毕业考试成绩并不是很好，他的学士考试名列第 7。1846 年 9 月初，他参加物理学资格考试，当时共 14 人参加，在录取的 4 人中，他名列第 3。仍然不是拔尖的那一类。

2. 慧眼识才真伯乐

尽管成绩不太理想，巴斯德在求学路上却不断幸运地遇到欣赏他并善于鼓励他的老师。他们在巴斯德身上，发现了成为杰出人物的潜力。巴斯德的中学校长罗马奈先生评价巴斯德说："路易斯·巴斯德的考试成绩不怎么好，一点也不突出。可是他有良好的心性，非常热心且思虑深入。如能诱导他发挥这一长处的话，他必能成为杰出人物。"

1940 年巴斯德第一次参加大学资格考试之后，布桑松皇家中学的校长雷佩考聘请巴斯德担任学校的辅导教师。巴斯德自己都有点意外，他问校长："我的成绩并不很好，比我强的人多的是。请问为什么聘请我呢？"

雷佩考的回答是："如你所说，成绩比你好的人是有。但是，成绩好的人不一定能成为好老师。教育工作，单单脑筋好是不行的，人要实在、认真、热心才是最重要的。你具有这些优点，所以推荐你为助教，请接受吧。"

1846 年，巴斯德从高等师范毕业，那年他 23 岁。高等师范毕业的巴斯德本来应该到地方的中学担任教师，可是年轻的化学家巴拉尔请他担任了自己研究室的助手。

巴拉尔本人实在是一个太富有传奇色彩的人物，他在 1826 年 24 岁时，就已经发现了溴，当时他是蒙彼利埃的化学教师。这项辉煌的成果使他立即被召到巴黎，接替泰纳尔男爵在理学院的化学教授职位和让·达尔塞在科学院的座位，随之，继泰奥费尔·佩卢兹担任法兰西学院化学教授职位。成名太早使得他觉得自己这一生没有什么太需要去努力的了。把巴斯德留下来的时候巴拉尔才 44 岁，但已经把更多注意力集中在培养年轻人身上了。他关注弟子的研究甚于他自己的研究，并且放手让他们大胆地

做实验。

巴斯德在巴拉尔的实验室很幸运地遇到了又一位贵人：波尔多学院生物化学教师奥古斯特·洛朗。洛朗来到巴拉尔的实验室时已经40岁，他的结晶学研究使他被任命为科学院通讯院士。他是现代原子理论的创始人之一。巴斯德在给夏布伊的信中说："我已开始一项研究，几天前，洛朗先生愿意邀我和他一起进行研究。虽然这项研究没有产生值得发表的成果，但你会想到，在几个月的时间里我与一位非常有经验的化学家在一起操作，我从中学到了很多东西。"洛朗指导巴斯德在显微镜下观察晶体的结构。当时的巴斯德原希望自己未来能成为一个化学家。在着手研究时，巴斯德可能徘徊于两种实验方法之间：一种是纯粹化学方法，旨在使物体变性，以便根据其分解来确定分子的排列方式；另一种方法在于揭示某些物理特性，比如一个晶体的形状。巴斯德根据爱好和当时的情况选择了结晶学。

巴斯德的研究逐渐进入了正轨。巴斯德通过研究发现酒石分子的几何结构脱离了前人描述的结晶学定律，因为其分子无对称轴，而且也证明了这种不对称是光偏斜的原因，同时也证明了这种偏斜服从由马吕斯发现的偏振光定律(即马吕斯定律)。他当时想要把文章进行发表，巴拉尔马上看到了巴斯德的结论中的意义，便将此事告诉了在这个问题上的权威代表毕奥。1848年的初春，在法兰西学院，毕奥和巴德斯一起用实验检验巴斯德的研究成果。它的检验结果对巴斯德的前程具有决定性意义，是巴斯德这个无名学者进入科学世界的第一步。毕奥是老资格的科学院院士，如果巴斯德能使毕奥信服，他将领到一张有分量的入场券。

实验的结果令毕奥非常满意，毕奥激动地抱住巴斯德，对他说："我亲爱的孩子，我终生热爱科学，这个结果使我兴奋。"毕奥在 5 月份的科学院通报中提到巴斯德得出的成果，并为《物理学和化学年鉴》准备一篇更详尽的学术报告。

1848 年 5 月 15 日，巴斯德发表了著名论文《论结晶形状、化学构成和旋光方向之间可能存在的关系》。

在 1848 年 10 月 23 日的科学院会议上，毕奥再次提及巴斯德的发现，极尽赞美之辞："我们刚刚了解到的研究不仅仅是以一种非凡的观察力向着这个高耸目标的辛勤劳作，而且研究者也通过这条道路得到了一个意外发现，他所用的研究方法具有很高的应用价值。"

1848 年初，巴斯德的研究工作中断，在这一年的最初几个月里，君主制垮台了，共和国陷入四分五裂的困境。一个临时政府于 2 月 24 日成立。巴斯德当时在法国首都。因为担心他的安危，他母亲忧虑过度而过世。他的父亲和姐姐希望他离开巴黎。他违心地接受了一所中学的职位，1848 年 11 月，巴斯德告别了恩师们，心怀遗憾地离开了研究工作，赴第戎中学报到。

巴斯德已失去了与毕奥一起继续进行酒石研究的可能性。当回想起这位年事已高的科学院院士的话语，他又激动了：只要再发表两三篇关于分子不对称的文章，法兰西研究院的大门将直接在他面前敞开。

至于巴拉尔，他跑遍了各个部，为巴斯德谋求一个大

学代理教师的职位。毕奥则对此加以支持，与法国教育界大理事会主席泰纳尔男爵交涉。

经过两位老师的多方努力，1849 年初，行政当局向巴斯德提供了一个斯特拉斯堡大学化学代理教师的职位。

3. 强悍的求婚者

1849 年 1 月 15 日，巴斯德抵达斯特拉斯堡。布桑松中学时的同学贝尔坦（早巴斯德两年考入高等师范学校，早已提任斯特拉斯堡大学物理教授）热情地接待了他，并领他参观了学校。由于恩师帮助，巴斯德在不久之后被任命为斯特拉斯堡大学的副教授。

巴斯德到达斯特拉斯堡大学后 15 天时，向这所大学的校长夏尔·洛朗递交了一份申请书。这份申请书的内容使校长大吃一惊，因为刚来不久的巴斯德申请校长批准他向校长女儿玛丽的求婚。这个洛朗跟前面的奥古斯特·洛朗没有关系。他跟巴斯德认识不过就是十几天。巴斯德与洛朗只见过两次面，但这足以使他了解到洛朗有两个未婚女儿，其中一个叫玛丽。

但是还不到三个星期，巴斯德就相信他在校长的女儿中找到了理想伴侣，这是一见钟情还是一种攀裙带关系的做法，多少会有人提出质疑。不过在他的个人生活中，巴斯德确实是果断爽快的人：他的一个外甥曾经对是否要求婚迟疑不决，巴斯德竟二话不说以他外甥的名义致信外甥的意中人，并要求对方立即做出答复。所以，果断出击，这确实是巴斯德一贯的作风。

洛朗校长曾经有过犹豫。虽然这个年轻人确实很优秀，但毕竟除此之外他对这个年轻人再没有更多的了解。这时候巴斯德的贵人再次出现，他的朋友贝尔坦自告奋勇地当起媒人，热情地向校长介绍关于巴斯德的详细情况。

洛朗还在考虑中。在 3 月底，巴斯德再次出击，寄出两封信，一封给洛朗，另一封直接给玛丽。在前一封信中，他说他没有在最初的接触中引诱年轻女人的意思，他只想让人了解他，最后能爱上他。在致玛丽的信中，他请求不要根据他冷漠和腼腆的外表来评价他。他接着说，他愿意在她身边生活，直至可以忘掉他的晶体，但其间，他要安排一下：他坚决要求精确地知道可能来访的日期和时间，以免影响正在干的工作，不至于上班迟到……

在巴斯德看来，感情不应该干扰研究工作；有礼貌的拜访和实验室的生活是两码事。现实中很少有这么狂妄的追求者吧？

事实证明此时的巴斯德不光在做科研时有毕奥所赞美的非凡的观察力，他选择伴侣时也眼光神准。

玛丽·洛朗生于 1826 年 1 月 15 日，结婚时 23 岁。她的整个一生都献给了巴斯德，为他营造良好的家庭生活气氛。按照巴斯德的女婿的说法，玛丽“从一开始就不仅仅接受，而且也赞同实验室的优先地位”，她被巴斯德的目光迷住：“这值得仰慕的、灰蓝色的目光，如同产自锡兰的宝石，反射着光芒。”巴斯德向他的朋友夏布伊吐露：“我经常受到巴斯德夫人的埋怨，但我安慰她，对她说我会带给她幸福。”她努力为他的生活排忧解难，独自承担家务琐事，

并且为巴斯德做笔记，使他能把全部精力无所顾忌地用于研究。她为她丈夫的天才而骄傲。玛丽对他的公公说，她的丈夫未来会是另一个牛顿和伽利略。她的预言确实非常正确。

4. 巴氏消毒法

巴斯德一生进行了多项探索性的研究，取得了重大成果，是19世纪最有成就的科学家之一。他一生至少有三项重大发现：(1)每一种发酵作用都是由于一种微菌。这位法国化学家发现用加热的方法可以杀灭那些让啤酒变苦的恼人的微生物。很快，“巴氏杀菌法”便应用在各种食物和饮料上。(2)每一种传染病都是一种微菌在生物体内的发展。由于发现并根除了一种侵害蚕卵的细菌，巴斯德拯救了法国的丝绸工业。(3)传染病的微菌，在特殊的培养之下可以减轻毒力，使它们从病菌变成防病的疫苗。他发明了狂犬疫苗等。他意识到许多疾病均由微生物引起，于是建立起了细菌理论。

但这三大发现几乎都是在巴斯德毫无准备的情况下仓促出击的结果。他的神奇之处在于他处理一些事情时，对那个领域的了解几乎是一片空白，但是最后却都漂亮地完成了任务。

1856年夏天，制酒商M. 比尔找到巴斯德，说他的甜菜糖发酵酒精出了毛病，糖液变酸了，请巴斯德帮他找出事故的原因。巴斯德当时并不懂得发酵，但他还是同意帮助比尔查找问题的原因。

为什么在甜菜汁里加进酵母，就能发酵成酒精呢？巴斯德在想一个问题："发酵是什么？"当时的化学家认为，发酵是化学变化。酵母也许是活的生物，但一经发酵，酵母就死了。发酵是死了的酵母分子的震动，引起甜菜汁分解的结果。他把一些酵母液过滤，在过滤液里加些糖和白灰，等待酵母液变化，发浑了，变成了灰色，巴斯德小心翼翼地取出一滴发浑的酵母液，放在显微镜下面观察，发现一些小小的长圆形的小东西，它们都能活动，它们是活的小生物。巴斯德把从工厂里取回的变酸和未变酸的样品，分别放在显微镜下检查。他发现在没有酸的样品中，可以看到成簇的酵母菌，它们是小圆球形的。在变酸的样品中，看到的却是小得多的长圆条形的小生物，它们呈单独或不规则排列的群体。巴斯德把这种拉长了的球状物叫做乳酸酵母。

巴斯德告诉比尔，正常的酒精中只有小圆球形的小生物；而在变酸的酒精中，却有比小圆球小得多的长条形的小生物。他要比尔在甜菜中加那种大一些的、圆形的发酵小生物。要是在甜菜汁中发现了那种小一些的长条形的小生物，就不要了，趁早倒掉，不要再花气力去干那些没有收获的事。巴斯德以这种简单的观察法来判断发酵进行得好或不好，使酒精酿造失败的次数大为减少。

巴斯德把两种发酵与两种形态上不同的生物联系了起来，提出了全新的发酵理论，认为发酵的真正原因是微生物。这一观点他是在 1857 年的《关于乳酸的记录》一文中提出的。在这篇论文里，他用改变添加到培养基中碳酸

钙量的方法，第一次证明了 pH 对微生物代谢的影响。这篇论文被公认为经典著作，它不仅使人们知道了发酵的本质，还建立了传染病由特定病菌引起的概念。同时巴斯德在论文中提出了配制培养基的基本原理，即碳源、氮源、盐类、维生素和 pH 等。这篇论文为现代微生物学和微生物化学奠定了基础，使微生物学由推测、观察时期，发展到培养时期。

由于巴斯德研究酒精发酵和乳酸发酵做出了杰出的贡献，法国科学院于 1860 年 1 月 30 日授予他实验生理学奖。

1864 年巴斯德的故乡、著名的葡萄酒产地阿尔布瓦出现葡萄酒异常发酵、大量酸败的问题。人们很自然地想到请巴斯德出马。巴斯德再次用显微镜观察到圆形的酵母菌和长杆形的乳酸酵母菌。是后者导致葡萄酒异常发酵。他想通过加热的办法抑制乳酸酵母菌的生长，但是煮沸的酒会连同酵母菌一起杀死，酒就没有香味了。用什么办法可以既杀死乳酸酵母菌又保留酵母菌？巴斯德通过不断地实验，发现一个理想的杀菌温度：50℃～60℃。这就是将葡萄酒加热以防腐败的方法——低温处理法，对发酵学有极大的贡献。后来，许多食品生产部门都应用这种方法，既能保证食品的香郁味道，又保证食品不会变质，至今在全世界各地仍广泛地应用这种防腐方法。这就是我们喝牛奶时常常会提到的“巴氏消毒法”。在这项研究中巴斯德无意中为工业微生物学奠定了基础。

5. 蚕业疫病问题

法国南部的蚕丝业很发达。可是，在1865年，不知道什么原因，蚕虫不断生病，不吐丝，不作茧，浑身起棕黑色的斑点，并且成批地死亡，使养蚕业受到很大的损害。上议院议员、巴斯德的恩师窦马写信给巴斯德，邀请他到自己的家乡——阿莱研究蚕病。

巴斯德推辞了一下便毫不犹豫地接受下来："老师说的事情，使我很烦恼。我很感激老师瞧得起我，何况研究目标又很大！可是，我很担心，因为从我生下来到今天，一次也没看过和摸过蚕。假如我和老师一样生长于养蚕的地方，而多少对蚕有些知识的话，我是决不犹豫的。""但是，也许我能做也说不定，假如辞谢了老师紧急的委托，我一定会后悔的，我岂能辜负了老师的信任？一切就请老师安排吧。"巴斯德在这个时候去拜访了著名的昆虫学家法布尔，并开始阅读有关蚕虫的书籍。法布尔没想到这个连蚕茧都不认识的人居然要来解决蚕业病虫的问题。法布尔在《昆虫记》里面专门打了一个比喻说：古时候的格斗教练都是脱光了膀子去参加搏斗，没想到巴斯德也会赤膊上阵。

巴斯德把蚕放在水中，然后把它磨成纸浆一样的汁。他取一滴蚕的浆汁放在显微镜底下进行观察。巴斯德发现，在病蚕体内布满呈球状的病原体，这是一粒粒微小的棕色颗粒。由于病蚕身上呈褐色或黑色的小点，巴斯德把这种蚕病称为微粒子病。他终于弄清楚了使蚕得病的病

源是原生动物。

巴斯德根据调查和研究，提出在蚕蛾交配前将公蛾和母蛾成对分开，交配后解剖蚕蛾，在显微镜下检查蛾的皮下脂肪，看不到小球状的病原体，就可以确定这对蚕是健康的，所产的卵便可孵育新蚕。可是用这种方法选育蚕子，第二年在春蚕结茧时，仍患了微粒子病。在以后的研究中，巴斯德的助手杰内斯用病蚕未吃过的桑叶饲养健康的蚕，并结了茧，茧出了蛹，蛹变成了蚕蛾。这些蛾子也是健康的。而把病蚕的磨碎物涂抹在桑叶上，用这些桑叶饲养蚕，蚕便患了微粒子病。病蚕变态成为蛾子后，体内所有器官都布满了球状的病原体。由此得出这样的结论：这些引起蚕发病的球状物是活的，是蚕的病原体。它侵入蛾子体内的各个部位。如果对蛾子体内的所有器官都进行检查，找不到病原体的蚕蛾便是健康的，所产的卵就可以用作蚕种。

于是，巴斯德建议：凡是产完卵的蛾，都要进行检查，发现有病原体的，应当把蚕蛾、蚕卵统统烧掉。健康的蚕不要吃病蚕玷污过的桑叶，把健康的蚕与表现出感染微粒子病的蚕群隔离饲养。蚕农们按照这一方法去做，第二年孵出来的新蚕没有再患微粒子病。蚕病问题迎刃而解。

解决这个问题前后共用了 5 年时间。在此期间，巴斯德的父亲、小女儿、大女儿相继去世。巴斯德又累又急，紧张的研究工作又放不下。这时一些持不同学术观点的人在杂志报刊上对他研究蚕病进行恶意诽谤和攻击。1868 年 10 月 19 日，巴斯德因脑溢血导致半身瘫痪。他靠着坚强的意志坚持锻炼偏瘫的身体，再次回到实验室。

在巴斯德时代，法国的两大支柱产业是酿酒和蚕丝业。据说，巴斯德为法国在这两方面做出的巨大贡献为法国挽回了 50 万法郎的损失，这个数目正好是普法战争中法国作为战败国向德国的赔款数，巴斯德的两大发现弥补了这个巨大的损失。因此法国政府对巴斯德非常尊重，他去世时葬礼异常隆重，巴斯德公墓也修得富丽堂皇。另外他还拯救了法国的畜牧业，使得牛羊等免遭炭疽病的侵蚀。另外还有鸡霍乱的研究，是经典免疫学的开始。

6. 罐头食品和巴斯德

巴斯德在研究甜菜汁时发现酵母菌和乳酸酵母菌。可是它们是怎么来的呢？为了继续探讨这一问题，他着手进行生物自然发生说的研究。

巴斯德推测这些微生物可能来自于空气中，于是他开始了著名的肉汤实验。

巴斯德将带有固体微粒的黑色棉花浸泡在易腐溶液——肉汤中，观察其是否有微生物生长。巴斯德在另一个瓶子里也装入肉汤，他把肉汤煮沸，然后把瓶口的玻璃烧红后，把瓶口封死。这种肉汤不论放置多久，总也不会腐败，长不出微生物来。经过一年的研究，巴斯德终于得出如下的结论：空气中飘浮的东西，除了微生物的孢子，都不具有形成生命的条件。

有人提出反对的意见：微生物是肉汤自己长出来的；生物的生长需要自然的空气，而煮沸肉汤瓶中的空气是经过加热的，所以微生物就长不起来。

巴斯德在工作

巴斯德为了证明生物是不能自然发生的，接受了化学家兼药剂师巴拉的建议，改进了实验的方法。他设计了一种玻璃烧瓶，即“天鹅颈瓶”，它的瓶颈被拉成近似于天鹅脖子般弯曲的形状，可以保证空气流通但是防止灰尘掉入。他将肉汤倒入球形瓶中，将球形瓶置于高热火焰上加热煮沸。瓶颈用火焰加热后，拉成天鹅脖子一样的小管，管口向下开着，不封死，瓶内的肉汤放很长的时间也不会长微生物。原来肉汤经过煮沸，空气膨胀，把瓶颈中的空气排出去了，等冷却后，空气虽然又会回到瓶中去，可是因为空气中的微生物附着在尘埃上是有重量的，它就落在曲颈上，微生物没有腿，所以跑不到瓶里去，瓶中的肉汤便没有微生物生长。但若将同样处理的烧瓶摇动，使肉汤溅到弯曲细长的管壁上，再流回烧瓶，培养后的肉汤就变得混浊，证明了有微生物生长，而这些使肉汤变浑浊的微生物是由尘埃带入的。

巴斯德还趁休假的机会，在不同地区和不同海拔高度的地方做实验。在汝拉高原之麓，10 个瓶中有 8 个瓶子长了微生物。在海拔 850 米的汝拉山上，10 个瓶中只有 1 个瓶子长了微生物。在海拔2 000米的蒙唐威特山上，20 个瓶子中仅有 1 个瓶子的肉汤变浑浊。根据试验的结果,巴斯德得出结论:随着海拔的升高,尘埃数量就越少,空气的流动也平稳,粘附在尘埃上的微生物也越少。飘浮于空气中的尘埃是侵入肉汤中生物的唯一来源,是肉汤变浑浊必不可少的条件。

1860 年 11 月,巴斯德将他的实验结论正式向科学院提出报告,他写道:"如果把总的结果互相比较,那么它们就证实:空气中包含的尘土是浸剂中生命形成的唯一基础、首要的和必要的条件。"巴斯德终于击败生物自然发生说,揭晓了"生物来自亲代的生物"的现象。

1862 年 12 月,巴斯德当选为法国科学院院士。

1863 年,他的《空气中出现的最小生物》的论文获奖。

精明的商人根据巴斯德发现的理论,制作了密封的罐头,成功防止了食物的腐败。

7. 巴斯德轶事

实验室蛀虫

巴斯德的成功跟他的反复实验离不开。还在读书的时候,他对实验就有远超旁人的狂热。他上课所学的东西,一定要到实验室去验证。他第一次独自实验是验证化学课中所提到的提炼磷的方法。巴斯德想要实际实验一下,于是真的到肉店买骨头来烧,将骨灰磨碎,用硫酸浸泡,静置二十个小时之后,混合物产生沉淀,对它过滤之后得到一种厚浆。再对该物质加热以便释出能凝结于水的

磷蒸气……这些操作非常危险，因为磷的毒性很大。他把提取到的磷装入一个小瓶子里，贴上标签，兴奋不已。巴斯德被同学们称作“实验室蛀虫”。在临近毕业时，他还在专心地做实验，而其他同学则全力以赴地准备毕业考试去了。所以他考试成绩不够理想也有这方面的原因。

此后这种实验的场景还在不断出现。在研究酵母发酵原理时，巴斯德把一些酵母液过滤，在过滤液里加些糖和白灰，然后把试管放在烘炉里。反应的过程很慢，巴斯德是个急性子。他一夜又一夜地不睡觉，不安地在房间里走来走去，想看看到底会有什么变化。他从烘炉里取出一根玻璃管，对着灯光摇一摇，闻一闻。巴斯德这样不厌其烦地做了一百多次这样的实验。

这样的场景，在巴斯德的传记中可以不断地看到。本质上而言，他是一个急性子，从前面所讲的他的求婚事件就可以看得出来。但是为了一个结果，他又可以耐着性子反复做上几百次实验。

狂童之狂

巴斯德是一个非常自信，甚至有点自负的人。不然就不至于在师范学校入学考试的时候明明考上了却因为排名靠后而重新考试。法兰西科学院院士毕奥非常欣赏巴斯德，但有时候也不得不提醒巴斯德注意某些他认为对其前程有妨碍的性格特征。毕奥曾评价一篇文章中的风格问题，写信给巴斯德：“在拟稿的细节方面，我有两点意见要向你提出。第一个意见是针对这句话‘在结束时，我准备向科学院宣布值得加以最高度关注的成果’不应该如此自信地来表达——而应该说得更简单些：‘……我认为能引起大家关注的……’第二个意见针对文章的最后七行，始于：‘我不禁想起……’我认为表现出你的狂妄自大对你是没有好处的。”

科学家是有国界的

1870 年普法战争中，法国的大片土地被德国占领。当时巴斯德已经因为细菌学上的突出贡献名震欧洲。许多国家的科学组织授予巴斯德博士学位，其中包括德国的波恩大学。当巴斯德了解到德国侵略军在法国领土上的所作所为之后，退回了波恩大学的荣誉证书。他的朋友有些惋惜地劝他：巴斯德，科学是没有国界的。巴德斯回答道："科学是没有国界，但是科学家是有国界的。"

8. 狂犬疫苗、巴斯德研究所、巴斯德人

当巴斯德决定研究狂犬病的时候，他已经 60 多岁，头发斑白，行动不便。他的朋友们为他担忧，一位朋友说："巴斯德不知道科学的界限，科学能解决的问题毕竟是有限的，我怕他徒劳无功。"1880 年 12 月，一个五岁的小孩被疯狗咬伤，痛苦地死在医院里。巴斯德收集了小孩的唾液，将它与水混合接种到兔子身上，不到 36 小时，兔子就死了。巴斯德把兔子的唾液再接种到另一只兔子身上，这只兔子也很快地死了。巴斯德并不知道狂犬病是一种病毒病，但从科学实践中他知道有侵染性的物质经过反复传代和干燥，会减少其毒性。他将含有病原的狂犬病的延髓提取液多次注射兔子后，再将这些减毒的液体注射到狗身

上，以后狗就能抵抗正常强度的狂犬病毒的侵染。这样的实验，他反复做了 200 多次。1885 年，人们把一个被疯狗咬得很厉害的 9 岁男孩送到巴斯德那里请求抢救，巴斯德犹豫了一会儿后，就给这个孩子注射了毒性减到很低的上述提取液，然后再逐渐用毒性较强的提取液注射。巴斯德的想法是希望在狂犬病的潜伏期过去之前，使他产生抵抗力。结果巴斯德成功了，孩子得救了！

自此以后，被疯狗咬伤的病人从各地来到巴黎治疗，有的来自俄国，有的来自美国。1885 年 11 月起，到 1886 年 2 月底止，巴斯德治疗了 350 人，只有一名少女是被疯狗咬伤 37 天后已经发病才接受治疗的，结果不治身亡。

巴斯德在 1886 年向法国科学院报告了治疗狂犬病的效果，并建议在巴黎建立一个专门的研究狂犬病的免疫机构。巴斯德希望这个机构不要国家援助，而采用募捐方式。科学院采纳了他的建议，成立了委员会，委员会着手募款。这个研究机构除了治疗狂犬病以外，同时作为传染病的研究中心，并决定命名为“巴斯德研究所”，巴斯德任所长。

巴斯德在自己的周围凝聚了一大批充满了激情和天分的研究人员，并创造了一个良好的研究环境。这所研究所因为它的公益性得到了公众大量的捐款。捐赠者来自于各个国家、各个阶层，包括普通平民、偷猎者、俄国的沙皇等。早期这个研究所很寒酸，仅有一栋房子，既用于疫苗的研究又是巴斯德和他的家人的住所。最早的五个成员是著名的化学家埃米尔·迪克洛、物理学家尚贝朗、医学博士格朗谢、伊利·梅奇尼科夫和巴斯德的学生埃米尔·鲁博士。巴斯德之后这个研究所由埃米尔·迪克洛负责，埃米尔·迪克洛之后由埃米尔·鲁负责。鲁没有结婚，他的一生都奉献给了科学研究，只取少量的报酬。以鲁为代表的近乎修道士般虔诚的科学研究精神，被视为典型的“巴斯德人”特征之一。巴斯德研究所的研究人员来自于世界各地，有完全不同的学科背景，从各自不同的角度对同样的材料进行研究，所以巴斯德研究所有“跨学科”研究的特征。巴斯德研究所的另外一个特征就是研究与应用的紧密配合。巴斯德研究所服务于产业，产业反过来为研究提供资金。另外巴斯德研究所向全世界扩展，向全球各地派遣他们的研究人员。比如他的学生，军医阿贝尔·卡尔梅特就到远东参与了对狂犬病和天花的斗争。在不到两年的时间了，卡尔梅特为将近 50 万人接种了疫苗。而鲁的弟子亚历山大·耶尔森曾到中国香港防治鼠疫。一百多年过去，巴斯德研究所今天拥有 500 多名研究人员和 600 多名学员。它在基础研究领域和公共卫生领域拥有 9 个研究部门和 70 个单位——这些数字还在增加中。

迄今，在巴斯德研究院的墙上还留着一段文字，记录巴斯德传奇般的辉煌成就：

1857 年——发酵

1860 年——自然发生

1865 年——葡萄酒和啤酒病害

1868 年——蚕病

1881 年——传染病和疫苗接种

1885 年——狂犬疫苗

昆虫界的荷马——法布尔

让·亨利·卡西米尔·法布尔(Jean Henri Casimir Fabre, 1823—1915)，法国昆虫学家、动物行为学家、文学家。被世人称为“昆虫界的荷马”。

世界上除了法布尔外，恐怕很少有科研工作者能够凭借一部著作，举重若轻地同时征服科学界和文学界了。达尔文在与法布尔的信件交往中曾说：“我非常感谢您能想到赠我一本您的大作《昆虫记》，从某种意义上说，我对此是受之无愧的，因为我相信，在全欧洲，我是最敬慕您所从事的研究事业的。”周作人在《自己的园地》中曾经转引埃德蒙·罗思丹对于法布尔的评价，并表示了他的看法：“戏剧家罗思丹批评他说：‘这个大科学家像哲学者一般地想，美术家一般地看，文学家一般地感受而且抒写’，实在可以说是最确切的评语。”法国的罗曼·罗兰称：“法布尔是掌握田野无数小虫子秘密的语言大师。”1911 年诺贝尔文学奖获得者梅特林克如此评价法布尔：“伟大的塞里昂学者，除了具有耐性、谨慎、精巧、机敏，再加上天赋的诗人气质，使得他的作品能够避免人工的虚饰而又富于情趣，自成一格，能跻身今日第一流的散文作品之列。”法布尔的《昆虫记》誉满全球，这部巨著在法国自然科学史与文学史上都拥有尊贵的地位。当法布尔把毕生从事昆虫研究的成果和经历大部分用散文的形式记录下来，详细描述昆虫的生活和为生活以及繁衍种族所进行的斗争，以人文精神统领自然科学的探索，虫性、人

棕头鸦雀

性交融，使昆虫世界成为人类获得知识、趣味、美感和思想的文学形态，将小小的虫子的话题书写成如此富有深度和意趣的鸿篇巨著，注定再没有哪个昆虫学家或者文学家能够轻易超越。法布尔被学术界誉为“动物心理学之父”，文学界尊称他为“昆虫世界的维吉尔”。

1. 萨克西高勒的启示

1823 年 12 月 22 日，法布尔出生在法国阿韦尤省一个名叫圣－莱昂的小镇上。他的父亲有的人说是律师，有的人说是农民，没有疑义的是：这个家庭一贫如洗。4 岁的时候，为了减轻家庭负担，法布尔被送到祖母家生活。

祖母的家在一个小村庄里。一个小男孩被放到一个村庄里，简直跟一匹小马驹被放到草原上没什么两样。小男孩时候的法布尔成天在周围的山坡漫游和玩耍。法布尔在《童年忆事》中，讲述了自己对于自然界的生物是如何产生了一种特别的兴趣。他独自一人爬上山坡，在山顶的石洞上平生第一次发现了鸟窝。他趴倒在地，一动不动地观察起它们来。最后他拿走一个鸟蛋，小心翼翼地包在苔藓中带回家。在路上，遇到了一位神父，神父问他捧的是什么，他不知所措地张开手，把那个蓝色的蛋展示给神父看。神父脱口而出“啊！一个萨克西高勒蛋”，并告诉他，小鸟被带走，它们的母亲会伤心，而且它们还能清除地里的害虫。这一席话在法布尔的心中留下了深刻的印象：原来每一种生物都有自己的名字，原来他眼前的世界是一个由拥有学名的花鸟虫鱼构成的世界。对于自然界那种模糊的爱在他内心中被唤起，法布尔沉迷于他所新发现的世界中，认真观察着他能够看到的昆虫、植物。他甚至用水粉绘制了一大本蘑菇图集，并把蘑菇分成了三种类型。从那个时候开始，他内心中对于大自然真挚的爱已经激发他自觉的研究本能。这本蘑菇图集在他后来经济困难时期曾经有人出到数百法郎要购买，他最终没舍得卖出去。

蓝色的棕头鸦雀蛋

2. 虫人不分的世界

法布尔在《昆虫记》中说道："儿童快乐之时，他几乎与虫类不分彼此"，"儿童一心惦记着鸟儿的时候，他几乎与鸟类别无二致"——这么说来，法布尔其实是一个永远的孩子。在他的笔下，昆虫和人类是没有界限的。他把昆虫当成了人类一样来描述，在文章中所用的都是用于描述人类所用的词汇。如在《朗格多克蝎婚恋序幕》中，他介绍它们如何结婚，如何度过自己的新婚之夜，新郎如何追求新娘。看他对松节毛虫的描写，写松节毛虫如何一个跟着另一个的屁股执着地在缸沿上画圈，离它们不远的地方就是

松枝，但松节毛虫却一直饿着肚子没停过，那口气简直像在写自己身边顽固得让人哭笑不得的一个伙伴。而他在《我的小桌》中写自己和同事合作解数学题时，用的语言跟描写食粪的虫的语言差不多："我刨动坚固的凝灰岩，敲成碎土块，再耙成松土，一直做到能让思维扎进去为止。""我们合力攻坚，共同解决这些难题。有两根通力协作的撬棍插入撬缝，岩块开始松动，随后滚到一边去。"

3. 狼放屁

法布尔曾经很喜欢一种蘑菇。它的形状像梨形，顶端有敞口的小圆孔。只要一敲它的鼓肚的地方，它就会像小烟囱一样冒出烟雾。他没事喜欢敲着它，直到烟雾冒完，剩下一个像火绒一样的小绒球。可是他不满意它的名字："狼放屁"。他觉得它的名字太难听。于是好不容易查到它的拉丁文名字，叫作"丽高拜东"。"丽高拜东"，多美的名字啊。他念着它，有点陶醉，觉得拉丁文不愧是一种高雅的语言。后来他才弄明白，原来"丽高拜东"

马勃，一味中药。法布尔口中的"狼放屁"，拉丁文名 Lycoperdon polymorphum（音译即法布尔所谓"丽高拜东"）

的意思正是“狼放屁”。法布尔多少有些遗憾地说：“古人遗赠给我们的东西，不如我们今天留下来的东西那么严谨规范，他们的植物学，有许多地方保留了有悖于文明道德的直言无讳式的粗鲁风格。”正如勒格罗在《敬畏生命》中所言，法布尔天生具有诗人气质，是一个天才的诗人。这不仅反映在他的思维上，也反映在他对修辞的执着追求上。他喜欢读诗，宁肯忍着饥饿拿吃晚饭的钱去购买诗集。他的所有文章措辞优雅，语气亲切而生动，精练而清晰，是极精美而具有极高艺术价值的散文。当时法国著名的博物学家布丰曾经发表过传诵一时的“风格论”：“我的科学理论不久后一定为后人研究成果所超越。能流传后世的，不过是我的文章而已。因为风格即人。”布丰立志在文章的风格上用功夫，企图把科学思想和文章的艺术融合起来。使他的著作流传千古。布丰的“风格说”对当时的许多科学家产生了影响。但是布丰本人的著作没有达到他所追求的境界，他的《自然史》已经极少再版。反而是法布尔的《昆虫记》成为了“风格说”的最好诠释。

4. 小木桌

法布尔七岁时从祖母家回到父母身边，进了村里的小学。他很热爱学习，但仍不忘跑到乡间野外，每次回来兜里装满了蘑菇和其他植物还有各类小虫。在他十岁小学还没读完时，父母决定搬到本省的罗德茨市住。父母在那里开了个小咖啡馆，安排小法布尔去罗德茨中学随班听

课。为了交足学费，法布尔每逢星期天便到教堂去为弥撒活动做些工作，挣回少许酬金。整个中学阶段，法布尔一家为生计所迫，不断搬家。法布尔常常得出去打工谋生，连中学也没有正常读下去。他如此热爱学习，有时候，会忍饥挨饿，仅仅靠从田边偷摘的几颗葡萄充饥，把一天辛苦挣到的几个铜板，去买书读。他抓紧一切时间学习，十五岁那一年，报考了沃克吕兹省阿维尼翁市的师范学校助学金的会考，被正式录取。

毕业之后，他谋得卡庞特拉中学初中教员的职位，从此做了长达二十年的中学教师。法布尔参加了有关部门组织的会考，拿到了高中毕业证书，后来又坚持业余自修，通过考试，取得了大学资格的物理学学士学位。24 岁的法布尔，由政府教育部门调派到科西嘉岛，担任阿雅克修市中学的教员。四年后，被调回阿维尼翁市担任中学教员。那时候在他心中有一个目标：希望有一天能在大学讲课。

法布尔在《我的小桌》一文中，讲述了自己学习的情况。他最开始是跟一个同事一起研究数学。刚开始是同事的基础比较好，充当法布尔的老师，但是法布尔很快就超过了他的同事。法布尔把数学当作了一种有趣的游戏，总是沉迷于公式、定理的美妙，他的同事却觉得这种浪漫的想入非非，纯粹是浪费时间。法布尔说道："我这位同事，对我提供的旅行保障不屑一顾，百般艰辛地赶他的路；而我却在这条路上轻松愉快地完成了旅行。"经过十五个月的训练，他和同事一同到蒙彼利埃的数学专科学校，两人都取得了数学业士学位。法布尔热切地继续攀登，他的同事却已经失去进一步的兴趣，于是只剩下法布尔自己钻研。

法布尔当时自学的条件极其艰苦,连一张像样的书桌都没有。那张用作书桌的小木桌还是他结婚的时候和妻子一起购买的,除了能摆下一瓶墨水,剩下的空间只刚够蘸墨水写东西。为了学习,他放弃了一切娱乐。那时候他不过是二十出头,周围的年轻人聚集在咖啡馆热闹地歌舞,他完全不受诱惑,离开吵闹的房间,去两千米之外的荒地学习。一个星期之内,除了星期四,他几乎都是熬着夜读书直到太阳出来。在这个小桌上,他独自坚持了十二个月,终于取得了数学学士学位。

30 岁时,法布尔靠自学取得了自然科学学士学位。又过一年,31 岁的法布尔凭两篇优秀的论文获得了自然科学博士学位。这两篇论文是《关于兰科植物结节的研究》和《关于再生器官的解剖学研究及多足纲动物发育的研究》。

5. 荒石园

法布尔对虫类的研究是从他 19 岁开始的。19 岁那年,他有一次带学生上户外课,无意中在石块上发现了垒筑蜂和蜂窝,被城市禁锢的对于虫子的爱再次被唤起。他花了一个月的工资,买了一本昆虫学著作,细读之后,萌生一种强大的冲动,立志成为一个为虫子写历史的人。24 岁时他被派往科西嘉岛,仍然一边任教,一边做动植物的观察日记。31 岁时法布尔在《自然科学年鉴》上发表了《节腹泥蜂习俗观察记》。这篇论文博得了广泛的赞誉,纠正了

以往权威学者的错误，弥补了前人的疏漏。他开始不断发表有关昆虫的论文，他的昆虫学文章开始引起人们的注意。1859 年法布尔 36 岁时，达尔文的《物种起源》出版，达尔文在其中称他是“难以仿效的观察家”。

早年在法布尔的设想中，最美好的事情，无过于一边在大学任教，拥有一定的社会地位和经济基础，一边观察着他的昆虫。这样的理想，看起来并不是那么遥远。他甚至曾经被教育部以杰出教师的名誉授勋，目的是表彰他在教师岗位上从事自然科学研究，并且受过拿破仑三世的接见。但是在 1870 年，法布尔 46 岁时，也许是因为他出身地位普通，却风头太过耀眼，终于招人嫉恨；又或者是因为他所讲解的东西太惊世骇俗，使观念保守的人无法容忍，法布尔被指责为“具有颠覆性的危险人物”，最后由房东出面把他驱逐出去。这件事伤透了他的心。他决定离开阿维尼翁市，今后再也不梦想着登上什么大学讲台。

1875 年，法布尔带领全家迁往乡间小镇塞里尼昂。经过四年的努力，他整理了二十余年积累的资料，写成了《昆虫记》第一卷。他当时靠写科普读物为生。

他一直希望能够建立一个昆虫实验室，这个愿望一直没有得到支持。1880 年，法布尔终于积攒到足够的一笔小钱，在小镇附近购买到一块荒地上的老旧民宅，开始精心用瓶瓶罐罐建筑了自己的实验基地：“荒石园”。这是当地的普罗旺斯语。荒石园是他自己努力建造的一个理想园地。在这里，没有人能够随便驱逐他。他在《荒石园》中说：“这是我花了四十年殊死斗争才换来的一块园地。”“我那时称它为伊甸园；如今，按我最基本的价值取向来看问题，这种称法依然不变。”他把荒石园建设成自己的昆虫实验室。这块地非常贫瘠，只有三齿叉才能掘得动。地上长了百里香和薰衣草、狼牙根、矢车菊，有各种各样的蜂类、昆虫在上面逡巡。这是观察昆虫的天然场所。法布尔保留了百里香和薰衣草，把狼牙根、矢车菊处理掉。法布尔想尽办法抓到昆虫和准备它们的食物。为了养螳螂，他在附近找来无事可做的小孩，给他们一些面包片和甜瓜，于是他们一早一晚，跑到周围一带的草地上，把芦苇秸编的小笼子装满。笼子里挤满了活蹦乱跳的蝗虫和螽斯。他自己时常也手提着捕虫网，到荒地里去捕捉各类小虫充当观察之用。

法布尔在观察昆虫

6. 小保尔和小汝勒

在这艰苦的研究生涯中，对自然界怀着真挚喜爱的孩子是法布尔最贴心的知己，他的家人是他最坚定的追随者。法布尔在写给好友德拉库的信中，曾经描绘过这位有着与他相同志趣的理想继承人——儿子小汝勒的形象：

只见他在花园里奔跑雀跃。花园里长满了绿色的植物，有仙客来、毛茛、银莲花，以及成千上万各式各样的鳞茎植物，它们郁郁葱葱。那里的一切，哪怕再小的东西，也逃不过他那双敏锐的眼睛。他东奔西跑，饶有兴趣地捕捉着那些令他喜爱的漂亮膜翅目昆虫。他追逐着，扑打着，时而隐匿起来，时而又猛地跳起来。这鸟语花香的天地令他欣喜若狂。

这孩子一天天成长，令法布尔兴奋万分。但是，小汝勒却得了一种恶性贫血症，渐渐被折磨得憔悴不堪，一天一天消瘦下去。法布尔把他带到德隆山脉，希望这优美的环境使汝勒能够慢慢恢复。但是情况令人绝望。法布尔悲哀地写道：

我心爱的孩子恐怕就要死了……我把您特意给他寄来的那些漂亮的开花玉葱拿给他看，没想到他现在只露出一丝微笑，再也没有力气说什么了。这可能是他在人世间最后一点点快乐。

最终，小汝勒还是在 1878 年早早地离开了这个世界，那时候他才 16 岁。法布尔从此变得十分忧郁，受伤的心无法愈合。他把自己投入紧张的工作中，希望获得精神的慰藉，终日坐在一台显微镜前，直看得头昏眼花。随后在这个冬季，法布尔得了一场严重的肺炎，几乎死去。时隔三十年后，法布尔每每提起这个孩子，仍然悲痛得无以复加，泣不成声。

法布尔在《昆虫记》第二卷写了一段卷首语《致儿子汝勒》：

"亲爱的孩子,我昆虫事业如此充满热忱的合作者,我植物领域如此富于眼力的助手。依照你的意思,我开始了这项工作,内心怀念着你,我坚持不懈地从事这项工作;而且,我将在这哀痛中含着心酸,始终不渝地把这项工作进行下去。死亡何等可憎,它让生机勃勃、盎然怒放的花朵夭折了!你的母亲和妹妹们,从那给你莫大乐趣的那片乡间野地上采集了鲜花,做成花环,带给你,放在你长眠其下的石板上。太阳刚晒枯这些花环的那一天,我把这本书摆在了花环跟前,但愿这干枯的花能看到令人欣慰的一天。这样,我便感到我们仍共同从事研究,因为我这样做本身就是有力的证明:我将矢志不移的坚持下去,一定叫阎王也幡然悔悟。"

7. 法布尔的研究方法

只凭一柄手术刀在尸体上来回地搜寻,竟想探知蜜蜂的功德,解开蜜蜂的秘密——哈!您说这有多么无知,多么荒诞!

——米斯特拉尔史诗《米瑞伊》

法布尔被称为动物行为学家和动物心理学家,因为他一直主张研究活的动物。他的这种研究的方法和方向遭到当时人的质疑,因为他的研究表面看来只是耐心观察的结果,看不到太大的技术含量,何况他追求的是优美平实、

简洁生动的文风，而不会故作深奥地用所谓艰涩的专业术语去描述，这样的做法，即使在今天学术界也是有极大风险的，在当时更毫无意外地受到鄙弃。在《不同技艺的由来》中，法布尔说道："大家去找一位声望极高的昆虫学家来看看吧。不如请拉特莱伊吧。他潜心研究一切细节构造，但对习俗问题一窍不通。不少的人和他一样，了解死虫子；他从来没有过问活虫子。他充其量是一位极不一般的分类专家。我们就请他先观察这只第一个飞来的蜂种，并根据它的工具来谈它有什么技艺。他能谈得出来吗？""只要不采取直接观察的方法，劳动者的专业技术就是个看不透的谜。"

蝎子

法布尔的结论都来自于他亲眼细致的观察，寻根究底，绝不被表面的现象所蒙蔽。他听到人们说蝎子若被围在炭火中间，会用自己的毒钩刺自己以自杀。于是真的就弄了一堆炭火，把蝎子丢在中间。他观察到刚开始蝎子意图逃跑但是很快被炭火逼回来，疯狂地舞动自己的钩子。过了一阵子之后，忽然一动不动直挺挺地躺在地上。这可能就是大家以为的——它杀死了自己。他用镊子把它们夹出来放在沙地上，一个小时之后，蝎子恢复了生机。原来蝎子不是自杀，而是晕过去，却被人当作自杀，然后在原地活活被炭火烤熟了。所以蝎子并不懂得自杀。他又曾经认真地研究过昆虫的假死现象。一次一次地摔那些虫子，记录它们假死的时间。对着一只虫子他连续做了五次相同的实验，记录假死持续的时间：17 分钟，20 分钟，25 分钟，33 分钟，50 分钟。

为了观察圣甲虫吃粪球的情况，他手抓着怀表，在露天里从早上八点一直守到晚上八点。直到第二天再去看时，金龟子才吃完了粪块。因为金龟子一边排泄一边吃东西，他甚至精确地计算了金龟子排泄的时间：每隔五十四秒挤出一小节粪便。等到粪便排泄的长度够长的时候，他用镊子把它夹断，把粪绳拿到刻度尺上进行测量，测得金龟子。十二小时排出的粪便总长度为二米八十八厘米。他再根据粪便的长度和直径计算粪便的体积，发现金龟子一次补充食物所消化的东西跟自己的体积差不多。而为了观察松节毛虫爬行的本能，他用了整整八天的时间。我们现在看到的一个个有趣的统计和结论，是法布尔在背后用超人的耐心和毅力持续观察的结果。

8. 巴斯德的造访

当法国微生物学家巴斯德为了解决阿维尼翁地区蚕茧腐败和溃烂的问题造访法布尔时，他们彼此都让对方大开眼界。

在法布尔看来，世界上居然有这样的专家：他对于他所要解决的问题一无所知，而且根本也不打算做任何的掩饰。巴斯德敲开法布尔的门跟他说：“我想看看蚕茧，我只

听过名字，还从来没有见过这东西，你能不能给我弄到？”法布尔给他拿到之后，巴斯德用惊奇万分的表情倾听蚕茧的响动。巴斯德当时竟不知道昆虫变形是怎么回事，有生以来第一次看到蚕茧。想必当时的法布尔一定觉得有点不平和郁闷，他对此打了个比喻，说古时候的角斗教练，赤身裸体地上战场，这位也算是赤膊上阵了。

当巴斯德出于礼貌要求参观法布尔的酒窖时，巴斯德也惊呆了：世界上居然有穷成这样的人——法布尔不是一个普通的农民，他是一个博士，甚至在某种程度上讲是某方面的专家。巴斯德在法布尔的酒窖里看到的是一个坛子，里面放着用红糖和苹果自酿的酸酒。巴斯德不敢相信自己的眼睛，于是问他：“您的酒窖就是这个？”法布尔回答道：“我没别的了。”“全都在这儿？”巴斯德还是不敢相信。法布尔回答：“毫无办法，全都在这儿。”巴斯德不可思议地惊叹了一声：“啊！”两人有点尴尬地静默了数秒钟。

其实巴斯德是还没到过法布尔后来的昆虫实验室，那才有得一瞧呢。他的女婿勒格罗如此描述说：“这座实验室的中央放着一张大胡桃木桌。桌子上摆满了各种瓶瓶罐罐。有玻璃试管也有旧沙丁鱼盒子，它们被用来监视成千上万种不知名、难以确认的胚胎发育过程，或用来观察幼虫的活动和做茧的过程。”还有一些花盆、瓦钵、铁丝网编制的罩子、果酱瓶——这个实验室真是七拼八凑弄起来的。

这样的造访，多少让法布尔感到酸涩，自尊心有点受伤。但是就是这个用孩童般的真挚和天真挫伤了他自尊心的人，就是这个昆虫学的门外汉，却凭借着自己的专业，彻底改变了蚕场的卫生状况。法布尔受到了一种强烈的震撼,从而豁然开朗。他在《朗格多蝎的婚恋和家庭》中激动地记述道:"他的武器就是他的思路,是舍弃细枝末节、立足总体的思路。变形、眠虫、蚕茧、蛹壳、蛹虫等等,以及不胜枚举的昆虫学的细微隐秘,这一切对他无足轻重!解决他的问题,最好是不知道这一切。思路这东西,能更好地保持独立头脑和大胆起飞的精神,其行动将更为自由,将能够超越已知世界的边界。""受到这一范例的鼓舞,我已经在自己的昆虫学研究中,将无知当作一条必须遵循的规律。我很少去翻书……与其去跟他人讨论,还不如持之以恒地和我的研究对象单独呆在一起,直到最终让它开口说话。我什么也不知道。我可以根据获得的启发,今天按这一条思路了解情况,明天按相反的思路了解情况。"法布尔检讨自己以前因为受限制于前人的研究成果,曾经等到九月份才去研究朗格多蝎,其实由于环境的不同,七月份就可以找到它们了。他看到小蝎子挤到母亲背上,干脆就像个调皮的小男孩那样将小蝎子从母亲背上拨下来,看母蝎和小蝎子的反应。这种无限制的思维,给了他无数前人所没有的发现。

因为这样的研究思维方式,法布尔的研究总是为各种兴趣所左右。他的研究可能会被认为是没有系统的。他对此有自己的一番见解。他在《捉灯有感》中说道:"科学也是这样,它所做的也是用提灯照亮;它一点一点地查看小方砖,以此来探索由各种事物构成的没有边界的马赛克铺砖。灯头总是供油不足,灯玻璃罩的透明度又如此之差。不过没什么:捉灯人没有做徒劳无益的事,他毕竟走

在了别人前面，发现了庞大的未知体系中的一点，并且把这点发现指给别人。”“随着一小片一小片的面目被认识清楚，人们最终也许能够将整体画面的某个局部拼制出来。”

9. 关于法布尔的轶事

法布尔平时看起来一定和蔼可亲、平易近人，但当被某个问题纠缠不休的时候，或者无论怎么解释得一清二楚，对方都还弄不明白的时候，他会立刻变得粗暴狂躁，大发雷霆。一次他在教室里讲解一道题，讲了很多遍，学生仍然听不懂，法布尔一怒之下一脚踢翻了教室中央的火炉，燃烧中的火炭撒了一地。学生们目瞪口呆。然后他忽然平息怒火，镇定地走回讲台，似乎什么也没发生过。学生们在底下半天也没反应过来。

法布尔比较懒于回信，他觉得那是在浪费他研究的时间，以至于他的弟弟对此颇有怨言，大概在信里讽刺他是不是穷到连纸墨都买不起了。他也很有怨气地回信道："墨水和纸张倒是不缺，我很节俭，但还不至于短少这些东西……你一定还认为我不回信是因为在同谁赌气吧?"这是 1848 年 11 月 27 日在卡尔班托拉的回信。另外一封 1851 年 6 月 9 日在阿雅克修的回信则说："对我的沉默尽管发火吧、指责吧，你是完全有理、一百个有理。我很内疚地承认，我是这个世界上最不讲信义的通信人。你让我写一封信，简直是让我活受罪。"

法布尔一直被当作昆虫学家给予高度的评价，但是他自己也承认他对于系统昆虫学是一个门外汉。当他第一次见到在学界很有名的节腹泥蜂时，欣喜若狂，以为发现了新的蜂种，他想用迪富尔的名字为它命名。迪富尔在1856年2月致法布尔的信中不忍打击他，于是很谨慎地说道："我觉得，您命名的那种迪富尔蜂似乎与维勒在里昂附近发现的节腹泥蜂有着十分密切的关系……当然您那种泥蜂的个头比我收集到的各个地区最大的个头都还要大些，只不过好像还是属于同一种品种的。"法布尔本人很清楚地知道自己的缺陷，更希望别人叫自己博物学家或者生物学家。他后来一直向波尔多著名的昆虫学家贝莱茨求教，请他帮忙鉴定稀有品种。

10. 贫穷困苦和身后哀荣

就像研究者所说，"偏见"和"贫穷"是法布尔最大的两个敌人。他不是正规名牌学校出来的，是靠着打工才上了小学和中学，自学成才，虽然获得了博士学位，也得到了教育部的奖励和教育部部长的推荐，但仍遭到许多人的反对，他想建立独立的昆虫研究实验室的愿望也得不到支持。常年只能靠微薄的中学教员的工资维持生活，最后甚至因为在大学任教遭到嫉恨由房东出面被驱逐出境。

1870年，法布尔携妻将子进入沃克兹省，因为失去工作和路费，一家人的生活费都无法支付。一向腼腆的法布尔不得不向仅有几面之交的英国著名哲学家穆勒诉苦。穆勒慷慨解囊，帮助法布尔一家渡过了难关。法布尔曾多

次向自己的女婿勒格罗博士表达对穆勒的感激。因为这一笔三千法郎的借款在当时来说是一笔不小的数目，穆勒亲手把这笔钱交到法布尔手中，没有请人担保，也没有要法布尔写借据。但是当法布尔终于把借款还清时，穆勒却出具了一份书面收据证明法布尔已经还清了借款。法布尔当时以撰写自然科学知识的普及读物为生。不过今天有些急功近利的家长如果有幸看到法布尔的这部分手稿，大概会觉得不高兴吧？因为他在里面写了大量小玩具的制作方法。比如如何用黑面包做陀螺，中间穿上一根小树枝，用手一捻小树枝，小陀螺就飞快地旋转。又比如用木管做玩具枪、用杏核做小喷泉。

1880 年购买了荒石园之后，法布尔一家一直过着清苦的生活，穿着农民一样的粗呢外套，吃着和他们一样的粗茶淡饭，带着尖镐从事着平凡的工作。他不知疲倦地从事着独具特色的昆虫学研究，撰写了一卷又一卷的《昆虫记》。孤独、清苦和欢乐交织，他在那里度过了三十五年。他八十六岁的时候，他的家人以“从事《昆虫记》写作五十周年”之名，邀请法布尔的好友到荒石园庆祝。而后，舆论界大为哗然，这位值得人们骄傲的同胞居然被遗忘了整整几十年。紧接着媒体广泛地进行宣传，一向平静的荒石园忽然热闹起来，不断有人参观、慰问和祝贺。

1915 年 11 月，离九十二岁生日只差一个月，法布尔平静地离开了人世。

十年之内，十卷精装本《昆虫记》出齐了。法布尔的女婿勒格罗博士将法布尔其他文章结集出版，续作《昆虫记》的第十一卷。1924 年，勒格罗出版了法布尔的传记《敬畏生命》,以纪念他的百年诞辰。里面将法布尔的自序及以前从未出版过的材料公之于众,这篇传记的第一稿在法布尔生前已经完成,因此前面有法布尔于1912年所作的序。

《昆虫记》封面

法布尔在序中提到,勒格罗劝他写自传时说:一部完整的作品,可以为后人留下更多可借鉴的东西,有助于科学研究在更广阔的境地得到发展。勒格罗为法布尔写传记时正是遵守着这样的目标去做的。他在书中介绍了几个孤独的著名观察家。“通过对这些人物默默无闻而高尚的生活的叙述,来充实我对法布尔一生形象的刻画。如果本人的这种安排能够得到后人的理解的话,我想,这部书将成为博物学最为鲜明的导言。”

达尔文主义者、优生学的先驱
——恩斯特·海克尔

恩斯特·海克尔（Ernst Haeckel，1834—1919），德国著名生物学家。将达尔文的进化论引入德国并在此基础上继续完善了人类的进化论理论。根据动物形态学和胚胎学方面的研究成果,提出了生物发生律,为生物进化论提供了有力的证据。

恩斯特·海克尔是一位博物学家、艺术家，但他首先是自然哲学家、科学家。他是达尔文主义者、进化论者、唯物主义代表、无神论者。他提出确定系统发育和个体发育之间的相互关系的生物发生律，他把达尔文进化论引入德国并加以完善，是社会达尔文主义的开创者。恩格斯曾以赞扬的口气多次提到海克尔和他的《宇宙之谜》；列宁对他和《宇宙之谜》评价更高："这位自然科学家无疑地表达了19世纪末和20世纪初绝大多数自然科学家的虽没有定型然而是最坚定的意见、心情和倾向。他轻而易举地一下子就揭示了……那块日益宽广和坚固的磐石……这块磐石就是自然科学的唯物主义。"

1. 对生命科学执着的爱

恩斯特·海克尔于1834年2月16日出生于德国波茨坦的一个律师家庭。还在读书时他就阅读了细胞学说的建立者德国植物学家施莱登（Matthias Jacob schleiden，1804—1881）的科普著作《植物及其生存》(1848)，英国博物学家达尔文的《一个博物学者的环球航行》(1845)，这些著作激起了海克尔对于自然界强烈的兴趣。

动物学家、哲学家海克尔

那时候的海克尔经常外出考察，收集植物标本，做好标签，并绘制图片。他曾收集了近12 000种植物标本，并为它们建立了一个植物标本室。海克尔儿时的梦想是到耶拿师从施莱登学习植物学。

1852年，海克尔从中学毕业，依照父亲的愿望，在1852至1858年期间，先后到柏林、维尔茨堡和维也纳学医。他对成为一个医生兴趣不大，但医学上的基本训练为他后来对生物学的深入研究提供了扎实的基础。

在柏林，海克尔受教于德国科学院院士、著名的生理学家米勒(Johannes Muller，1801—1858)。米勒的研究领域相当广泛，为生命科学的许多分支学科的发展做出了卓著的贡献。在米勒的影响下，海克尔开始对比较解剖学和胚胎学产生了浓厚的兴趣。当时米勒正在研究海洋动物学，海克尔在米勒的指导下进入海洋动物学的研究领域。

1854年，海克尔先后对赫尔戈兰岛、地中海等地的海洋生物进行了考察，1857年发表了他的第一本动物学专著《论甲壳类动物的组织》，通过柏林大学的答辩，获得博士学位。同年3月，海克尔在柏林通过了国家医学考试，取得行医执照。他原打算继续追随米勒，继续进行动物学的研究。但不久，米勒去世，海克尔离开柏林回到维尔茨堡当起了医生。最后，经过盖根鲍尔(Karl Gegenbaur)教授的推荐，海克尔获得了耶拿大学的教师职位。像达尔文环球旅行前辛苦地说服自己的父亲一样，海克尔也着实花费了一番心思，才最终让父母接受自己不适合当医生的事实，并允许他休假去进行研究工作。

1859年1月，海克尔前往意大利做了一次研究旅行，在考察中，他继续了米勒关于放射虫的研究，带回了 144 个放射虫的新种。随后，他动手写了一篇关于放射虫的专题论文。

海克尔绘制的图 1

海克尔绘制的图 2

海克尔认为生物学在许多方面与艺术类似。自然界中的对称，比如单细胞生物中的放射虫对他的艺术天赋有很大的启发。尤其著名的是他画的浮游生物和海母的画，这些图画生动地体现了生物世界的美。不论是在他的学术著作还是在他的科普著作中他都画有优美的插图。他的图画对 20 世纪初的艺术也有影响，新艺术运动就是从他的一些插图中获得启发形成的。

2. 达尔文主义的坚决拥护者和发挥者

1859 年，达尔文的《物种起源》发表。海克尔认真阅读了达尔文的《物种起源》等著作。当时，达尔文的《物种起

源》在社会各阶层引起了强烈的反响，也遭到许多学者的否定和攻击。海克尔对进化学说确信不疑，他盛赞达尔文进化论是一次“初次的、严肃的、科学的尝试，这个尝试把一切有机界的现象，用一个伟大的、统一的观点来解释”。从此，海克尔将毕生的精力集中在进化论的传播和研究之中，成为生物进化论领域举足轻重的专家。

1862 年海克尔发表的关于放射虫的研究论述中使用了达尔文的进化理论：他把《物种起源》中曾经论及的各种不同类型的放射虫与自己所掌握的中间形态的放射虫连接成一个有亲缘关系的系统，这是他第一部成名之作，同时也是他对达尔文学说的第一次公开的支持。对于放射虫血缘关系的建立过程，为他后来建立种系发生学打开了一条思路。

当时的普遍观念认为，万物是上帝创造的，所以它不可能产生变化，达尔文的进化论认为：万物在自然的选择下逐渐变异。这样的看法对当时的观念形成了巨大的冲击。1866 年，海克尔发表《普通生物形态学》(1866)一书，进一步从这个意义上对生物的种系发展进行考察，建立了种系发生学的概念，以系统树的形式，根据各类生物间的亲缘关系的远近，把各类生物安置在有分枝的树状图表上，以此明确地表示出生物的进化历程和亲缘关系。

其后，他的《种系发生(以种系发生为基础的生物系统大纲)》对种系发生体系作了详尽的论述，包括了植物、原生生物、有脊椎动物与无脊椎动物的大小种类的谱系。

从进化论出发，海克尔认为人类学是动物学的分支，人就是动物的一种。他对人类的起源进行了探索。当时布丰、拉马克，还有达尔文主义的坚决拥护者赫胥黎都各自在自己的著作中暗示或者明确提到人类与猿猴有亲密血缘关系的推测。海克尔明确地提出了第三纪是人类从猿猴进化而来的时期。1868 年，海克尔在《自然创造史》(1868)中用古生物学、个体发生学和形态学的大量证据，论证“人猿同祖”理论，并把人类出现以前的动物划分为若干的祖先级别，从而建立了人类起源的谱系树。海克尔对生命和人类的起源提出简单明了的看法，他认为“生命是由无机物，即由死的材料产生的”，“人类是由猿猴进化来的，就像猿猴是由低等哺乳动物进化来的一样”。海克尔曾提出，从猿到人的进化中有一个中间环节“直立猿人”，这个推测最后在 1891 年得到证实。当时人们在爪哇发现了猿人化石。

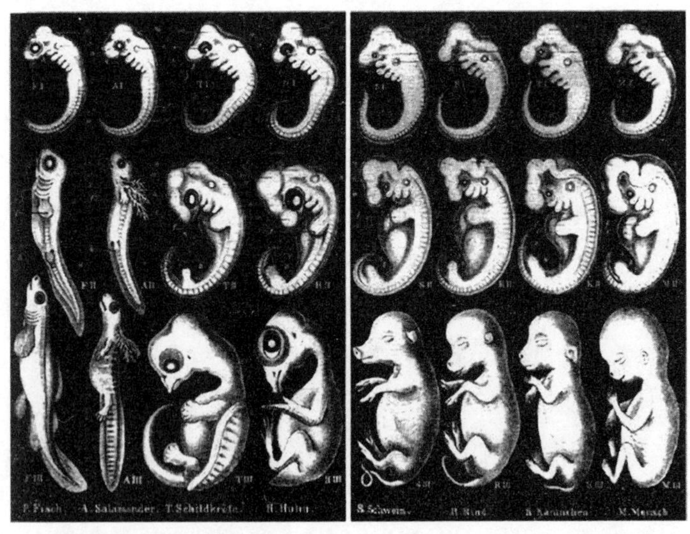

海克尔所创造的人类与动物发育胚胎对比图，后来遭到质疑

1874 年，海克尔根据形态学、胚胎学和古生物的证据，发表了《人类的发生》一书。在这部著作中，阐述了“生物发生的基本规律”，即著名的“个体发育是系统发育短暂而迅速的重演，是由遗传和适应的生理作用决定的”。这就是所谓“复演说”。

当然这个理论是有漏洞的，后人认为它并非自然规律而是一个经常发生的现象。由于海克尔的哲学观点影响了他的学术观点，因此他的一些生物的图画部分故意画错。从哲学上来说，他更加偏向拉马克的用进废退的理论。他有时故意错误地描写自然现象或者至少不精确不严格地从各个方面来观察这些现象，以使他的描写更加符合他的哲学理论。

1897 年，伦敦圣乔治医学院的胚胎学家理查森因为在《解剖与胚胎学期刊》上发表文章怀疑海克尔造假，登上了《科学》杂志的新闻栏，好多人都震惊了。

RESEARCH NEWS

DEVELOPMENTAL BIOLOGY

Haeckel's Embryos: Fraud Rediscovered

Generations of biology students may have been misled by a famous set of drawings of embryos published 123 years ago by the German biologist Ernst Haeckel. They show vertebrate embryos of different animals passing through identical stages of development. But the impression they give, that the embryos are exactly alike, is wrong, says Michael Richardson, an embryologist at St. George's Hospital Medical School in London. He hopes once and for all to discredit Haeckel's work, first found to be flawed more than a century ago.

Richardson had long held doubts about Haeckel's drawings because they didn't square with his understanding of the rates at which fish, reptiles, birds, and group of animals. In reality, Richardson and his colleagues note, even closely related embryos such as those of fish vary quite a bit in their appearance and developmental pathway. "It looks like it's turning out to be one of the most famous fakes in biology," Richardson concludes.

This news might not have been so shocking to Haeckel's peers in Germany a century ago: They got Haeckel to admit that he relied on memory and used artistic license in preparing his drawings, says Scott Gilbert, a developmental biologist at Swarthmore College in Pennsylvania. But Haeckel's confession got lost after his drawings were subsequently used in a 1901 book called *Darwin and After Darwin* and reproduced widely in English-language biology texts.

The flaws in Haeckel's work have resurfaced now in part because recent discoveries showing that many species share developmental genes have renewed interest in comparative developmental biology. And while some researchers—following Haeckel's lead—like to emphasize the similarities among species, Richardson thinks studying the contrasts may be more interesting. Gilbert agrees: "There is more variation [in vertebrate embryos] than had been assumed." For that reason, he adds, "the Richardson paper does a great [illegible] to developmental biology."

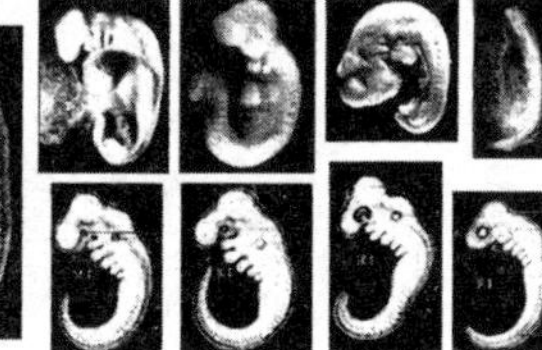

Artistic license. Photographs to scale *(top)* and Haeckel's drawings *(bottom)* of a salamander, human, rabbit, chicken, and fish embryo *(left to right)*.

胚胎学家理查森质疑海克尔造假的文章

在支持和进一步去补充进化论理论的同时，海克尔与持反对意见的专家学者展开了激烈的辩论。

3. 优生论的启发人还是纳粹主义的铺路者？

海克尔把达尔文主义引入到社会评价之中，衍生了人进化的等级之分的思想。他无疑是德国优生论的启发人。在他的《生命奇迹》(1904)中他写道："我们的文明国家人为地养育着成千上万得了不治之症的人，比如神经病者、麻风病人、癌症病人等，这对这些人本身和对整个社会没有任何好处。"从 1905 年起，海克尔就是"优生论社团"的成员。

海克尔的文章中不时透露他的德国民族沙文主义。比如在《永久》中他写道："每个教育良好的德国战士……在智慧和道德价值上要比上百个英国、法国、俄国和意大利所能提供的原始的自然人要高。"在《形态学大纲》中他说："高等人与低等人之间的差别比低等人与高级动物之间的差别要大。"

海克尔的这些言论使他在德国思想史上起了一个非常不光彩的作用：据一些研究者看来，从某种程度上讲，海克尔是纳粹主义的铺路人。

4. 生态学的提出

1866年,海克尔提出了“生态学”概念。在他的描述中,生态学是研究生物和环境关系、生物与生物之间关系的科学。在海克尔之前,在人类的视野中,植物、动物、人等生命体是各自独立的,不存在相互影响的关系。但海克尔认为,物种间不是毫不相关的,它们相互形成一个系统,互相影响,协同进化,组成生物圈。这个生物圈的形成和发展离不开能量的转化,通过太阳、空气、水、矿物质,这样生物和环境形成整体的概念——大自然。大自然就是所有生物的家园,是生态学研究的对象。生态学就是对人类家园的研究。生态学思想的巨大超前性,使得当时的人们没有办法理解和接受,所以没有引起科学界的关注。他的生态学思想直到20世纪60年代才得到广泛关注,成为当代生态科学和环境科学中一个重大的学科。

5.《宇宙之谜》

海克尔在1899年六十多岁时,撰写了轰动一时的《宇宙之谜》。这一部著作中,他不仅对19世纪自然科学的伟大成就,特别是生物进化论作了清晰的叙述,而且依据当时科学的最高成就,对宇宙、地球、生命、物种、人类的起源和发展,进行了认真的探索。

海克尔如此表达了他的看法："实体到处存在，而且每时每刻都在不断地运动和变化，没有一处完全静止和凝滞。""我们的地球母亲就是在几十亿年前由旋转的太阳系的一部分产生，经过千万年，其轨道愈来愈小，直到与太阳相撞……我们的人类也不过是永恒实体的暂时进化状态。"

《宇宙之谜》书影

这本书反映了海克尔的哲学思想。它承认物质、时间、空间、自然规律等的客观实在性，并对世界作出了统一的一元论的唯物主义解释。海克尔在哲学上继承了斯宾诺莎的"实体是自身原因"的观点，主张从世界本身说明世界。在《宇宙之谜》中他说道："我们坚持斯宾诺莎纯粹无误的一元论：物质就是无限广延的实体，精神是感觉和思维的实体。物质和精神是包罗万象的神圣的世界本体或宇宙实体的两种基本属性或基本特性。""科学的经验告诉我们，没有哪一种力量不是以物质为基础的，没有什么'精神世界'是处于自然之外或自然之上的。"海克尔认为自然界中，"能量守恒"和"物质守恒"是两个基本的规律。同时他认为解决宇宙之谜的最大难题——世界的起源和发展之谜

的钥匙，就是“进化”。实体定律是普遍的进化规律。

海克尔在此书中反对唯心主义哲学和宗教神学及不可知论。他把唯心主义称为“二元论”，认为唯心主义立足于自然世界之外还有一个精神世界，这种“精神世界”在海克尔看来是幻想和杜撰。在《宇宙之谜》中，他批判了柏拉图、黑格尔等人的唯心主义和康德的不可知论，剖析了宗教“三位一体”“灵魂不死”等神学教条。他认为人类并不比其他的生命体特殊，应该还原“人类在自然界中的位置”。

因为这本书，海克尔收到数千封热情洋溢的信，另一方面，又遭到世界各国一些学者和神学家的攻击，甚至有人把一块大石头扔进他的办公室进行威胁。但在当时哲学界和生物学界两种哲学观点的激烈斗争中，海克尔坚定地站在唯物主义的一边，他的哲学思想代表了当时自然科学家们自发的唯物主义倾向。

海克尔的书很快被翻译成多种文字，发行几十万册。从 1899 年到 1918 年的 20 年间，各种文字译本共 24 种，德文版印了 334 万册。当时中国也有译本，但印数很少，据说仅有一千册，由广西大学的创始人马君武翻译，于 1916 至 1917 年间在《新青年》上发表。

海克尔以他对真理敏锐的判断力和执着追求在生物学史上留下了自己的印记，成为 19 世纪后半期公认的一位生物科学领导人。许多关于海克尔的传记都引用了德国著名历史学家弗兰茨·梅林曾对海克尔的评价作为结语：

> 海克尔虽然没有在葡萄园找到他要挖掘的宝藏，但是，他把葡萄园很费力地翻掘了，清除了许多杂草，种植了许多丰产的葡萄。

高级神经活动生理学创始人——巴甫洛夫

伊万·彼德罗维奇·巴甫洛夫（Иван Петрович Павлов，1849—1936），俄国生理学家、心理学家、医师、高级神经活动学说的创始人、高级神经活动生理学的奠基人。条件反射理论的建构者，也是传统心理学领域之外对心理学发展影响最大的人物之一，1904年因消化腺生理学研究获诺贝尔生理学和医学奖。

1. 狂热的运动支持者

1849年9月26日，巴甫洛夫出生于俄罗斯梁赞。当时俄罗斯大约有六千万人口，其中四千万是农奴。这些人是几个世纪以来，俄国沙皇不断吞并邻国土地后战败国所留下的百姓，他们失去了土地，只能为地主耕地种田，极为贫穷，没有任何法律保障。巴甫洛夫的父亲是梁赞地区的一家教会的牧师。据说因为他的父亲太耿直，不懂得处理跟上司的关系，他们的家庭经济很拮据，所以一家人只能辛劳地种苹果、出租房间来补贴家用。他平日与农奴一样工作，星期日在讲台布道。巴甫洛夫后来说："我从父亲那里学习到辛勤劳动的美德……工作给肌肉带来强健，有如大脑获得阅读般舒畅。"另外他的父亲也在屋外架设单杠，教导孩子在单杠上运动。虽然家里很贫穷，父亲仍鼓励孩子阅读，好书至少要阅读两遍并写下读书心得。巴甫洛夫后来一直认为写读书心得是学习表达自己的思考的最好方法。他在念小学二年级的时候，有次从围墙上摔下来伤到了肺部。校医认为他有生命危险，但是家里又没有钱送他医治，当时的特洛茨基修道院院长救了巴甫洛夫，收他为教子，认真照顾他，亲自教他锻炼身体。巴甫洛夫继续每天运动，身体居然奇迹般康复了。念中学的时候，同学大多出身贵族家庭，人高马大，而巴甫洛夫的个子矮小，经常被同学戏弄，而这时从小锻炼的成果显示出来了，他冲上去跟他们打架并且每次取得胜利。

巴甫洛夫早年深受体育锻炼之益，对劳动和运动的热爱持续了终生。为此，他成了一名体育运动的宣传鼓动者。他组织了一个“医生体育爱好者和自行车旅行小组”，还被选为“医生体育锻炼爱好者协会”的名誉会员，并且时常会鼓励和要求实验室的工作人员进行体育锻炼。

巴甫洛夫在领导同事锻炼时还发现了不少研究课题。有一次他发现一个同事不管怎么使劲也跳不高。巴甫洛夫给他做了检查，证实了他脚的肌肉不发达。另外有位医生不能跟大家同步动作，巴甫洛夫起了恶作剧的心思，飞快地喊口令：“举手！”“放下！”“向左！”“向右！”可怜的医生晕头转向，手忙脚乱，巴甫洛夫乐得笑出了眼泪。但经过仔细观察后，他发现该医生的动作不协调，于是请他到自己的实验室去做了一番检查。后来这个医生就以协调的动作为题撰写了博士论文。

2. 成绩优异的留级生

1860年，俄国近代史上出现了一个转折，新继位的是沙皇亚历山大二世，他在政治、经济和教育上进行了重大的改革。在教育上，他开放了更多的机会让农民的小孩可以接受高等教育。巴甫洛夫正好赶上了这个时代。在初级中学毕业后，他申请进入“梁赞教会神学院”就读。

这所学校有一个特殊的教育理念：不是要培养每一科目都很优秀的好学生，而是让学生在偏好的科目上钻研学习。因此每个学生只需要在个人选择的主修课程上有优

秀的表现，其他辅修科目即使表现平平也无所谓。19世纪中叶，科学和民主思潮在俄国广泛传播，受路易士《日常生活中的生理学》和谢切诺夫《大脑反射》这两本书的影响，巴甫洛夫对生理学产生了浓厚的兴趣。巴甫洛夫当时选择的主修科目是自然科学。1870年，他以优异的成绩申请进入圣彼得堡大学的自然科学系就读。

巴甫洛夫在大学的前两年表现平凡。而在大学三年级时，他在听到赛昂教授的讲课之后深深地迷上了生理学。他主动担任了赛昂教授的实验助手，把几乎所有的时间都投入到生理学中。他写道："如果生命是最高的艺术杰作，无疑的，生理学是这份杰作的鉴赏方法。"在赛昂的指导下，1874年，也就是他大学四年级的时候，巴甫洛夫和同学阿法纳西耶夫在赛昂教授的指导下共同发表了以《胰腺的神经》为题的论文，被授予金质奖章。可是到了毕业考试临近的时候，他意识到剩下的时间内自己可能无法顺利完成复习，让自己考试及格，于是在最后一学年，他主动申请留级，再上一次四年级。1875年，巴甫洛夫以优异的成绩毕业并获生理学学士学位。同年，赛昂教授转往"外科医学学院"（后改名为军事医学院）任职，赛昂教授承诺给巴甫洛夫研究助理的工作，因此巴甫洛夫申请进入该校医学院。他自己说入学的目的不是想成为医生而是想获得医学博士学位，以后能有资格去主持生理学讲座。

后来赛昂教授因为学术上的争论离开学校，巴甫洛夫因而转到兽医生理实验室担任助理，在这两年中，他在乌斯奇莫维奇教授指导下开始进行血液循环生理学的研究。当时担任助理的薪水微薄，因此生活非常拮据，巴甫洛夫每天只吃两餐，学校餐厅的规定是吃面包不用钱，吃菜要钱，他就尽量用面包果腹。

1878年，他转往博特金教授新成立的医学实验室担任主任。博特金是当时俄国最著名的内科教授，专门研究人体的生理与病理以及神经系统对身体功能的调节。第二年，巴甫洛夫修完了内外科医学院的课程，并做了第一个著名的手术——在胰腺里装一个固定的瘘管。

巴甫洛夫曾写道："身体上的疾病，大至心脏病，小至皮肤病，根据生理学上的观点，一定有个合理的逻辑，这是医学的理论基石，不是看到一个伤口，就只想去医治那个伤口，而应先去了解伤口的病理，由病理去探讨组织或器官产生伤口的原因，再去医治。很多人认为病理研究是不切实际的空中楼阁，我却认为除非了解病理，否则无法治疗。"

巴甫洛夫此时研究药理学，主要是了解治疗心脏与血管系统药物的疗效，例如提炼菟葵、百合与福寿草等植物的萃取液，研究其对调整心跳的神经系统的刺激与抑制作用。他再次获得金质奖章，并获得四年的奖学金。1883年，巴甫洛夫以《论心脏的离心神经》的论文获得医学博士学位，次年被聘为彼得堡大学生理学讲师。

3. 你快乐所以我快乐——美满姻缘

1879年，巴甫洛夫认识了在圣彼得堡教育学院念书的莎拉·卡谢夫斯卡娅小姐。莎拉的父亲曾是俄国黑海舰

队的军医，但英年早逝，母亲靠着微薄的抚恤金生活，莎拉靠担任家教赚取学费，直到念完大学。她个性乐观，为人风趣，又长得漂亮，是许多男生追求的对象。她热爱文学和戏剧。巴甫洛夫则从小熟读莎士比亚的作品，莎拉日后写道："吸引巴甫洛夫注意我的，可能是我对莎士比亚戏剧的热衷。因为直到离世，他一直是个莎士比亚迷。"他们在一个聚会上认识。那是在涅瓦大街和莫伊卡街交叉路口附近一所房子里，那天有个文艺沙龙，参加的有著名作家、歌唱家、音乐家，包括屠格涅夫、陀思妥耶夫斯基、普列谢耶夫……作家们在聚会上朗读自己的作品。莎拉当时的注意力全被陀思妥耶夫斯基吸引了，一直到最后也没发现是谁送她回家的，最后才知道，那个护花使者是巴甫洛夫。她没注意到巴甫洛夫，但巴甫洛夫却是在那个时候爱上了她。他当时极度害羞，不敢主动表白。有一次，大伙儿在跳方块舞，巴甫洛夫没有伙伴，十分忧郁地坐在窗边。一位年轻的医学院学生，是个很棒的男中音，突然起身走向莎拉，告诉她有人请他为她唱一段柴可夫斯基的抒情曲《奥涅金，我再也不能隐瞒》。搞笑的是，这个伟大的男中音当时也有心上人，正苦于无法表达，他唱完之后便立刻回到了自己心爱的姑娘身边。莎拉问他是谁请他唱歌，歌唱家表示恕难透露，不过有人指了指又坐回窗台边的巴甫洛夫。其实出这个主意的是巴甫洛夫的弟弟德米特里。就这样巴甫洛夫赢得了莎拉的芳心。德米特里帮助哥哥追到了心爱的人，但自己却一直没有结婚。

1880 年 6 月，巴甫洛夫鼓足勇气向莎拉求婚，不久他们订婚了。两人都太穷了，莎拉没有嫁妆，巴甫洛夫的母亲为此非常不满意。可是就是这样的两个人，对金钱都没有什么概念。订婚的时候他们甚至把莎拉的旅费用于玩乐和享受，最后莎拉不得不借债才能回到家中。周围的人一致不看好他们。不过虽然经历过很拮据的阶段，他们毕竟很幸福地生活在一起了。1881年，巴甫洛夫问莎拉："你都在为什么祷告呢?"她回答："为了你的快乐。"他说道："这也是我为你做的祷告。"这成了他们结婚时的誓词。结婚的礼服、礼鞋、婚纱、捧花都是新娘的姐姐给的，房子是租的，家具则是新郎以前小公寓里的旧家具。

当时巴甫洛夫的月薪只有五十卢布(当时教授的月薪约有七百卢布)，婚后，莎拉曾表示她可以外出工作补贴家用。不过巴甫洛夫坚决反对，因为他疼惜莎拉，不希望她太辛苦。

莎拉怀头胎的时候，有次散步，巴甫洛夫走得太快，莎拉为了跟上丈夫的脚步跑着追他，不幸流产，两人很伤心。之后莎拉再度怀孕时，巴甫洛夫展现出最周全的照顾，甚至不准她爬楼梯，双手把她抱上四楼的公寓。这次顺利生产，是个可爱的男孩。因为经济拮据，这个孩子被放在乡下照顾，但是几个月之后，孩子生病，不幸夭折了。这个孩子的名字叫"弗拉基米尔"。

第三胎是个男孩，结果妻子难产，有生命的危险，巴甫洛夫在床边对奄奄一息的妻子说："相信我。如果你死了，无论我对科学爱得多深，我将永远也不再碰科学，我会把自己放逐到一个没有人认识的地方，在那里当个医生。"他的妻子回应他说："听我最后的交代，并尽力去做：我仍然期待你继续从事科学研究工作，你爱科学，因为你爱人

类。”幸好孩子生下以后母子均安。为了纪念他早逝的哥哥，这孩子名字仍然叫“弗拉基米尔”。后来他们又有了一个女儿维拉。在1892年，他们又有了一个孩子维克多。1893年的时候再生了男孩弗谢沃洛德。

巴甫洛夫曾写了封信给莎拉：“或许你还记得我曾如何企盼你参与我的实验工作，因为你观察入微，应变能力又强，你的生病与我们的逆境打碎了这个美梦。不过我反而更珍惜你作为妻子与母亲的角色，你总是令我觉得人生很有意思，你和我趣味相投，陪伴我、照顾我，让我毫无后顾之忧。对我而言，没有东西能比我们家的气氛更快乐、更有价值，这是你精心打造的，让我成天绕着科学打转的头脑能够休息片刻。”莎拉回答：“这是我一生最快乐的时候。”

4. 假饲、小胃实验

有两项实验导致了巴甫洛夫在后来获得了诺贝尔奖，那就是“假饲”和“小胃”实验。还在学生时代巴甫洛夫就在研究这样一个问题：怎样来揭示中枢神经系统及它的高级部分脑神经对胃腺所发生的指导性的影响。中枢神经系统是神经系统的主要部分。其位置常在人体的中轴，由明显的脑神经节、神经索或脑和脊髓以及它们之间的连接成分组成。在中枢神经系统内，大量神经细胞聚集在一起，有机地构成网络或回路。中枢神经系统接受全身各处的传入信息，经它整合加工后成为协调的运动性传出，或者储存在中枢神经系统内成为学习、记忆的神经基础。人类的思维活动也是中枢神经系统的功能。

巴甫洛夫的假饲实验

巴甫洛夫曾经设计过很绝的一个“假饲”实验。他首先完成了两个手术，在强麻醉几乎无痛的情况下，在狗身上接了两个瘘管。他把手术后的狗放在实验室的木台上，狠狠地饿了一阵，然后给了它一块肉。饿极了的狗贪婪地把肉叼起来，几乎没有咀嚼就吞了下去。那块吞下去的肉通过食道上的瘘管马上就漏回钵子里了。这条狗再一次把肉叼起来，吞下去，肉又落回钵子里。这样反复进行了好几分钟。与此同时，从第二条瘘管——通向胃的插管——最纯的胃液大量地流了出来。巴甫洛夫对此还不满足，他又做了第三次手术——切开迷走神经通过的狗颈部的皮肤。他把丝线埋到神经的下方，在缝合的伤口中留下一个活扣。现在，就可以在胃腺工作最紧张的时刻中止迷走神经的活动了。要达到这个目的只需拉一下这根丝线，联系脑子和胃腺的活导线就停止作用了，胃液也马上停止外流了,虽然狗还和以前一样在继续咀嚼和吞咽食物。这项实验被称为“假饲”。

另外一项重要的实验是“小胃”实验。在1884至1886年期间,巴甫洛夫曾经被派到德国路德维希和海登海因实验室进行心血管和胃肠生理学的研究。不过后来他们成为了竞争对手。海登海因教授的实验室里曾经做过一个“小胃”实验:他们在狗胃内划出一个隔离的“小口袋”,一个完全与主胃分离的小胃。食物并不进入小口袋,但这里一切过程都和大胃消化食物时发生的一样。巴甫洛夫在自己的实验室里重复了海登海因的实验。他发现从小胃出来的胃液与主胃正在消化时取出的胃液,成分不一样。巴甫洛夫想到:是否分隔胃时切断了神经联系,这样,神经系统的任何命令传达不到小胃中,因此小胃分泌的胃液不是大胃里消化食物所需要的那种胃液。他的小胃实验有了新的思路:在开辟小胃时,应该使神经联系得到保留。在很长一段时间他一无所获。工作延续快半年了,给大约30条狗动了手术,甚至自己的同事对能否有结果也开始动摇了。有一天,手术终于成功了,差不多被迫割了两百个切口。现在,从大胃出来的和从人工开出来的小胃出来的胃液是一样的。他得出一个结论:胃液的分泌是受到神经控制的,只要一切断神经,那两个胃就不知道它们该分泌出什么样的胃液了。那个名叫德鲁若克的狗因此名扬世界。

5. 狗纪念碑

巴甫洛夫的研究无疑跟狗有密切的关系。他发明出并成功地实现了一系列妙不可言的高难度外科手术——制造小胃、胰腺瘘管、唾液腺瘘管、胆管末端瘘管，以及其他各种不破坏神经分布、供血及其他生存条件，不歪曲器官功能，又能观察和研究位于身体内部的消化系统各器官活动情况的手术。这些都是在狗的身上实现的。巴甫洛夫对同事和助手的赞美方式是这样的："您的狗今天干得不错。"他们利用狗做了大量的活体实验。刚开始他们通过门房从流浪汉那里买狗。在研究经费很缺乏的时刻，他年轻的助手弗罗洛夫、富尔西科夫脑子一转带上面包和绳子，在彼得格勒城里的大街上抓狗，带回实验室。有一次被狗的主人发现，一直追了他们好远。

巴甫洛夫的狗

1903 年，巴甫洛夫面临了一场风暴。当时已经有报道攻击巴甫洛夫的狗实验。有一天宫廷女官、动物保护协会主席迈恩多夫男爵夫人参观了巴甫洛夫的实验室。在实验室，男爵夫人第一次看到狗的活体实验，受了惊吓，并且

由于没有受到足够尊敬的对待，心怀怨愤，回去之后写信给军事部长，信件题目起得很有煽动性：《关于活体解剖——一种假冒科学之名的不法行为，是可忍孰不可忍！》。在信中她要求禁止“巴甫洛夫实验室对可怜的狗的不人道对待”。军事部长把男爵夫人的信加上批示转交给军医学院。

学院代表大会责成阿尔比茨基教授、克拉夫科夫教授和巴甫洛夫教授来处理迈恩多夫男爵夫人的信。他们做出一个回应，由巴甫洛夫在例会上宣读。这个回应措辞强硬，与男爵夫人的指控针锋相对，直指问题的核心：

“我们不但不同意动物保护协会的意见，而且对这封信的虚伪、反科学的性质感到愤怒。身穿毛皮，头插羽毛，每天吃各种肉类和禽类，骑着骟过的马到处游逛、打猎，等等，等等，一句话，左手给各种动物带来死亡，却用右手对那些实验人员加以攻击，向他们宣讲什么正义、博爱、同情，这样做的人心理状态未免有些怪异。”

“这是我们的共同意见，”巴甫洛夫说。“我认为有必要就委员会的意见再补充些个人的意见，因为迈恩多夫男爵夫人的信主要是冲着我来的。我个人的意见是：当我进行最终会导致动物死亡的实验时，我沉痛地感到惋惜，我中断了欢跃的生命，我充当了动物的刽子手。当我切割动物的时候，我受到了内心的谴责，我谴责自己用一种粗暴的方式破坏一种艺术的结构，但为了真理，为了人类的利益，我承担了一切痛苦。有人提出要把我，以及我的活体解剖活动置于某人的经常监视之下，而同时却对那种为了娱悦和满足各类奇想而根绝和折磨动物的现象熟视无睹。

因此我十分气愤，我深信不疑地对自己，也对其他的人声明：不，这不是一种对所有活着的、有感觉的动物的痛苦的高尚的怜悯，这是一种拙劣伪装的自古有之的仇视，无知对科学的仇视，黑暗对光明的仇视……”

应该指出的是，巴甫洛夫是世界上仿照人的手术室组建真正的动物手术室的第一人。他重视实验动物，尽可能地在手术过程之中减少它们的痛苦。他们的实验室技术高超，手术几天之后动物就痊愈了。它们的健康很快恢复。

1909 年，巴甫洛夫出席英国伦敦艾伯丁大学建校 300 周年纪念会。他沿着著名的庭院向上议院走去，在礼节性的致词和祝贺之后，来到大厅出口处，看到了一件意想不到的礼物：从门廊上面放下一只用细绳系着的白色玩具狗，狗身上还插着管子和瘘管，就像巴甫洛夫的那些活的狗一模一样。

根据巴甫洛夫的愿望，1935 年在全苏高尔基实验医学研究所的花园里建立了一个著名的狗的纪念碑。

纪念碑台座上的题词是：

> 自史前时代狗便是人类的助手和朋友，它为科学做出了牺牲，但我们的自尊要求我们在这样做时永远必须不使它们遭受不必要的痛苦。
>
> 伊·彼·巴甫洛夫

6. 与诺贝尔奖的缘分

1904 年，诺贝尔奖委员会委员、赫尔辛基大学生理学教授季格尔什泰和约翰尼受瑞典诺贝尔奖委员会官方委托造访彼得堡，考察了巴甫洛夫的假饲和小胃实验。同年 10 月，巴甫洛夫得知自己获得了诺贝尔奖。

巴甫洛夫是第四个获得诺贝尔医学奖的人。这四个人中的一个创立了白喉血清，另一个查明了疟疾的病因，第三个研究出了治疗皮肤结核的方法。证书中说道，巴甫洛夫获奖是为了“表示承认他在消化生理学方面所做的工作，他在这些关键部位所做的这些研究工作，改变并扩展了有关这一领域的知识。”巴甫洛夫是第一个获得诺贝尔奖的俄国科学家，也是世界上第一个获得诺贝尔奖的生理学家。出于对巴甫洛夫的尊敬，瑞典国王奥斯卡二世在颁奖之前专门去学了俄语，对巴甫洛夫说了一句俄语的问候：“您好！”这让巴甫洛夫受宠若惊。

1904 年 12 月 12 日，巴甫洛夫在斯德哥尔摩接受了诺贝尔奖并发表了演说。

诺贝尔奖金的总数为 20 万克朗，换算成卢布大约是 7.5 万卢布。这的确是一笔大数目。巴甫洛夫对这一笔钱的分配方法是：平分给家庭的每个成员。当时他的朋友建议他拿那笔钱做股票交易，他说：“这些钱是我用不懈的科研工作挣来的，科学过去不会，现在不会，将来也永远不会与交易所有任何共同之处。”他的朋友坚持劝说他，他于是大发脾气，把对方骂了一顿。

但实际上巴甫洛夫与诺贝尔奖的缘分并不始于此。早在 1893 年，诺贝尔奖金的创始者，慈善家阿尔弗雷德·诺贝尔就曾经向巴甫洛夫捐赠了一笔资金，使他的实验室的规模扩大了一倍。

诺贝尔奖现在是许多科学家期望的最高荣耀。但是在特殊的环境下，它给巴甫洛夫带来的除了自豪，还有数不尽的烦恼。在 1916 年，布尔什维克政权没收了巴甫洛夫的诺贝尔奖金。当年他已经 70 多岁了，但是被迫到处拾柴火取暖，并在实验室附近自己种一块地自给自足。1918 年到 1920 年期间，巴甫洛夫的家被反复地查抄过，他的大儿子弗拉基米尔也被逮捕。但是就是在这样的环境下，他仍在 1919 年发表了论文《精神病学怎样可以帮助我们了解大脑两半球的生理》。1920 年，巴甫洛夫万般无奈之下，给苏联政府写信要求移民。幸好在第二年，列宁亲自为巴甫洛夫签署了指令，高度评价了他的研究工作对于“全世界劳动人民”的巨大贡献，责令在最短时间内为巴甫洛夫及其同事的研究工作创造条件。1924 年，苏联科学院为巴甫洛夫新建了一个以他的名字命名的生理学研究所，巴甫洛夫任所长。1929 年，巴甫洛夫接受了一份来自政府的特殊礼物：在位于列宁格勒郊区的科尔托村为他建立了世界上独一无二的生理学研究中心，并以他的名字命名为：巴甫洛夫村。

7. 出类拔萃的演员

巴甫洛夫曾经抱怨过父亲太过耿直，容易激动，不能控制自己的个性，所以不得上司的喜爱，以致家庭经济拮据。父子俩甚至因此而赌气，虽然后期有所缓解，但直到父亲去世的时候父子之间还没有完全恢复很自然的相处模式。但实际上，巴甫洛夫自己也继承了父亲这种容易激动和富有戏剧性的个性。

1876 年，巴甫洛夫追随赛昂教授转往外科医学学院，入学后才发现，因为学校人事的斗争，赛昂教授已经愤然离职，取代他的是具有皇家身份的塔克汉诺夫。塔克汉诺夫给了巴甫洛夫奖学金，但巴甫洛夫不喜欢他，拒绝选他为指导教授。他为此付出了代价，因此过了一段很是艰苦的日子，每天只能用免费的面包充饥。

1900 年在世界博览会开幕期间，巴甫洛夫在巴黎参加第十二届国际医生代表大会。在他的出访国外总结报告中，他没有直接指责政府对祖国科学的落后关心不够，但仍直言了自己的遗憾和不满："我已经 15 年没有去过国外了，这次几乎所有国家的成就都使我感到震惊，就连那最穷的意大利也建造了一些生理实验室。可以毫不夸张地说，这些实验室像宫殿一样宏伟，其价值决不低于 10 万卢布。在新的实验室里一切都考虑得相当周到：科学研究的舒适环境，良好的设备，以及对生理学家的严格要求——实验室附属有实验人员的宿舍，这样就把实验人员的生活和他们的科研教学工作密切联系了起来。”这就是他第一次出国开国际会议的总结。

1913年5月，在他指导的学生别兹博卡娅的博士论文答辩会上，巴甫洛夫的反对者没有让其通过答辩。巴甫洛夫愤然辞职表示抗议。在学院道歉并授予别兹博卡娅博士学位后，巴甫洛夫才回到学校。

巴甫洛夫说话的时候双目炯炯有神，说到激动处手舞足蹈。1909年12月，第十二届俄国自然科学家和医生代表在莫斯科贵族会议圆柱厅开幕。巴甫洛夫做了《自然科学与脑》的报告。他充满激情地做着演讲，最后意识到有些人可能完全听不懂他的话，于是不知所措地转向翻译，咒骂了一句，懊恼地用拳头敲打讲台，放声大笑，像投降一样高举双手。这种举动逗乐了与会者，大厅里爆发出了一片笑声。当时的美国专家约翰·凯洛格说出了那句著名的话：“如果巴甫洛夫没有成为著名的生理学家的话，他本来可以成为一名出类拔萃的戏剧演员。”

8. 君子爱财

巴甫洛夫的研究使他获得了跨越俄罗斯帝国疆界的广泛声誉，他被选为瑞典、墨西哥、丹麦、奥地利、法国、德国的科学协会名誉会员。因为他的消化生理学著作，他在哈勒被授予利奥波德的卡罗利德国皇家自然科学院的金质奖章。他还获得了四级弗拉基米尔勋章。

但在家里谈的是钱。孩子长大了，要穿鞋、穿衣，要教

他们外语、音乐，要请用人。他就不得不想办法弄到钱。

巴甫洛夫给奥尔登堡斯基写了一份申请书："到现在为止，我的全部时间都毫无保留地贡献给科学研究工作"，"目前，由于家庭开支增加（子女长大，要上学），我必须去做额外工作以补家用。目前，学院生理实验室已逐渐成为一个引人注目的中心，它不仅吸引了不少献身于实验室的俄罗斯优秀科学研究人员，而且还吸引了外国人，此时我不得已而为其他事分心就更加不合时宜了。殿下，如果你增加一些我在研究院的工资，使我从非科研工作的干扰中解脱出来，不仅对学院有利，对我个人也是一种公正的待遇……最后请允许我以愉快的心情告诉殿下：由于胃液生产日益增加，学院生理实验室的预算增加了将近1 000卢布……"在巴甫洛夫的申请书上的批示是："请从应付给已故的年茨基的款项中拨给伊·彼·巴甫洛夫2 000卢布。奥尔登堡斯基，1903 年 1 月 14 日。"

当巴甫洛夫以假饲实验出名时，消化病正在俄国流行，一个彼得堡著名药房的老板从中看到了商机，找到巴甫洛夫，建议他出卖制造胃液的专利。他打算像个大企业家那样大干一场——建一座工厂。巴甫洛夫没等他把话说完就打断了他："我不想和你谈话！请不要打搅我了！"据说巴甫洛夫之后久久不能平静，"如果放手让他干，他会把全俄罗斯的狗都弄死的！"

其实后来巴甫洛夫还是多少利用了狗胃液救助了重病中的儿童和他的实验室。他的美国同行凯洛格参观他的实验室时看到，在一间宽敞的房间里，像在柜台上一样站着大约 10 条狗，每条狗面前放着一个盛着食物的钵子。

狗把肉吃下去，那肉马上又落进钵子里。从一只插进胃里的小管子中不断滴出胃液。巴甫洛夫很自豪地告诉参观者说："手术之后这些狗已活了几个月，而且感觉很好。能从每条狗的胃里滴出一公升胃液。去年一年我就生产了将近6 000瓶胃液。"巴甫洛夫承认这6 000瓶胃液用来做了买卖，用以补贴实验室的经费和维持工作人员的生活。

不过巴甫洛夫对于他认为不当获取的利益却毫不犹豫地拒绝。当巴甫洛夫即将当选为俄国科学院院士时，他告诉他的妻子莎拉，他在科学院和实验室要做的是同一项工作，可却得到两个地方的薪金，这让他很不安。莎拉告诉他："既然是他们提议的，那他们是知道这情况的。"她忍不住责备他："真像个孩子。我们的儿女都长大了，开销越来越大。"她暗示他接受下来。

结果第二天，巴甫洛夫的回应是接受科学院的提名，但不喜欢"实际是做同一项工作，却要多拿钱……我同意提我为候选人……但是有个条件。如果生理实验室设置一个编制外实验员的位置，将我的这份薪金转给新的实验员的话，科学院至少可以得到一个新的有才华的工作人员。"

巴甫洛夫还真称得上"君子爱财，取之有道"。

9. 条件反射实验

在消化研究中赢得世界性声誉时的巴甫洛夫忽然考虑到一个问题：狗的唾液分泌是基于什么原因呢？他开始

研究神经反射问题。这就是我们后来所熟知的条件反射实验。当时伊万·米哈伊洛维奇·谢切洛夫已创立了反射理论，认为神经系统的工作应该建立在这样的原理上：信号——回答，外部刺激——它在机体内的反应。这个假设没有经过充分的论证和检验，并且反映的是从外部看到的情况。而巴甫洛夫想考察的是内部的世界。

在授予他诺贝尔奖的前一年，在马德里举行的国际生理学会议上，巴甫洛夫第一次提出了"条件反射"这个名词，谈到了新的命题和研究脑的方法。巴甫洛夫在1904年在斯德哥尔摩获得诺贝尔奖时的演说里透露了他产生这一转变的信息。因为研究"狗的灵魂"问题，巴甫洛夫遭到许多人的反对，甚至有人因此离开了他的实验室。为了证明他的条件反射理论，使它为人们所接受，他花了三十多年时间。

凯洛格参观他的实验室时，巴甫洛夫很自豪地带他走入另一个小房间。台子上立着一条很出色的大狗，插着滴胃液的瘘管。助手坐在它的旁边。

"这儿你们会看到很有趣的东西，"巴甫洛夫热情地说，并请客人们静静地站着。

助手悄悄地按了下喇叭，发出一声哨音，马上从瘘管里就滴出东西来。凯洛格和凯兹惊奇地交换了一下目光。"这就是你们对条件反射的初步认识，"巴甫洛夫说道，"你们现在看到，没有食物，唾液也可能流出来。"

这个实验在许多教材里提到过，大概的意思就是，长期在给小狗喂食前发出一个信号(喇叭或者铃声)，后来在仅仅发出信号没有给食物的情况下小狗也滴下了唾液和分泌了胃液，这就是“条件反射”的最简明、生动的说明。

巴甫洛夫从事生理学研究六十余年，为人类做出了不可磨灭的贡献。他的高级神经活动学说对于医学、心理学以至哲学等方面都产生了极大的影响。他研究了消化生理学，发现了主要消化腺的分泌规律，成功地进行狗的“假饲”实验，阐明神经系统在调节整个消化过程中的主导作用。他获得诺贝尔奖之后，没有停止自己前进的脚步，在其后又在高级神经活动生理学领域取得突破性的进展，奠定了心理学的生理基础。巴甫洛夫的研究成果公布后，一些心理学家，如行为主义学派的创始人华生，开始主张一切行为都以经典性条件反射为基础。虽然在美国这一极端的看法后来并不普遍，但在俄国以经典性条件反射为基础的理论在心理学界在相当长的时间内曾占统治地位。无论如何，人们一致认为，对于许多现象，经典性条件反射的观点可以做出很好的解释。巴甫洛夫因此也成为传统心理学领域之外对心理学发展影响最大的人物之一。

基因学说的创始人——摩尔根

托马斯·亨特·摩尔根（T.H.Morgan，1866—1945），美国遗传学家、基因学说的创始人。他创立的基因理论开创了现代遗传学的新时代，同时对分子生物学的诞生产生了直接的影响。因发现染色体在遗传中的作用而获得1933年诺贝尔生理学或医学奖。

1. 南军雷神的侄子

托马斯·亨特·摩尔根的家族是个南方贵族世家,在美国南北战争中积极参与了南军的队伍。尽管他们的大部分财产在南北战争中早已损失殆尽,但仍保持着南方贵族的习惯和风度。他的父亲查尔顿在1862和1863年的征战中,受过一次伤,被俘三次。查尔顿在被北军俘虏的时候不断给住在巴尔的摩的三表妹霍华德小姐写信,出狱后两人终成眷属。这是一个蛮有意思的现象,像达尔文和摩尔根这样在生物进化论和遗传学上有突出贡献的人,却都跟近亲结婚有关系。霍华德是《星条旗歌》作者弗朗西斯·斯科特·基的外孙女;她祖父约翰·伊格·霍华德是美国独立战争中的英雄,1788—1791年任马里兰州州长。

摩尔根的伯父、陆军准将约翰·亨特·摩尔根是一个将军,他容貌英俊,骁勇善战,举止豪爽,在美国南北战争中是最富有传奇色彩的人物之一,被认为是整个家族的代表。他有“南军雷神”的美称,在肯塔基当地有极高的声誉。不但有由政府出资举办活动的纪念他,有出版的歌曲和书籍歌颂他,而且,那数以千计的自称曾经同摩尔根一道驰骋疆场的人中,不论谁有什么周年纪念日或去世,总是又会有新的回忆录和故事出版,记述摩尔根袭击队员的功勋。以至于1956年,肯塔基的威士忌酒还拿他打广告。

1933年,托马斯·亨特·摩尔根因其对遗传的染色体理论的贡献被授予诺贝尔“医学或生理学奖”。作为当地

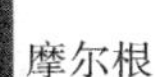

第一个获得诺贝尔奖的人，他被认为是肯塔基大学的骄傲。1936年托马斯·亨特·摩尔根七十寿辰时，肯塔基大学决定为托马斯搞一番庆祝活动。然而，在1936年9月25日《列克星敦先驱论坛报》的大字标题上写着："为南军雷神的侄子摩尔根博士举办的庆祝会将在今日举行。"

南方许多名门闺秀沿袭当地的习惯守着孀居的母亲而不出嫁(托马斯的妹妹内利就是一例)。同样，小查尔顿(也就是托马斯的弟弟)的未婚妻玛丽·廷克莱波因为母亲有病，同他订婚二十年后才举行婚礼。在这期间，查尔顿立了个遗嘱，他的财产全归玛丽，但附有一个条件：她必须还没结婚。待到她母亲去世，他们结了婚，但早已把遗嘱的事忘得一干二净。查尔顿于1935年3月死去，玛丽成了未亡人，但又无权继承遗产。虽然摩尔根兄妹俩都心甘情愿把自己分得的一份给了玛丽，但在法律上却招来好些麻烦。这种有点狗血有点喜剧色彩的故事，倒是摩尔根家族的惯有风格。

托马斯·摩尔根沿袭了这个南方军事传统家庭的随性和浪漫气息。1933年，他获得诺贝尔奖时，完全没有把这项荣誉当一回事。直到加利福尼亚理工学院的同事看到记者到摩尔根的实验室来采访，才得知他获得了诺贝尔奖。而他的家人居然是从报纸上知道他获奖的消息。当时报上登着他的一张照片，是他随意拉着旁边几个看热闹的小孩一起照的，这是他同意新闻记者拍摄的唯一的一张照片。摩尔根甚至连在斯德哥尔摩举行的正式授奖仪式也没参加。他告诉诺贝尔奖组委员会他下一年再去，趁此顺便看看老朋友，同时也要为他的生物学部物色几个工作人员。

2. 基因突变的托马斯

这个家族狂热地回顾着家庭光荣史。他的父亲不仅积极地宣传着"南军雷神"的事迹，和战友通信，协助组织摩尔根袭击队员重聚联欢，并积极帮助南军旧部的战士和他们的家属。托马斯在年纪还小的时候，就对此不以为然，他有了自己的兴趣和爱好，他还组织伙伴和巴尔的摩的表兄弟去山里采集标本。他甚至和堂兄约翰·亨特·摩尔根有过一次不太成功的解剖实验：他们要解剖一只猫，那只猫尖叫着一下子从桌子上跳起来逃跑了。托马斯十岁那年，拥有了自己的房间，便自己收拾房子，在里面摆上他收集的标本，有小鸟、鸟蛋、蝴蝶、化石、矿石，各种从野外捡来的东西。亨特、摩尔根、基、霍华德四个家系常自诩出过富商，出过外交官，出过律师，出过军人，但在他们精心保存的族谱中却没有一位科学家。用今天的遗传学术语来说，他也许是个"突变"。

摩尔根的基因突变可能还表现在另外一面。他出身名门世家，依照他的家庭教育应该是很注重仪表的一个人。但他这人天生不爱整洁，不修边幅，不怕别人非议，曾干过用绳子扎在裤子上代替皮带的事；还有一次，他发现衬衫上有个大洞，就请办公室里的人拿张白纸给糊上。1934 年 4 月，他偕同夫人去欧洲时，他的朋友惊讶地发现，他穿着一件完全没有型的大衣，一个衣袋里塞着一包用报

纸裹着的梳子、剃须刀、牙刷，另一个衣袋里塞着一双袜子，也是用报纸包着的。

3. 肯塔基州立学院的理科生

1880年，摩尔根满十四岁时进入肯塔基州立学院预科学习。学校只收男生，制度严格，所有的学生全是军官候补生，虽然学费才十五美元，但是每星期有五天时间他们必须身穿价值二十美元一套的军装军训一小时。学生的锻炼、学习、饮食、休息的时间由军号声控制。五点半起床号响，晚上十点的熄灯号才结束一天的活动。另外，校方还精心制定了189条校规，并鼓励教职员创造更多校规以修理这些精力过剩的年轻人。全体学生每个星期天必须至少做一次礼拜。学生不得携带枪支或猎刀。除了教科书以外，学生必须有校长特许才能把其他书籍或报纸带进校舍。

摩尔根当时选的是理科，主修课程有数学、物理与天文、化学、农业与园艺、兽医学、历史与政治经济学、心理与伦理学、拉丁文（另加法文或德文）、应用力学、英文、工程学、庭园设计与美化等。

但对于摩尔根，所有课程的核心部分是贯通四年的博物学，授课教师是A. R. 克兰德尔教授。他是一个极为出色的博物学家。摩尔根喜欢他，后来曾说过他从未见过比克兰德尔“更好的人或更出色的教师”。

凡是克兰德尔没教的理科课程，摩尔根都是在罗伯特

·彼得博士门下学的，他是原来的特兰西瓦尼亚大学医疗系前系主任。这位年事已高的博士是个医生、历史学家、出色的植物学家，又是肯塔基州地质调查最早的组织者，是俄亥俄河流域的科学先驱。最重要的是，他也曾经是托马斯的大伯“南军雷神”约翰·亨特的老师。南北战争爆发后，他们各自选择了南军和北军，成了宿敌。由于彼得博士是列克星敦联邦军医院的外科主治大夫，每次南军临时攻占了这个城市的时候，摩尔根将军就认为必须把彼得博士拘留起来。不过，彼得还是非常喜欢托马斯。

作为南军雷神的亲侄子，在肯塔基这个既有南军又有北军战士的地方，难免经常会有戏剧性的遭际。拥护南军的人多少会对他产生好感，可是在南北战争中吃过他伯父苦头的人就未必都能像彼得博士那样完全释怀了。据说托马斯的法文老师曾在北军里当过兵，在摩尔根袭击队手下吃过败仗，屈辱地逃跑。由于怀着对托马斯伯父的宿怨，他差点给托马斯打了个不及格。

托马斯·亨特·摩尔根获得了肯塔基州立学院1886年授予的唯一的理学士学位。教员们以五票赞成、四票反对选定他为毕业生代表，在毕业典礼上致告别词。

4. 霍普金斯大学

获得理学士学位后摩尔根不愿意经商，但又不知道自己要干什么。当时有位原肯塔基州立学院的理科学生约瑟夫·卡斯尔两年前到了霍普金斯。加之，巴尔的摩是摩

尔根母亲霍华德的老家，霍华德一家觉得在巴尔的摩找所学校读书是很合适的。无论摩尔根当时是意识到了什么，或纯粹是由于幸运，摩尔根一家做了一个对他这一生具有决定性意义的正确选择。

1886 年的霍普金斯大学已有十年历史，学术上的各种活动已走上正轨，在欧美教育界享有盛名。霍普金斯大学有着独特的办学理念，它的校训是：真理使你成为自由人。正如赫胥黎《在约翰斯·霍普金斯大学成立大会上的讲话》中所说，"世界的未来掌握在有能力把对自然界的解释比前人更向前推进一步的人们手中"，"大学最重要的作用在于发现这样的人，爱护这样的人，充分发挥他们的能力。"霍普金斯正是秉承着这一点去做的。霍普金斯大学有很好的自由学术风气。虽然大学的理事会委员们全是虔诚的教徒，但这个学校的老师都带有浓厚的达尔文主义倾向。霍普金斯是当时为数不多的几所侧重于培养研究生而不注重本科生教学的学校之一。霍普金斯大学的奖学金相当丰厚，远远超过其他院校，吸引了全国的优秀学生。

霍普金斯是当时除哈佛大学以外少有的十分重视生物学的学校。它的生物学力量非常雄厚，从 1876 年建校到 1886 年摩尔根入学这十年中，校区内已建起一个新的生物学实验室，在切萨皮克湾建立了海洋生物实验室，下属两个试验站，一个设在北卡罗来纳的比尤堡，另一个设在巴哈马群岛。生物系甚至还自己出版刊物。摩尔根来到霍普金斯，进入生物系里的几个人物门下学习，意味着他正跻身于生物学界最负盛名的学者的行列。

5. 学术无禁区,用实验去检验一切

实验中的摩尔根

霍普金斯大学建校之初,实验技术操作的训练在美国高等教育中没受到普遍重视。该校生物系教师着手加强这方面的工作,使实验操作规范化并有明确的目的。生物学研究生所受的教育几乎全是在实验室进行的,每天都有人领着他们搞实验。传统的课堂讲授或课本背诵几乎完全取消,当然教师也在必要时提出学生阅读的参考书和研究用书。

低年级学生集中搞实验操作,以便熟悉生物学研究的方法和仪器。在进行任何独创性的研究之前,学生要对新近发表的一些重大研究进行重复实验,以求证实它或批评它。所以霍普金斯大学教育自己的青年科学工作者:学术无禁区,没有任何人的著作是神圣不可侵犯的,霍普金斯大学教授们的文章照样可以批评。霍普金斯的教授布鲁克斯、马丁坚信任何理论都不应被当作教条,只能作为新的探索的起点,即使他们信奉的达尔文学说也不例外。

马丁希望学生养成脚踏实地的作风。他认为,做重复

实验是生物系训练学生严肃研究精神的手段，学生一旦通过考验，生物系就会给他提出一个需要研究的课题，放手让他去决定自己的研究方法和实验手段，然后对研究结果进行评价。布鲁克斯觉得，让学生们自己独立探索而不凭借外界的帮助，是为学生好。大量事实证明，在很多优秀生物学家成长的道路上，这种教育方法的确是成功的。这样的训练对摩尔根的研究方法和思路有深刻的影响。他本人就恪守对一切事物都要亲自证明的信条。他在1907年发表的《实验动物学》一书中表达了这一态度。他说："实验方法的本质在于要求每一种见解（或假说）都必须通过实验的检验，然后才可以承认其科学地位……研究者必须养成一种对一切假说（特别是对自己提出的假说）的怀疑心理，而且一旦证明其谬误，要勇于抛弃之。"摩尔根能够摒弃不真实的东西，也就是摒弃那些经过他自己的实验证明为虚假的东西，即使他自己也曾一度认为它是真理。这就使摩尔根拥有了少数科学家才具备的灵活性，使他不怕犯严重错误，犯了就纠正，然后又回到思想的前锋位置。

6. 摩尔根在霍普金斯的成长

摩尔根曾经说，他去到霍普金斯大学读研究生是因为无事可做，那么他到霍普金斯之后终于找到事情可干了。他第一年的生物学成绩是全班最好的。他埋头研究生物学，两年之后就成为这一行的专家。他在切萨皮克动物学实验室及其各分部从事过研究，又参加了巴哈马群岛的科学考察。他第一篇论文刊登在马丁编辑的小型专业杂志上。摩尔根这篇四页长的文章报告了用壳多糖溶剂溶解掉蟑螂卵周围的角质的条件。还有其他几篇文章正在整理:一篇记载蛙的繁殖习性和胚胎发育;一篇描述柱头虫幼虫的生长与变态;还有一篇介绍眼斑圆趾蟹。这些文章以及另外几篇很快就出现在《美国博物学家》《大众科学月刊》(后来该杂志的科学性远远超过了普及性)和《形态学杂志》上。他的这些研究大多是描述性的,但反映出摩尔根在形态学和生理学方面的深厚功底以及他严密的科学方法。这使得他有能力从事影响他以后大半生的实验。

1888 年,摩尔根已具备被授予肯塔基州立学院理科硕士学位的资格,因为这个学院的研究生培养计划十分简单:只需在另一院校深造两年,再经肯塔基州立学院的教师们验收合格即可成为硕士。摩尔根先前的老师们以全票通过授予他正教授职称。

当时摩尔根家里相当拮据。父亲和弟弟没有工作,母亲身体虚弱,妹妹内利上了州立学院的预科,22 岁的摩尔根是全家唯一可以凭本事赚钱养家的人。他原来是计划回到肯塔基大学任教,并且该校已经把他的名字列入工作安排中,但是他本人对繁重的本科生教学没多大兴趣。幸运的是他这时候得到了一笔优厚的奖学金。这种奖学金为霍普金斯大学早年培养出高才生创造了条件。奖学金的标准是每年 500 美元,差不多等于一个青年教师的年薪,不过,由于 1888 年财务亏损,校理事委员会要求学生自付学费,所以算下来实际只有 400 美元。这样摩尔根也能够完成自己的研究计划,继续自己的博士论文。摩尔根

非常开心，当他在那封致肯塔基州立学院帕特森院长的有礼貌的谢绝信中提到自己的工作时，摩尔根说："我面前工作成堆，现在停下来就意味着永远也别想前进，这样，不但是我本人，而且连您也会遗憾的。"

7. 伍兹霍尔海洋生物实验室

不久，摩尔根到了马萨诸塞州的伍兹霍尔。伍兹霍尔是海滨一个偏僻的小村庄，它是海洋生物实验室所在地。格尔夫斯特里姆暖流和来自缅因湾和拉布拉多的寒流交汇于伍兹霍尔，因而把形形色色的海洋生物带到这里，同时，全美各地的大专院校的各类生物学家也不约而同地汇集到这个地方。在此建立实验室的目的就是为了有一个附近有方便的各种海洋生物资源的研究站，方便不同兴趣爱好的生物学家可以聚在一起轻松愉快地进行交流和研究。从一开始，霍普金斯大学的布鲁克斯教授就协助组建这个实验室，大学本身也支持这个实验室，并为它招募人员，也就是让一部分师生参加这方面的工作。

那时，描述生物学仍然是主流，主要是研究生物机体的构造。对于很多科学家来说，生物学好比是一个完整的博物馆，把死的标本加以收集和分类。但海滨建立的这些实验室，代表着另一种研究方法，它们研究的是活的生物机体的各种功能。在芝加哥大学生物学家惠特曼教授的指导下，海洋生物实验室的学生们逐渐认识了生活在自然界中的生物，然后趁这些生物还活着时把它们带回实验室，在人工控制的条件下加以研究，而研究的方法渐渐侧重于生理学的和实验的方法。

布鲁克斯指导摩尔根的博士论文，建议摩尔根搞海蜘蛛类动物蜘蛛蟹的系统分类学，也就是要确定蜘蛛蟹在林奈物种分类系统中的准确位置。摩尔根别出心裁，研究了蜘蛛蟹的胚胎发育，证明把它们分入蜘蛛纲是正确的。1890 年，摩尔根在伍兹霍尔最初举行的每周一次的学术讲座上宣讲了他的研究报告。布鲁克斯对摩尔根就这一课题写的博士论文推崇备至，由《霍普金斯大学生物实验室研究报告》杂志发表。全文长 76 页，附有 8 幅插图。据说这篇长文几乎使这份杂志破产。

伍兹霍尔为研究者提供许多有利于学者交流和放松的机会和场所，据说开始有青年男女在那儿结下良缘。过后人们又给它取了个名字，叫作“实用优生学研究所”。摩尔根的一个孩子相信伍兹霍尔对他们的父母的确起过这种作用。有一次，摩尔根正在实验室里专心致志做实验，埃德蒙·B. 威尔逊强行把他拉了出来，把自己在布林莫尔学院教的一位高材生莉莲·沃恩·桑普森介绍给他。莉莲对胚胎学有兴趣，从那时起，也对从胚胎学角度进行研究的托马斯·亨特·摩尔根产生了兴趣。1890 年春，摩尔根取得了霍普金斯大学授予的博士学位，并获得布鲁斯科研奖学金。之后去了布林莫尔学院，那里是个女校，但是有许多老师是摩尔根在肯塔基大学的同窗。虽然是去做老师，但是摩尔根的口头禅是：别管教学。他后来又把这样的信条传授给他的得意门生们。1903 年，摩尔根的朋友威尔逊请他到纽约去当全国第一位实验动物学教授。除

了当教授以外，他们之间还有一条明确的协议：摩尔根不必上许多课（几乎完全不上本科生的课），主要从事研究工作。威尔逊曾有一次谦逊地谈到他对哥伦比亚大学的遗传学研究的唯一贡献是他发现了托马斯·亨特·摩尔根。不过，假若托马斯·亨特·摩尔根没有发现威尔逊及其正在从事的细胞学研究，说不定哥伦比亚大学也就根本不会有遗传学研究。决定到一个更大的学校去工作，这是摩尔根一生事业中的转折点。

8. 对孟德尔、达尔文的怀疑和重新接纳

正如前面所说的，霍普金斯的教育信条是：没有什么不可怀疑的，一切都需要通过实验去检验。1900 年刚刚发现孟德尔的文章，科学界立即提出孟德尔的定律可不可靠的问题。如果可靠，那么，这些定律的适用范围有多大？摩尔根起初很相信这些定律，因为它们是建立在坚实的实验基础上的。但是在摩尔根为了证实孟德尔定律而做实验去验证时，比如，用家鼠与野生型杂交，他发现得到的结果不完全符合经典孟德尔定律。他怀疑杂种身上的基因是不是独立存在，是不是自由组合。

因为自己的实验不能证实孟德尔的发现，1909 年在美国育种协会（这是最先明确表示承认孟德尔定律正确的团体）的一次著名会议上，摩尔根对孟德尔的理论发起了一场近乎尖刻的攻击。

另外，尽管在肯塔基大学有信奉达尔文主义的风气，

但摩尔根对达尔文主义保持谨慎的怀疑。他认为必须通过实验才能检验这些理论。

他写了五本关于进化的书,在第一本书《进化与适应》里,他对自己在这一时期的哲学观点有过细致但略嫌紊乱的表述。这本书发表于 1903 年,主要是评述达尔文进化论所举的例证,不过,其中也讨论了拉马克、德弗里斯和孟德尔的理论。该书的结论是:达尔文和拉马克是错误的,德弗里斯和孟德尔是正确的。(当然不久后他就开始思考如何否定孟德尔的学说了。)在此后三十年左右的时间内,摩尔根渐渐接受了进化论和自然选择。他之所以转变了看法,部分原因是受了他在哥伦比亚大学的学生们(不久后成了他的同事)的影响。他们不断地为达尔文辩护。当然这些理论上的辩护是不够的,摩尔根要的是具体的证据。这一点很可能是到 1922 年 6 月 22 日参观牛津大学时才解决的。当时朱利安·赫胥黎安排动物学系拿出几种昆虫的有代表性的标本,其中包括波尔顿收集的那套漂亮的关于昆虫拟态的蝴蝶标本。这些标本除自然选择外别无其他解释。赫胥黎这样叙述摩尔根的反应:“我回去请他吃午饭时,拉也拉不动他。‘真想不到!我原来的确不知道世界上还有这种现象!’”几年以后,赫胥黎对美国哲学会这样回忆了当时的情景,他总结说:“我荣幸地认为,就是在这个时刻,他转变了,相信生物的适应性变化,相信自然选择的结果形成生物的适应性。”

摩尔根写的关于进化论的书一本不同一本,这表示他虽不是心甘情愿,但毕竟逐渐按达尔文的思想方法接受了进化论。

摩尔根既是遗传学家，又是胚胎学家。对此，他在20世纪最初几年就有清楚的认识。后来，他在《进化之科学原理》一书中重申，要证明生物进化，必须通过胚胎学而不是古生物学研究。摩尔根的成就，以作为一个胚胎学家开始，也以一名胚胎学家结束——至少这是他自己的见解。离开了布林莫尔学院，来到哥伦比亚大学，他继续胚胎学问题的实验。

9. 愚蠢的实验、蠢得要命的实验、比蠢得要命更糟糕的实验

摩尔根经常让几十个实验同时进行。许多实验走进了死胡同。他常自嘲说，他搞的实验共有三类，一类是愚蠢的实验，一类是蠢得要命的实验，还有一类是比蠢得要命更糟糕的实验。但是，这一时期有一个实验——关于拉马克学说的实验——却有了意想不到的收获。1908年，摩尔根让他手下一名研究生在黑暗的环境里饲养果蝇，希望产生出由于长期不用眼睛而导致眼睛萎缩、往后几代眼睛终于会消失的果蝇。摩尔根和佩恩花了两年时间用各种办法处理果蝇，“用X光机照射，用

摩尔根和他的果蝇

镭射线照射……用各种不同的温度，加糖，加盐，加酸，加碱，什么办法都想尽了，但没诱发出任何突变”。

也许是在1910年5月，产生了一只奇特的雄蝇，它的眼睛不像同胞姊妹那样是红色的，而是白色的。这显然是个突变体，注定会成为科学史上最著名的昆虫。

红眼和白眼果蝇

关于这只昆虫的来历，是有争议的。一种说法来自摩尔根，据1911年他在《科学》杂志上的说法，他曾在这只果蝇出生的当月用镭射线处理过一部分果蝇的成虫、蛹、幼虫和卵。但还有另一种可能性：这个突变体是从卢茨所在的位于科尔德斯普林港的卡内基实验室的工作引进的。卢茨宣称他是白眼果蝇的主人。不过，摩尔根不愿接受这种说法。1942年，一位相信卢茨的观点的读者在《遗传杂志》上写了一篇书评，立刻招来摩尔根的反驳，但他多少有点含糊其辞。他写道，他的确向卢茨要过果蝇，但是，第一，要来的果蝇并不包括卢茨的白眼果蝇，白眼果蝇被找出来时已经死了；第二，它们也不是白眼果蝇的后代，因为，假若是白眼果蝇的后代，进行同胞交配后理应在下一代中出现白眼，但事实上并无白眼出现；第三，无论怎么说，发现白眼并进而证明其为最经常发生的突变类型“这件事本身并不那么重要，重要的是如何利用它”。

摩尔根自己记载的第一只白眼果蝇产生于5月，但他

的家史却说它是在摩尔根的第三个孩子出生前不久突然产生的。照此说法，时间当是 1910 年 1 月 5 日前几天。摩尔根家史中还记载有这么一段轶闻：摩尔根急急忙忙赶到医院，他太太第一句话问的却是："白眼儿可好？"

生下的孩子平安无事，但白眼儿虚弱无比。据说摩尔根晚上把这只果蝇带回家去，装在瓶子里，睡觉时放在身旁，白天又带回实验室。"白眼儿"终于同一只正常的红眼雌蝇交配以后才死去，留下了突变基因，产生了1 240个后代，差不多全是红眼。按照孟德尔的理论，红眼是"显性"，所以，可以预料杂交后第一代全部个体都是红眼（道理是母本只有红眼基因，每个杂种一代果蝇都从母本得到一个红眼基因）。奇怪的是，摩尔根的第一代杂种果蝇中却有 3 只白眼雄蝇。从遗传学的理论上讲，这种情况几乎是不可能发生的。比较容易的解释是"不分离现象"，或者是因为实验条件控制不严，繁殖对或计数时的疏忽——也说不定是卢茨所说的情况造成的。假如卢茨的白眼果蝇存活的时间足以完成一次交配，而送给摩尔根的果蝇中有一只雌蝇是它的后代，那么，这只雌蝇就继承了一个红眼基因和一个白眼基因（红眼来自母本，白眼来自父本），因为红眼是显性，所以这只雌蝇依旧表现为红眼，但其继承了白眼基因的雄性后代将是白眼。要理解为什么会有如此现象，至少还要有一代果蝇才行。

摩尔根轻描淡写就把这三只白眼雄蝇一笔带过，说"显然是由于继发性突变"，并宣布"本文暂不讨论"。三十年后，和卢茨发生争论时，他在反驳中仍闭口不提这件事。事实上，他改口说全部后代都是红眼。

用白眼果蝇的后代互相交配，结果符合孟德尔的定律，分离出3 470个红眼，782 个白眼，大约有四分之一的后代继承并表现出这一隐性性状。杂交一代和杂交二代都没有融合遗传——父母本的性状发生了理想的分离。

摩尔根于 1910 年 7 月 7 日投稿给《科学》杂志。关于果蝇实验的第一篇论文宣告了一个新时代的开始，诚如加文·德比尔爵士所说，“T. H. 摩尔根及其同事所进行的大量的果蝇实验一扫过去之疑云，确证了孟德尔遗传定律之正确。”

不过，首次果蝇实验的结果也有不正常之处。按照孟德尔式预期值，在第二代中有四分之一雄蝇表现出隐性性状，四分之一雌蝇继承白眼基因。然而，摩尔根却发现雄蝇中有一半为红眼，一半为白眼，而雌蝇全是通常的红眼，没有一个继承了白眼。

通过进一步杂交，找出了白眼为何多半为雄蝇的原因。用白眼雄蝇同正常雌蝇杂交，后代全为红眼；白眼雌蝇与正常雄蝇杂交，后代一半为白眼，而且全为雄性。显然，这个白眼因子（“因子”不久后定名为“基因”）同其他孟德尔的隐性性状不一样，它受亲本性别的影响。摩尔根提出了一种相当复杂的解释，其细节是错误的，但结论却很正确：眼色基因（R）与决定性别的因子（X）是结合在一块的，用现在的术语来说，是“连锁的”。“事实是这个 R 同 X 结合在一起，从不单独分开”。到 1911 年下半年，摩尔根和威尔逊两人都认识到人类的血友病和色盲的遗传也属同样的机制。

几个月后又增添了四种眼色突变。例如出现了粉红

眼，该性状的分离与性别无关，也同白眼性状无关；又出现了限性性状硃砂眼，其性状分布与白限性状一样。于是他接受了孟德尔的观点。摩尔根表明他自己已经信服果蝇的突变符合孟德尔的理论。他说："凡是密切观察这些新类型的发展史的人都会对以下事实得到一个深刻的印象：性状确实会'分离'，而且在多数情况下无中间类型发生。"

过了不久，真理即表露得十分清楚，基因的遗传可分为若干组；同组的基因一起遗传，而基因组的数目与染色体数相同，所以基因很可能是染色体的一部分。

到 1912 年底，一共发现了 40 种用肉眼可见的异常的果蝇突变。每发现一个突变体，立即让其交配，再把下一代进行姊妹交，然后又与亲本回交，并与其他突变体杂交。这样就"制造"出了大批带有研究者需要的基因的果蝇。摩尔根也许是把培养的带有白眼基因的雌蝇作为 1 号染色体（即 X 染色体）的标记，用带斑点的果蝇标记 2 号染色体，体色为橄榄色的标记 3 号染色体，弯翅果蝇标记 4 号染色体。用这些雌蝇与新发现的突变雄蝇交配，然后，摩尔根即可看出雄蝇的这个新发现的基因

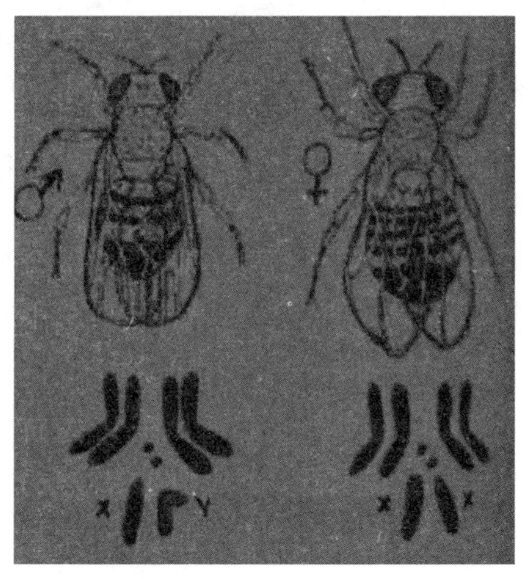

摩尔根和他的学生通过一系列杂交实验，将决定眼睛颜色的基因定位于 X 染色体上，并进一步确认了基因的染色体学说。

同哪个标记基因连锁在一起遗传。比方说，要是同弯翅基因一起，那么，这个新的突变基因显然是在 4 号染色体上。

1913 年，当摩尔根对于染色体实验的意义感到确有把握以后，他立即写了一本书，书名是《性别与遗传》。1915 年，摩尔根同前五年一直跟随他搞研究的三位学生斯特蒂文特、布里奇斯和马勒合作完成了他最享盛名的著作——《孟德尔遗传之机制》。这本专著对果蝇研究作了全面总结，被柯特·斯特恩誉为新遗传学的基础教材。它第一次尝试把遗传学中一切问题都与染色体行为挂上钩。该书确认了孟德尔定律的正确，同时也肯定了确实存在例外情况。这些全都可以用“遗传因子”（也就是“基因”）加以解释。遗传因子是客观存在的物质，是人们可以看到的染色体的一部分，它们在染色体上呈线形排列，遗传学研究中观察到的遗传因子的行为与染色体的行为完全一致。基因是成对的，染色体也是成对的，每对中只有一个传给后代。基因分为若干连锁群，连锁群的数目与染色体数相同，连锁群内基因的多少与染色体的大小相一致。

《孟德尔遗传之机制》一书得到绝大部分学者的承认。在美国，各种荣誉接踵而来。霍普金斯大学授予摩尔根荣誉法学博士学位；肯塔基大学授予他荣誉哲学博士学位；后来他又得到另外几个荣誉学位。他当上了美国科学院院士，过后又当上了科学院院长。他还是伦敦英国皇家学会的国外会员，1924 年获达尔文奖章，1939 年获科普利奖章。由于他获得了这么多奖章、奖状，所以他以后能轻易从洛克菲勒基金会或卡内基学会等组织争取到经费。

10. 为哥伦比亚大学数苍蝇

摩尔根在自己身边聚集了一群才华出众的学生，他们聪明能干，既善于独立开展工作，又有集体主义精神。摩尔根知人善任，唯才是举，毫无门户之见。

在摩尔根蝇室工作的学生中，知名度最高的也许要算H. J. 马勒。他还对解释基因间的相互作用作出了许多重要贡献，并证明X射线可使突变率增大150倍——他为此获得1946年度诺贝尔奖。

摩尔根代课普通生物学时，在班上遇见了斯特蒂文特和布里奇斯。他俩当时不过是年仅十几岁的本科学生。斯特蒂文特写了一篇文章，论述他的父亲和哥哥在亚拉巴马州的农场里养的马的毛色。摩尔根看了稿子，印象很深，于是帮助他发表，题目是《纯种马谱系之研究》。后来，摩尔根让他做果蝇计数的工作。工作不到两年，年仅21岁的斯特蒂文特就画出了基因在染色体上呈直线排列的顺序，不久后定名为“染色体图”。

1910年，大学生布里奇斯在实验室洗瓶子时透过厚厚的玻璃瓶发现了一只砯砂眼突变果蝇，这种突变一般人用显微镜也不一定能看出来，这种惊人的观察力让摩尔根惊为天人，马上把他提升为自己的私人助手，甚至自掏腰包支付布里奇斯的薪金。后来布里奇斯果然发现了好多突变。他还发现了一些不寻常的遗传方式，他自己推测，这是由于一对染色体没有像通常那样分向两极，他称这种现象为“不分离现象(nondisjunction)”。布里奇斯和斯特蒂文特一样,读完大学取得学士学位后就直接在摩尔根指导下攻读博士学位。他们十七年的主要工作是“为哥伦比亚大学数苍蝇”。

这三人就是传说中的摩尔根三弟子。

摩尔根的研究随时都要保留成千上万的果蝇,其中大多饲养在摩尔根从学校食堂“借”来的玻璃奶罐里。每项研究都得数上成千上万的果蝇。在果蝇实验的高峰期,人们在哥伦比亚大学旁边的地铁车站常可看见成群的学生提着装有果蝇的牛奶罐回家。他们把果蝇带回家去,在厨房的餐桌上继续计数。有个学生的孩子,当有人问到他爸爸靠什么谋生时,他很得意地回答:“我爸给哥伦比亚大学数苍蝇!”

11. 蝇室

在蝇室的所有人员之间,存在一种一般的实验室或教室难得有的无拘无束、互相尊重的气氛。如果你走进实验室,你可能看见某个年轻的学生斜倚在椅子上,嘴里叼着烟斗,双脚翘在桌子上面,大声地同摩尔根争论。斯特蒂文特曾经这样描述实验室里的情形:“我们是一个集体。每人都有他自己的实验要做,但谁对别人正在做什么都了如指掌,对每一项新的结果都自由讨论。我们不大管谁的实验是优先的课题,我们也不大在乎一种新的想法或新的解释是谁最先想到的。”

休厄尔·赖特博士有次内急而厕所门又那么不巧打不开，于是摩尔根把他举起来，让他从门上翻越进去。

蝇室入口处悬挂着一大串香蕉，用以吸引从牛奶罐中逃出来的果蝇，这串香蕉谁也不能乱动，唯有威尔逊例外，他摘了一个吃。不过他很快遭到了报复。有一次，他特地找到一个鸵鸟蛋，准备拍下照片来做他著作的封面，但还没来得及拍照，就被摩尔根和他的学生们吃掉了。

1928 年，蝇室的主要研究成员除了马勒之外，都随着摩尔根应聘加州理工学院而西迁。许多当时或者后来享有国际盛名的遗传学家，包括 1927 年起一直与摩尔根合作研究的杜布赞斯基，康奈尔大学玉米研究小组的比德尔和麦克林吕克，我国老一辈遗传学家陈桢、陈之英、李汝祺、谈家桢等都曾在蝇室学习、工作或访问过。蝇室成为细胞遗传学的圣地。

摩尔根研究院

12. 莉莲

在哥伦比亚大学度过的最初十五年是摩尔根在事业上硕果累累的十五年，也是他最醉心于工作的十五年。他本来就极为勤勉，又能认准主攻目标，自从发现了白眼果蝇，他的生活就开始形成了比过去更为刻板的模式。他把全部精力，都投入了工作。他得以那么热心全无顾忌地投入工作，多少得归功于当初慧眼识得的妻子莉莲。他们在 1903 年摩尔根准备离开布林莫尔时订婚。两人的婚姻生活高度服从于摩尔根和他的工作。他们的蜜月都是在加州帕西菲克格罗夫的海洋生物实验站度过的。

莉莲是个勤劳能干的女性，不仅为摩尔根生了四个孩子，生孩子以后，还坚持实验室的工作。她在信中告诉婆婆，"有几个人在汤姆(托马斯·摩尔根的昵称)手下工作，我是其中之一。"她为摩尔根制造着温馨的家庭氛围和良好的学术交流环境。他们的房子，既是一家人的住所，也是工作场所。摩尔根的学生和朋友也不断来来去去，有时还有名流贵客造访。有些时候，他们在伍兹霍尔的房子里住着十七口人，他们兴致勃勃地排成一行，在唯一的一间浴室外面等候洗浴。而这些人中的许多都可以称得上遗传学方面的专家。

细胞遗传学的创建时期，群星闪耀，光彩夺目，留给后人许多教益。摩尔根这样可爱而富有个性的人，让我们更多感受到了遗传学者生活的情趣和对于生命由衷的爱。

青霉素的发现者——弗莱明

亚历山大·弗莱明（Alexander Fleming，1881—1955），1928年发现青霉素，1945年与霍华德·佛罗礼、简共同获得诺贝尔生理学或医学奖。

1928年，亚历山大·弗莱明发现了青霉素（盘尼西林）及它的杀菌作用，并证实它对人体无害。于1929年在《不列颠实验病理学杂志》上发表了题为《关于霉菌培养的杀菌作用》的研究论文，预言了青霉素在医疗事业中的巨大潜力。该论文启发了牛津研究小组的霍华德·佛罗礼和简。他们当时正对天然杀菌物质进行研究，受到弗莱明的启发而把研究的重点放在青霉素上，最终成功提纯青霉素并将其运用到临床医疗上，从而挽救了无数人的生命。1945年，弗莱明、霍华德·佛罗礼和简共同获得诺贝尔生理学或医学奖。

1. 从乡村小镇到伦敦

1881年8月6日，弗莱明出生在达佛镇一个小山丘上的农舍里。农舍面前是一片崎岖不平的农牧地，后面则是石南植物丛生的荒原。弗莱明的家庭是一个大家族。他们家有8个孩子，弗莱明在其中排行第七。在弗莱明7岁时，他的父亲去世。是他的大哥及母亲共同经营牧场，支持着整个家。这一家人感情深厚，并且非常团结，虽然生活很清贫，但是一家人过得非常幸福。

弗莱明曾经说过："我很幸运，生长在偏远农场上的一个大家庭里。我们没什么钱可花，事实上，也没地方可花钱。不过，在那样一个环境里，找寻娱乐是很简单的。农场上有许多动物玩伴，溪里还有鳔鱼。在大自然的怀抱里，我们学到了许多，那是城里的人们所学不到的。"

弗莱明小时候在山村的小学读书，10 岁的时候和弟弟一起转到达佛镇的一所学校就读，后来又在克尔马那克读中学。那个时候他的哥哥汤姆进入格拉斯哥大学念医科。1893 年，汤姆成为眼科医生，开始在伦敦执业。从此在汤姆的带领下，这一家的几个兄弟姐妹开始离开山村，往大城市伦敦迁移。

在伦敦弗莱明和自己的兄弟曾经参加了自愿队。1899 年，自愿队被编入短期军团，以支持参加前去波尔战争的英国军队。当时英国军队正在南非对抗荷兰移民（也称波尔人）。不过弗莱明他们却一直留在军团里，并未被派往南非。这段时间，弗莱明的枪法越来越精准。谁也没想到这一段经历为弗莱明后来发现盘尼西林提供了契机。

不过这是很久以后的事了，当时弗莱明 16 岁，刚从雷津街工艺技术学校毕业，在美国海运公司找了一份办事员的工作。这家公司专门经营横渡大西洋的大型定期货轮的业务。他的工作内容是抄写文件、记账，或是详细记录一些货轮和乘客的基本资料。弗莱明在那里一干就是 4 年。

弗莱明像

1901 年，一个意外的机会降临在弗莱明身上。弗莱明家的一位叔叔去世了，留给他们兄弟每人一笔遗产。汤姆得到了他的那份遗产，马上在伦敦哈雷街上开了一家诊所，病人也逐渐多了。罗勃此前跟着约翰学习镜片制造，两人都很喜欢这份工作，而且小有成就。当他们得到遗产后，便开设自己的镜片制造公司，而且不久，也在各地成立了连锁分公司。亨利·蓝勃特在1942年是这家公司的董事，这个朋友后来成为被弗莱明用盘尼西林救治的第一个人。

汤姆知道弗莱明对当办事员的工作不感兴趣，既然有那么一笔遗产，于是他建议弗莱明趁这个机会去学医，在他看来那是一个有趣而有前途的工作。

因为弗莱明从13岁半起就离开了正规学校教育，因此他没有任何足以进入伦敦医学院就读的资历。他需要通过医学院要求的所有考试，于是他请了家庭教师帮他复习功课。1901年7月，他终于顺利地通过了16个学科的测试。同年10月，亚历山大·弗莱明成为圣玛丽医科大学的学生。

2. 特长很重要

进入圣玛丽医科大学，弗莱明当时的目标是通过实习、通过医学院的毕业考试，成为一个可独立开业的外科医生。但是他天性热爱运动，在圣玛丽医院实习期间参加了射击俱乐部，成了俱乐部的明星队员。他当时到圣玛丽医科大学已经五年，已经通过最后考试，就要离开。弗莱明想过留下继续深造，但叔叔所留的遗产已经用完，无力支付学费。刚好，医院来福枪俱乐部要参加全国射击比赛，射击俱乐部最热衷于夺冠的成员约翰・弗里曼觉得无论如何要留下弗莱明，为此他使出浑身解数，在医院里四处活动，试图为弗莱明寻找一个职位。而恰好大名鼎鼎的皇家学会会员、伤寒菌及其疫苗研究专家奥姆罗斯・莱特所领导的医院接种室缺一名助手。于是弗莱明进入接种室工作，并跟莱特进行相关研究。

弗莱明原来有许多机会选择医学的其他研究方向，然而这个世界充满了偶然和神奇之处，他无意中选择了微生物这个领域或者说他无意中被这个领域选择了。他甚至不知道在其他地区，抵抗微生物的研究也正如火如荼地进行着。他的导师奥姆罗斯・莱特，就是这个领域的先驱者之一。奥姆罗斯・莱特是疫苗治疗法的狂热拥护者，他深信正确的疫苗接种不仅能预防细菌疾病，且绝对能治疗这些疾病。1902 年，奥姆罗斯・莱特身为圣玛丽医院瘤理学及细菌学的教授，带领着学生致力于对抗细菌的斗争。弗莱明跟从莱特进行前沿领域的研究，即使未来不是顶尖的高手，也必将会有所突破。他的专业选择有幸运的因素，而弗莱明一生最重大的两项成就，溶菌酶和青霉素的发现过程，似乎也充满了幸运和偶然。

3. 发现溶菌酶

第一次世界大战期间，弗莱明和赖特一起在军队医院服务，从事伤口感染的治疗工作。他们的工作表明，当时所使用的抗菌剂事实上是很有害的。弗莱明发明了用来给新的抗菌剂评估的新试验方法。他们的工作做得非常出色。他们接下去的目标就是寻找合适的对人体组织无害的抗菌方法。

1921年是非常重要的一年。在这一年，亚历山大·弗莱明在他的笔记本上记载了两件重大的发现，其中之一就是发现天然杀菌剂——溶菌酶。

弗莱明在做实验

当时实验室里培养了各式各样的微生物，弗莱明和同事观察着它们的行为、习性，特别是它们对不同物质的反应，以期能找到一种可以对抗它们的杀菌剂。有一次弗莱明感冒了，无意中将鼻涕滴入培养细菌的器皿内，过一段时间后发现它上面布满金黄色的细菌菌落，奇怪的是鼻涕粘附的那部分竟然没有，而超越了鼻涕的落点，菌丝才又开始生长，不过也很模糊，它像被溶解了一样——这些金黄色的菌落只有在与鼻涕保持一段距离，才能正常生长。

弗莱明立刻想到：是否鼻涕之中隐含着杀菌的成分？他的鼻涕具有特殊性吗，还是每个人的鼻涕都一样？于是

弗莱明立刻又弄了一点鼻涕进行实验，并四处向人讨要鼻涕，想看看不同的鼻涕之间有什么不同的效果。结果竟是一样的。他就开始想到，汗液、眼泪是不是也有抗菌的效果？于是就有了有关他的一个传说故事，说他聘请了一群孩子，让他们把洋葱片放到眼睛里，以获得眼泪来进行实验。后来他又尝试了唾液、脓液、血清、皮肤、头发、指甲、体内器官——大部分的组织都具备某种抗菌的成分。弗莱明又发现在其他的动物、植物、花和蔬菜中都存在这种可溶解细菌的物质。事实上，弗莱明和他的同事所发现的就是一种天然杀菌剂。可是在当时，它的意义还没有被人们全部了解。由于它对危险的细菌没有防御能力，所以并没有引起人们的特别重视。弗莱明为这种物质取了个名字——“溶菌酶”。

在那段时间里，亚历山大·弗莱明、阿力森和数位共事多年的年轻细菌学家，共同发表了许多篇有关溶菌酶的研究论文。不过当时没有取得完全突破性的成果，没有受到科学界的重视。

4. 发现青霉素

弗莱明 1921 年笔记中所记载的另外一个重大发现，正是大家所熟知的青霉素（盘尼西林）。一天，弗莱明和助手普利斯一边闲聊着，一边检视准备丢弃的细菌培养基。就在他把一个培养基递给普利斯时，忽然像发现了什么，又把它拿回来仔细地端详，他不禁惊叹道：“这可真有意思！”普利斯接过来瞧了瞧，没说什么，那不过是一种常见的平滑的、呈群落状散布的金黄色葡萄球菌罢了。他们轻轻地掀开了盖子，发现有一小片绒毛状的微菌，自边缘处慢慢生长，而在这片微菌的周围，竟然没有半点葡萄球菌的踪影。

普利斯事后回想起那天早晨的情形：在当时，几乎所有在实验室里看过那个细菌培养基的人，都和他一样，觉得它没有什么惊人之处。直到多年以后，人们才想出从那个培养基上显露的不凡意义。

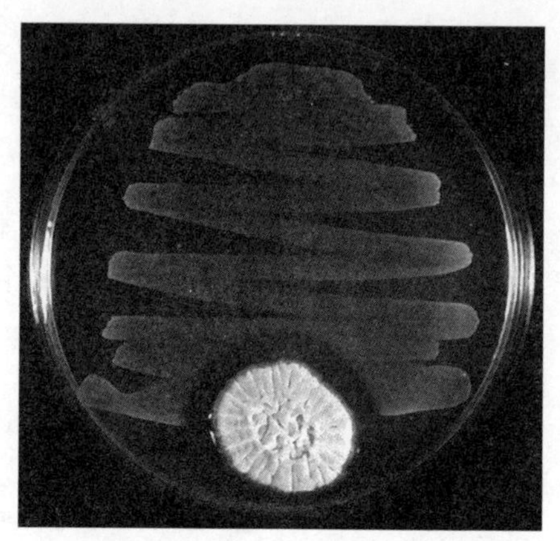

青霉素培养皿

只有弗莱明一眼就看出了它的不同：葡萄球菌竟然被微菌杀死了！弗莱明赶紧拍照存证，并将那个培养基保留下来。如今它还被妥善保存在大英博物馆里。这种微菌可以办到其他常见的溶菌酶所办不到的事。换而言之，它可以消灭一种极普遍，而又深具危险的葡萄球菌——那是一种排列得很像一串串葡萄的细菌。

弗莱明直接拨了一些微菌到清洁的培养基里，然后观察葡萄球菌是否能在其附近生长。他终于肯定这种微菌能分泌一种抑制葡萄球菌繁殖的物质。

不过奇怪的是，青霉素第一次被发现的时间并没有被记载在弗莱明的笔记上。所以实际上，它的确切发现时间

是无法确定的。记录在弗莱明自己笔记本上的第一次盘尼西林实验，是在10月30日，他将霉菌菌落在常温下放在盘中培养，再将其他多种生物培养液以条形划在菌落上，继续培养霉菌，然后他记录了观察的结果：某些生物体直接朝向霉菌生长，而葡萄球菌在离霉菌2.5厘米的地方停止生长。就是说：这种霉菌对某些菌体是无效的，但对葡萄球菌有明确的杀灭效果。在后面的实验中，他在浑浊的葡萄球菌悬珠体中加上霉菌培养液，进行培养观察。3小时后葡萄球菌悬珠体开始变清。他记录了结论："这表明霉菌培养液中包含对葡萄球菌有溶菌作用的某种物质。"

弗莱明带着他的助手开始认真地研究盘尼西林的情况，并在兔子和老鼠身上做实验。他不断实验微菌液的性质，想得知它是否也能杀死其他的细菌，对血球中的吞噬细胞是否有害，以及它会不会破坏人体的精密组织。

实验结果出乎意料地令人满意，微菌液不但可以抑制某些危险细菌的繁殖，而且对人体不会产生毒性。

这项结果太令人震惊了。一种无意中进入培养基的不知名的微菌，居然可以溶解细菌，最令人兴奋的是它居然对人体无害！因为在显微镜下，吞噬细胞依然生龙活虎地活动着。把它注入兔子或小白鼠体内，也没有不良的副作用。即使大量地将之稀释，它仍会对可怕的细菌产生致命的威胁。弗莱明这回真的发现一种更具威力的物质了，而且还对红血球没有任何伤害。

弗莱明当时认为盘尼西林是他一直想寻找的完美溶菌素。他脑中开始形成系统使用这种抗菌剂的想法。

然而经过一连串的测试之后，它的效力也并非尽如人意，还有不少难以克服的问题。举例来说，一般化学杀菌剂可以在几分钟内杀死微生物，可是微菌液却要花上好几小时。而且更糟的是，将它放入血清中时，似乎完全失去功效了。

由于这种抗菌素由青霉菌而产生，所以命名为青霉素，这种霉菌的外表象毛刷而又称“盘尼西林（Penicillin）”，意思是有细毛的东西。1929 年，弗莱明在《不列颠实验病理学杂志》上发表了《关于霉菌培养的杀菌作用》的研究论文。这篇论文最早的复写本后来在收藏市场上的价格曾高达1 000～2 000英镑，在当时却没引起人们注意。

弗莱明在论文结论中提出，盘尼西林“可作为一种有效的抗菌剂用于临床治疗，或者用注射的方法注入那些遭受对盘尼西林敏感的细菌感染的区域”。但是在当时，他的论文没有提供任何实验数据。他的同事罗纳尔德·海尔事后透露弗莱明当时所做的用盘尼西林治疗疾病的实验实际上以失败结束。例如弗莱明和助手曾经把盘尼西林注射进兔子的体内，三十分钟后它就消失在血液中，无法对兔子的感染组织起作用，消灭表层下的细菌。他尝试着将盘尼西林作为局部抗菌药使用，但尝试的病例比较少，而且都失败了，没有留下记录。1930—1940 年，弗莱明发表了 27 篇论文，其中一篇是关于盘尼西林在有选择性培养技术中的使用，另一篇论文是关于抗菌剂在牙病中的使用。弗莱明指出，青霉素将会有重要的用途，但他自己无法发明一种提纯青霉素的技术，致使此药十几年一直未得以使用。

5. 青霉素的提纯及其在临床医学上的应用

1935 年，一位名叫杰哈德·道麦柯（Gerhard Domagk）的科学家声称他已经发现一组新药，可经由服用或注射，使老鼠免于链球菌的侵袭，这组药剂中最有效的，是一种称为“普浪多息”（Protosic）的红色药剂。这种药剂口试用于人体，尤其是妇女身上，可免于生产时受到产褥热的感染。

“普浪多息”被发明的消息不胫而走，科学家们于是都从事制造类似的物质。不久，一组被称为“磺胺”（Suplu-on-amides）的药物问世了。其中的一些非常有效，尤其对于治疗危险的链球菌所感染的猩红热、肺炎、耳部感染以及医生一直束手无策的脑膜炎。

可是，磺胺药同样有一些缺点。首先它们不能抑制所有的细菌；其次，在用药后，有些细菌会产生抗药性，而变得更难以对付。最糟糕的是使用后会有副作用，包括皮肤出疹、严重呕吐等，病人甚至可能死亡。此时磺胺药的革命，给予科学家们一项崭新的观念，那就是他们逐渐了解，对抗感染不应该是直接将杀菌剂撒在身体被感染的部分，而正确的做法应该是将它注射到流动的血液里，借由血液的循环系统，使人体自行产生杀菌的力量。

1935 年，正当磺胺药产生革命性影响之际，霍华德·佛罗礼正担任牛津大学威廉顿病理学院的病理学教授。

他是一位澳洲医学家同时也是制造“盘尼西林”的研究群的领导者。他本身不但是位优秀的科学家，同时也是位好的领导人才，他起用了数位有特殊才能的同僚，形成了一个很有凝聚力和决断力的团体。1938 年，随着“溶菌酶”的研究工作已经告一段落，佛罗礼和简决定同时着手于另一种天然杀菌物质的研究。简收集了世界各地的文献报告，其中包括将近两百篇有关阻止细菌生长的报告。其中一篇就是弗莱明在 1929 年发表的有关“盘尼西林”的研究报告。佛罗礼和简从这堆报告中选择了 3 种物质进行研究，“盘尼西林”就是其中之一。

霍华德·佛罗礼像

他们在威廉顿学院其他实验室要来一些青霉素，就像在其他地方一样，青霉素一直都被用来从事分离细菌的工作。当佛罗礼和简对它做更进一步的了解时，也遇到了早先人们所遇到的困难，那就是很难自微菌液提炼出杀菌物质；即使勉强提炼出来，“盘尼西林”的功能也似乎消失了。从他们设法解决难题，直到制造出适用于动物或人类身上的“盘尼西林”为止，真可以说是经历了一场结合智慧、想象力、毅力及科学技术的马拉松竞赛。不只是佛罗礼和简，研究群里的所有的人，几乎都贡献了他们全部的心血。

他们的难题不光是要研究提炼的方法，首先，他们需要用足够数量的人体实验来证实它们的确实药效，以取得

制药公司经费上的支持。但是没有大量的“盘尼西林”，他们又无法进行实验来加以证实。因此，他们发挥了几乎所有的想象力艰难地拼凑了一个临时工厂，甚至连牛奶搅拌器、浴缸、书架、铅制薄片、软管、响筒、闹钟和灯泡等，也一一派上用场。他们开始研究的时间刚好是第二次世界大战开始的几个月。其条件之艰苦可想而知。

在 1940 年 3 月中旬，厄尼斯特·简成功地研制出第一批“盘尼西林”。他提取出足够的分量，并在动物身上做实验。他用了 100 毫克的棕色粉末，结果药力比弗莱明未经提炼过的微菌液要强得多，尤其令他惊讶的是，这种粉末不会对动物本身或体内的吞噬细胞及组织有任何不良影响。

1940 年 5 月 25 日星期六的早上，佛罗礼进行了一项将医学史带入一个崭新纪元的行动。11 点钟，佛罗礼将致命的链球菌注射到 8 只小白鼠体内。他将其中 4 只放入笼子里，另外 2 只各注射 1 剂“盘尼西林”，剩下的 2 只则在 10 小时之后，再分别注入 5 剂“盘尼西林”。第二天早上，4 只没有注射“盘尼西林”的小白鼠全都死了，接受过注射的另外 4 只小白鼠则都活了下来。

他们从事这些无止境的实验，目的是为了探讨“盘尼西林”在人体内到底能或不能做哪些事？如何注射？多久注射一次？每次又要多少剂量？为了进行实验，佛罗礼和一位名叫詹姆斯肯的助理日以继夜地工作。他们夜间每 3 小时必须醒来给动物注射一次，并持续地观察、记录。他们这样周而复始地工作了好几星期。又经过两个月，才正式完成实验过程，并将结果发表于 1940 年 8 月 24 日的

《刺胳针》医学期刊上。

既然在小白鼠身上试验成功，接下来就要考虑在人体身上的运用。人类的体型是小白鼠的3 000倍大，治疗一个人，需要用的剂量为小白鼠的3 000倍，对这些长期从事动物实验的牛津研究群而言，无疑是一大挑战。牛津小组计算过，如果持续工作数个月，每个礼拜制造出 500 升的微菌液，这些剂量也只够医治五六个病人而已。

1941 年 2 月 12 日，他们尝试治疗首位病人亚柏·亚历山大。他是位警察，感染的是“玫瑰脓疮”。链球菌和葡萄球菌感染了他的脸颊、头皮和双眼。大量的磺胺药依然无法使他好转。直到注射了“盘尼西林”24 小时后，突然出现了戏剧性的转变。然而亚柏·亚历山大的实验最终以悲剧告终。原因是“盘尼西林”在治疗过程中必须不间断地一直供应，才能完全将细菌消灭殆尽，而他们生产的“盘尼西林”的量不够。

第二名病人是位年仅 15 岁的男孩，他在一次髋部手术后受到感染。在使用“盘尼西林”治疗之后，已经完全康复。之后，又有 6 位病人相继痊愈，且每个人都奇迹般地复原。尤其有 2 位，是从死亡边缘被拯救回来的！

不过佛罗礼仍然无法从英国药厂得到任何支持，他终于转向美国求救了。同年的 12 月，珍珠港事件发生后，美国被卷入了大战中。美国预知“盘尼西林”在治疗伤兵上的重要性，因此为了应付战争中可能遇到的灾害，立即下令展开“盘尼西林”的制造工作。

牛津研究群再次积极地投入到研究当中。他们准备了足量的“盘尼西林”，以进行第二组医学测试。这组测试

执行于1942年，更证实了“盘尼西林”奇迹般的药效。15位已被医生认为无可救药的病人，在注射了“盘尼西林”之后，除了一人，其余的全都完全康复。不幸失败的那一位是由于他体内的细菌已经对“盘尼西林”产生了抗药性，而终于回天乏术。

1942年8月，亚历山大·弗莱明也见识到了“盘尼西林”的威力。就在圣玛丽医院，他亲自为蓝勃特（即前面提到的亚历山大·弗莱明弟弟的眼镜店的股东）注射了“盘尼西林”，而终于将他自死亡边缘拯救回来。

1945年，弗莱明、霍华德·佛罗礼和简共同获得诺贝尔生理学或医学奖。

6. 生物学史上的两个弗莱明

要注意的是，因为翻译的问题，生物学史上有两个弗莱明，他们有时候被混为一谈。除了这个英国苏格兰细菌学家、溶菌酶和青霉素的发现者弗莱明外，还有另外一个弗莱明。他的全名是Walther Flemming，生于1843年，于1915年去世。他是德国生物学家，是“染色体”和“有丝分裂”的发现者之一。1879年，他用酸性红色染料给细胞核内的微粒染色，发现一些能染上色的物质，因而把它们称为“染色质”（“染色体”是后来人们所改称的）。在观察中他进一步发现染色质呈现不同的变化，有的出现在细胞核中，有的很有规律地排在细胞中间，有的向细胞两端集中。他进行综合分析之后，终于发现了细胞的有丝分裂的过程。无论是哪个弗莱明，他们都足以在世界生物学史上占有一席之地。

二战中，在英、美政府的鼓动下，医药公司涉足青霉素研究领域，找到了大批量生产青霉素的方法。起初，青霉素只限于战争中抢救伤员时使用，1944 年在英国和美国开始供给民用。青霉素被公认为第二次世界大战中与原子弹和雷达相并列的第三个重大发明。1945 年大战结束时，青霉素的使用已遍及世界各地。青霉素拯救了数以百万计人的生命，其发现还鼓励了寻找其他抗菌素的研究工作，从而相继发现了许多神奇的抗菌药物。而青霉素则是流行最广、应用最多的抗菌素。这一切的肇始者和启发者是亚历山大·弗莱明。

中国近代植物分类学的开拓者和奠基人——陈焕镛

陈焕镛（1890—1971），著名植物学家，我国近代植物分类学的开拓者和奠基人之一。创建我国早期的植物研究机构——中山大学农林植物研究所。对华南植物区系的研究精湛，发现的植物新种达百种以上，新属10个以上，其中银杉属（Cathaya Chunet Kuang）为孑遗裸子植物，被誉为举世闻名的“活化石”，在植物分类学和地史研究上具有重要的科学意义。1959年后以主要精力投入主持编纂《中国植物志》。对发展我国植物科学做出了重要贡献。

1. 出身名门,风度翩翩

陈焕镛字文农,号韶钟,他的祖籍在广东新会县潮莲(今江门市郊区潮莲镇),1890 年农历六月初六生于香港。他的祖父在前清从事洋务,父亲是清光绪皇帝派驻古巴的公使,母亲是西班牙血统的古巴人。现在有资料称陈焕镛是独子,幼年丧父,但是另有资料显示,他其实有 14 个兄弟姐妹,他排行第 13。他童年时曾旅居上海,就读于广肇中学。他的父亲在一个男生学校教英文。

有传记称 1903 年陈焕镛随母赴美就学,又有传记称陈焕镛 1909 年跟随一位美籍荷兰人赴美国。其实这个美籍荷兰人就是 M. 凯斯(M. Case),1909 年,她用继承的地产在温斯顿建立了一个教育和农作物试验研究所,也就是今天的阿诺德树木园的一部分。陈焕镛 1909 年从上海去到美国,在马萨诸塞州农学院学习森林学和昆虫学。陈焕镛出身名门,因为良好的出身和西班牙裔母亲的影响,多少有些贵族风范和大家气度,他有西方的绅士和中方的儒雅,极受凯斯喜欢。从 1910 年到 1919 年之间,有五个暑假,陈焕镛都在帮助凯斯管理和教育这个花园的其他年轻短工。

1913 年,陈焕镛进入哈佛大学森林系,6 年后取得林学硕士学位,成绩出众。1913 年 8 月,中国学生会在康奈尔大学举行第九次年会。陈焕镛参加大会并被选为《中国学生会月刊》的英文编委。或许是公使家庭的遗传,陈焕

镛比其他的中国留学生更懂得享受西方的生活和文化，在哈佛大学读书的时候，他曾先后住在 St. Botolph 和 Gainsborough 街。这两者位于波士顿 Back Bay 艺术中心，离马萨诸塞州园艺学会、交响乐大楼和新英格兰音乐名胜都很近。

因为出色的言辞和交际能力，陈焕镛曾多次代表中国植物学界参加国际性的学术会议，每次以其渊博的学识和翩翩的风度出色完成任务，并赢得与会者的赏识。1930 年 8 月，他作为中国植物学家五人代表团的团长出席在英国剑桥大学召开的第五届国际植物学会议，并在大会上致贺词。他的贺词精练高雅，使得全场掌声不断。在这次会议中，他发表题为《中国近十年来植物学科学发展概况》的论文，博得了与会者莫大的兴趣和重视。会后，他被选为我国在该委员会中两名代表之一（另一代表为胡先骕），从而使我国首次加入国际植物学会并成为命名法规委员会国。

1951 年，陈焕镛担任代表团团长，带队出席在印度新德里召开的南亚栽培植物起源与分布学术讨论会，会上他用流利的英语发表演讲，从中国古农学和遗传学的观点谈水稻的起源，使与会者无不为之叹服。

陈焕镛除精通英语外，还通晓多种外国语，他为了帮助中国青年植物分类学工作者学习拉丁语，还编写了一本《中国植物学分类学拉丁语基础》，选辑了《植物学拉丁语例句引录》，深为国内外同行所称颂。

2. 阿诺德树木园

哈佛大学阿诺德树木园是陈焕镛研究和学习的一个很重要的地方。阿诺德树木园在美国马萨诸塞州，占地1 590亩，离波士顿市中心8公里。该园创建于1872年，是美国商人J.阿诺德捐赠的遗产。这项捐赠要求哈佛大学"建设一个树木园，尽可能引种所有的，包括本土和国外的树木和灌木种类"。陈焕镛在1915年秋天到达波士顿，进入哈佛大学阿诺德树木园学习。因为当时阿诺德树木园的主持者C. S. Saigent(1841—1927)对东亚植物非常感兴趣，并发现东亚和北美东部的植物区系有密切联系，这就意味着两地的树种能够互相引种并生长良好。他不断收集中国植物，同时向欧洲的同行业索要种源，他自己也亲自到中国采集种子，并雇用了职员到中国进行采集。当时的阿诺德树木园以亚洲树种为主，并且是欧美国家研究中国树种的一个中心。树木园的研究院对园中植物的研究更进一步对中国植物区系的认识做出了贡献。

当时的情况就是，美国人要到欧洲的标本室研究美国植物，而中国人要到美洲和欧洲研究中国的植物，因为西方的植物学家已经对中国的植物做了相当的研究，如果中国植物学家不利用西方标本室的成果，他们就要重新开始，一抹黑地做研究。当时陈焕镛到哈佛的目的就是利用这些材料。他自己说："在这里花费几年时间所见识的中国树木，也许相当于我花一辈子的时间在中国考察和研究

才能见识到。”

3. 从中国到波士顿研究中国树木的外国学生

许多传记说陈焕镛毕业的时候，他的导师很看好他，授意他继续攻读博士学位以便以后留校，并给他指出一个研究的方向，建议他到非洲进行调查并采集植物标本。因为当时中国正受侵略，他看到不断有其他国家到中国掠夺植物资源，非常痛心。他意识到自己的责任，决定以所学为开发利用祖国丰富的植物资源和复兴民族科学而献身，于是放弃深造机会，毅然拒绝老师继续读博士留校的建议——这是国内的一种说法，但根据哈佛所留下的资料来看，其实回到中国是陈焕镛一开始就做的计划，并不是临时的决定。他的学习方向一直就是针对中国的植物研究。

当时的中国留学生面对的祖国内忧外患的境况，为了振兴自己的祖国，都希望自己所选择的科目是未来祖国发展的关键行业。1911 年，陈焕镛在《中国学生月刊》上发表了一篇文章，阐述了“森林学在中国的重要性”。他认为中国的生存环境曾经很优越，但因为不加选择地砍伐森林已经使得中国失去了大量肥沃的土地，使得许多地方成为荒野。所以他提出建立专门培养森林工作者的学校。中国学生应该争取全国人民来关心造林——正是基于这种清醒的认识，他的学习非常用功。

在波士顿学习的第三年，波士顿环球时报曾经采访过陈焕镛，当时就把他称为“一个从中国来到波士顿研究中国树木”的外国学生。

4. 出众的文学才华和语言能力

陈焕镛受过良好的教育，在文学上有突出的才华。他不仅自己专业上的知识了得，对于西洋古典文学亦潜心研读。在哈佛大学读书期间，他大量阅读了图书馆里的世界文学名著，工作之余，常背诵莎士比亚的作品。

1913 年，陈焕镛在《中国学生月刊》上发表了两篇短文。其中一篇是《东方和西方》。短文描述一个上海年轻人离开他的未婚妻梅小姐到美国留学。他曾经觉得这位梅小姐“很美，不同于美国姑娘的外在美，而是娴静和温柔，富于东方姑娘的特色”，但是在美国期间，在新英格兰州立学院学习的时候，他爱上了学院的一个中国研究生，她理智、浪漫，带有西方的美。这个上海年轻人最终选择了这位“西方小姐”，跟她成婚，从此再也没有回到中国。那位梅小姐心碎了，进了修道院，与教堂的钟声常伴。据熟悉陈焕镛的人说，这篇小说的原型就是陈焕镛本人。当时许多出国的年轻人，遭遇了这样的困惑和选择。比如大家熟知的徐志摩。徐志摩为那段感情写了无数的诗歌，而陈焕镛则把自己选择的过程写成了小说。

其实陈焕镛也会写诗歌。他写的英文诗，寓意深刻、语音和谐，修辞精练且极其优雅。1949 年旅居香港时，陈焕镛写了一组英文诗表达爱祖国爱科学的意愿，登载于香

港《南华早报》(*South China Morning Post*)上，获得一致的好评。

陈焕镛学识渊博，言辞幽默，他的演讲与授课经常能引得现场掌声雷动。在金陵大学执教时，因为该校为教会创办，每周必循例有一次圣经布道班，全校师生都要参加。一次，校长邀他到班，让他作一场“宗教与科学”的专题演讲，但陈焕镛绝口不谈圣经之道，反而畅谈森林之优美，其讲题为 *Beauty of forestry and poetry*（森林与诗之美），而且采用流利的英文，演讲引人入胜，顿时轰动全场，现场掌声不绝，他的才华让在座之外籍教师都油然起敬，校长亦为之动容，会后竟然宣布从此取消每周例行的圣经布道班，以学术讲演会取代之。

按照陈焕镛的学生黄观程的说法，陈焕镛“治学严谨，思维敏捷，出口成章，发言不用稿子，但你找不到一句重复的语句和多余的话，前后逻辑和语言结构非常讲究，就如拉丁文那么严格。这给翻译带来较大的困难，因为如果稍不留神，下一句不会再重复前面的意思，而是新的陈述。这不容你多思索而跟着他的思维转。从讲话、写字、做事可见他的科学态度。黄观程曾说：“他常用英文写条子叫我去办事（因为他自小使用英语，习惯所致），我得字字斟酌，不敢怠慢，不懂即问。”

5. 海南之旅

1919 年，陈焕镛从哈佛毕业。当时他准备到中国南部采集植物标本。他毕业那天，阿诺德树木园的负责人 Saigent 召见了他，跟他说："陈，你的植物学生涯就要开始了。"他建议陈焕镛回到家乡以后认识野外植物，而在植物学上尚未开发的海南岛是最好的地方。陈焕镛当时因为成绩优异获得一份奖学金，刚好可以支付他一年工作的费用。

当时 Saigent 有扩大引进中国植物的计划，他安排中国学生到树木园学习，然后回国采集标本。陈焕镛是执行这个任务的第一个中国学生。当时的海南没有开发，在外人看来尚处于蛮荒时期，虽然西方已经有文章记述到海南探险的情况，但它本身仍非常的危险。

1919 年，陈焕镛回国后，首先接受哈佛大学的委托，奔赴海南岛五指山区采集动植物标本，从而成为登上祖国南部岛屿采集动植物标本的第一位植物学家。当时的海南岛瘴气弥漫，民不聊生。陈焕镛带上一本探险手册只身到达海南。他在岛上坚持了九个多月，发现了不少新植物，采集了大量珍稀标本。采集过程中曾不慎从树上坠落，摔伤手腕。最后因为营养不良患了疟疾，带着标本和蚂蝗叮咬的满身伤痕，被人用担架抬出了五指山。

陈焕镛回到南京疗伤，包装采集的动植物标本准备寄回美国波士顿。不料这一部分竟烧毁于货仓的火灾中。幸好此时还在南京保存着副本，为他日后编纂《海南植物志》奠定了基础。陈焕镛后来把 1922 年在湖北采集的标本送回哈佛作为补偿。

1920 年，陈焕镛应南京金陵大学之聘，任农学院森林学系教授。次年，他又受聘于南京国立东南大学农学院。

1922年夏，陈焕镛与另一位中国植物学先驱钱崇澍在南京筹集了500元经费，与学者秦仁昌三人组成了鄂西植物调查队，由宜昌出发，经过兴山西侧的万草山，到神农架山区所属的小龙潭及韭菜垭寺，再到巴东，共采得近千号标本。这是中国植物学家自己组织的第一次对神农架山区的调查。

6. 陈焕镛的疏忽

陈焕镛回国之后，沉迷于植物学的研究，忘了自己曾经贷款的事。1923年，植物学家胡先骕在哈佛大学学习，选修了J. Jack的四门森林学课程。Jack曾经帮助陈焕镛申请过哈佛大学的贷款，此时依照前面的法子帮助胡先骕申请奖学金，但是没有申请到那么多，因为陈焕镛哈佛大学的贷款还没有还清。哈佛大学的一位官员批评Jack帮助陈焕镛“钓走哈佛大学的奖学金和其他利益”。

Jack不得不写信告诫陈焕镛，他的大意使他在哈佛大学帮助其他中国学生申请贷款时遇到了困难。陈焕镛马上还了一半的贷款。胡先骕在1925年返回东南大学后，从Jack那里了解到陈焕镛贷款的情况，感到哈佛大学当局已经对中国学生产生了偏见。考虑到其他在哈佛大学的中国学生的利益，胡先骕出面筹款还清了陈焕镛的另一半贷款。

7. 回国之后的主要学术活动

1924 至 1925 年间，陈焕镛曾赴美国鉴定植物标本。1926 年转入中山大学任教。这项工作一直持续到 1944 年，他在其间相继兼任植物学系主任、理学院院长。

陈焕镛于 1927 年在广东采集的标本

1927 年，陈焕镛任教于中山大学期间，又继续到粤北、广州、香港、广西、贵州等地采集标本。与此同时，还和英、美、德、法等 60 多个国家的学者和标本馆建立联系，交换得 3 万余份外国植物标本。在他的积极支持下，1928 年，中国南方第一个具有一定规模的植物标本馆终于建立起来了。这个标本馆立足于严格的科学管理，每号标本有 3 套卡片，标本若被发表的文章引证，即用特定标签贴在标本上；标本封套内还附上原始记载、重要专著等文献资料。这样不但使定名比较准确，也为研究工作提供了条件，同时能使馆藏标本有条不紊。当人们需要查阅一种标本时，只要知道采集人、编号、植物

名、标本号码或采集地点几种标记中的一种，即可迅速找到标本。像这样给数十万种标本分类别，如果没有一整套完善的管理方法，那是办不到的。这种管理法也为今后采用电子计算机管理标本打下了基础。

同年，陈焕镛提议中山大学农学院设立植物研究室。学院接受了他的提议，并委任他负责筹建和支持植物研究室工作。他克服了经费、人力、设备不足的困难，冲破了当时兵荒马乱、交通不畅的阻力，想方设法使筹建工作如期进行。建所伊始，经费不足，规模较小，为了改善简陋设备，他将中华教育文化基金委员会每年拨给的补助费大洋一千元捐作建所经费，又将个人薪金全部捐献给研究所充当设备费，为工作开展提供了一定的物质基础。在他领导下，全所人员经过艰苦努力，标本和图书资料逐渐增多，科学仪器亦渐充实，采集队、标本园、实验室、科研队伍日渐壮大，研究工作蒸蒸日上。1929 年，植物研究室已扩充为植物研究所。1930 年起，该所不仅从事广东植物分布调查和植物分类研究，还担负起促进广东农林经济事业发展的使命，故改名为中山大学农林植物研究所。

1930 年，陈焕镛还创办以孙中山的名字为刊名的植物学学术刊物《中山专刊》。该刊为英文版本，自创刊至 1948 年止共出版 7 卷 26 期，选载植物学尤其是植物分类学为主体的专业文章，是一本研究中国植物的重要刊物，在国内外都有影响。研究所还以《中山专刊》在国外交换得大量植物学书刊，其中有少数卷册为国内迄今所仅有的珍贵版本，有计划的书刊积累和收藏使研究所逐步发展成为我国植物学科研事业的重要基地之一。1946 至 1948 年间，由于经费不足,《中山专刊》面临停刊的威险,陈焕镛说服在香港开办印书馆的叔父资助,专刊才得以继续出版。

1933年,陈焕镛与钱崇澍、胡先骕等共同倡议创立中国植物学会,同年被选为学术评议员兼《中国植物学杂志》编辑。

1934年,广西大学校长马君武到广州访问陈焕镛主持的中山大学农林植物研究所,非常赞赏研究所的工作,翌年1月聘陈焕镛到梧州筹设广西大学植物研究所。从这个时候开始,他常往返广州、梧州两地,主持两个所的工作。数年内他先后派出采集队到十万大山、龙州那坡、百色隆林、大瑶山,采集了大量标本,为编写《中国植物志》和《广西植物志》作了充分准备。1938年,陈焕镛担任中山大学理学院院长兼生物系主任。

8. 突出的成果

陈焕镛受阿诺德树木园的启发,开始科学研究,有意识地栽培各类植物,利用人工栽培、驯化、保护,发展活的植物标本。每当发现具有经济价值的植物如银杉、蚬木、罗汉果、杜仲等,都要引种到研究所的标本园里,作进一步的观察和研究。早在南京教学期间,他就在郊外建了小园林,培植从美国带回的棉花良种。以后他在兴建研究所的同时,都附设有标本园或苗圃,使其逐渐发展成树木园和植物园。1957年,陈焕镛着手兴建华南植物园和鼎湖山树木园,从园址的选定到园内的规划均亲自主持,并邀请全

国植物学家商讨建园规划。经全园职工多年的精心培育，华南植物园逐步建成为从事热带、亚热带植物引种驯化和植物研究的基地。其中棕榈植物、孑遗植物、蕨类植物、兰花、竹、木兰、姜、中草药等类植物尤为丰富，植物种类多达4 000余种，为普及植物学知识和进行植物学研究提供了大量的活标本。

陈焕镛于1933年在海南采集的标本

陈焕镛一生在国内外专刊上发表过许多论文，也写过许多重要著作。他每写一篇论文或每出一本书，往往经过数次修改，精益求精。1922至1925年间，他先后发表和出版了《中国经济树木》《栽培在我国的中国松与日本松之比较》《浙江树木二新种》和《我国樟科之初步研究》等学术论文和专著。后来又和胡先骕合作编写《中国植物图谱》（五卷），该图谱是早期我国学者用现代植物分类方法研究中国植物的主要文献。这是一套图文并茂的中国植物丛书，它的首卷在1927年出版，有绘图也有活的植物照片。

陈焕镛在对华南植物进行广泛研究的基础上，对中国樟科、壳斗科、绣球花科、苦苣苔科、桦木科和胡桃科等的分类又有特别精湛的造诣。他先后发表的50来篇（册）论文和专著中，许多都记载了这些科的分类，在这些论著里面，记载的新种在100种以上，记载的新属有10个，其中如世纬苣苔属、任豆属、银杉属及观光木属等为世界各国学者普遍承认，尤其是银杉属和观光木属的发现，在植物分类学上具有重大意义，为我国植物学界增添了光彩。

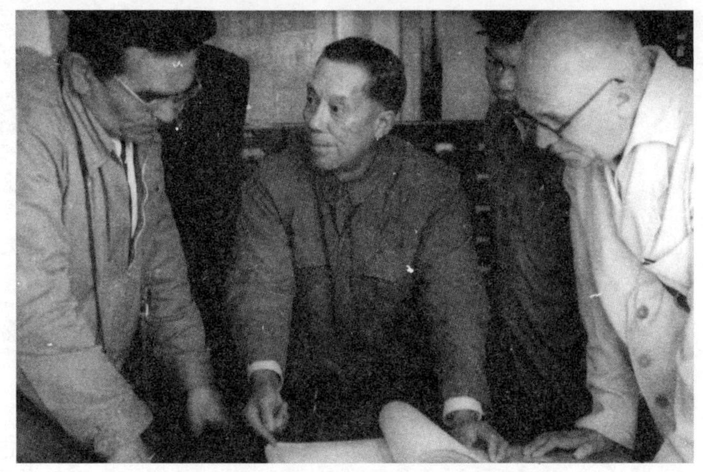

陈焕镛与外国专家在交流

1949年后，陈焕镛领导的华南植物研究所编写出版了《广西植物志》(侯宽昭主编)，使我国有了第一部比较完整的地方植物志。另外他也亲自主编了一部450万字、共四卷的《海南植物志》，这是他积累了数十年劳动和心血的成果。继这两部地方植物志出版后，陈焕镛又与钱崇澍合作主编了《中国植物志》，该志是一部包含有80卷125册，有重要学术和实用意义的巨著，它是目前世界上最大的植物志之一。

实验胚胎学创始人——童第周

童第周（1902—1979），实验胚胎学家，我国实验胚胎学的主要创始人，曾任中国科学院副院长、动物研究所所长。

在中国，童第周是个家喻户晓的名字，在小学课本中就有一则关于他的故事。故事讲述了他由于家庭贫困直到 17 岁才进入中学，却依靠毅力和勤奋最终成为一位成功的生物学家的过程。但是在科学界，他之所以被人们铭记和尊敬，则是由于他在种间克隆技术上所取得的杰出成就。他是著名的生物学家，我国实验胚胎学的开创者。他毕生致力于发育生物学的研究，其成果位于当时国际同类研究的前列，其中在细胞质个体发育、细胞分化和性状遗传的相互关系方面，取得了创造性的学术成就。

1. 师范学校的叛逃者

虽然童第周不同意世界上有什么天才，不过他自己倒是真的跟天才有点缘分。他出生于一个耕读之家，家里说不上富裕。他从小就和普通的农家孩子一样干活，直到八九岁才开始跟父亲读书识字。但从 14 岁起，童第周就已经代替父亲做起了私塾老师。17 岁时童第周从家乡出来之后，只有私塾的底子，但还是顺利考进宁波第四师范学校。这是一所官立学校，它虽然免食宿费，但按当时的规定，毕业后必须去当小学老师。这样跟他当初当私塾老师有什么两样？童第周不干了，于是向大哥提出报考宁波效时中学。他自己说，当时“心比天高，贪得很，感到去效时中学毕业后前途会更大些”。其实童第周这样做是有传统的，他的二哥从宁波第四师范学校毕业后没有去当小学老师，而是去报考了北京大学。三哥曾在师范学校就读，后

来觉得读师范没意思，于是转考到杭州法律高等学校。当时的效时中学特别重视理科和外语教育。考入的新生一、二年级强行进行英文强化学习，除了国文和中国历史之外，其他课几乎都是用英语讲授，教学质量非常高。这所中学毕业的学生，几乎都能考上北大等高等学府。

2. 全班几何最差的学生

进入效时中学的第一年是童第周最艰难的一年，他当时能够进入效时中学多少还是沾了在该校当老师的二哥的光。因为他基础实在太差，代数跟不上，英语几乎一窍不通，老师不得不建议童第周留级一年。所以就出现了最著名的“路灯下苦读”事件：因为意识到自己基础太差，晚上九点半教室熄灯后，童第周就捧着书找个有灯的地方学习。他晚睡早起，寝室里的同学几乎见不到他的面。谣言很快传开，说童第周必然是谈恋爱去了，成绩那么差还分心去干别的，这个人迟早会被退学。但是很快有人替童第周澄清了这件事，他被特许延长在教室的自学时间。替他解开僵局的是一位化学老师：这个老师有一天晚上十二点回学校，看到一个人在灯下读书，那人自我介绍说：“我叫童第周，是全班几何成绩最差的那个学生。”教书几十年这样的介绍却是这个老师闻所未闻的。他告诉童第周应该休息了，谁知道童第周走了几步，在另一盏灯下开始学习。这个童第周给他留下了深刻的印象。

如此玩命学习，童第周的进步非常显著。第一个学期童第周的总平均成绩只有45分，第二学期期末几何就考了100分，平均成绩接近了70分，跟班里的第一名差不了几分了。第四学期他的总成绩已经是全班第一名。连他的校长都感慨："我当了十几年校长，第一次碰到进步这么快的学生。"童第周一下子成了学校的风云人物。

3. 赌气出国

童第周中学毕业之后终于顺利进入复旦大学学习。复旦毕业之后他进入了国立第四中山大学（后改名为中央大学），担任自己老师蔡堡的助教。这原来是一个很愉快的工作。1929年，中央大学新盖了一座生物馆。学校划出了空置的房间让青年教师做住房。童第周接到通知后高高兴兴地往生物馆搬家。太过兴奋的表情让刚留学归国的教授看不顺眼，于是羞辱他，大致意思是我们这些海归都还没动，你们这些土鳖倒捷足先登，知不知道掂量一下自己的分量？童第周顺不过这口气来，决定自费留洋。

当时童第周刚结婚，家里没有什么积蓄。他的三哥为他筹借了1 500元，借钱的那个人因为自己急用，临时又从中抽回了500元。1938年，童第周怀揣着1 000元钱去了比利时。童第周晚年回忆说："当时出国，还真有点赌气。"不过在他的眼里，应该没有什么不可能的。他后来经常教育自己的孩子说："世界上没有天才，天才是勤奋劳动换来的；别人以一分力量能做到的事，我加倍地努力，也一定能做好。"区区留洋而已，有什么好惧怕的。

比利时和英法日俄一样，是当时中国学生主要的留学地点之一。因为它是继英国之后最早进入工业化的国家；并且和英美等国家一样退还了部分的庚子赔款，用于招收和培养中国留学生。

童第周的苦读精神再次发挥效果。他到比利时之后，仅用一个月时间已经能够用法语表达基本的意思。房东为他写了一封推荐信给当时在布鲁塞尔大学任教的著名生物学家布拉舍教授。布拉舍教授爽快地接受了他，把他留在实验室。

童第周之所以能够这么幸运，是因为沾了此前留学法国的留学生朱洗的光。今天可能许多人不知道朱洗的名字，朱洗是中科院生物研究所的研究员，是我国细胞学和实验胚胎学的开拓者之一，与童第周齐名。朱洗比童第周大两岁，1920 年到法国打工，5 年后考入法国蒙布里埃大学，师从著名的生物学家巴德荣。朱洗和巴德荣合作发表了十几篇论文，当时已经闻名欧洲科学界。布拉舍刚好和巴德荣很熟，看朋友招了个很厉害的中国留学生，自己多少也萌生了这样的念头，于是童第周找到他时，他便很快答应了。

4. 实验室的重要人物

布拉舍的实验室有七八个人，除了童第周之外还有两个美国人和几个欧洲的学者。童第周刚进去的时候基础不是很好，而且法语也不太顺溜，经常只是默默地观察和做实验，非常不起眼。1931 年布拉舍教授病重，实验室由达克负责。当时实验室开始做蛙卵实验。这个实验需要用镊子把蛙卵的卵膜剥开。一个蛙卵的直径大概只有一毫米，而且外表光滑。用力气稍大，蛙卵就被夹碎，力气稍微小一些蛙卵又会滑出去。达克带着几个助手反复实验，花了几年时间都没有成功。有一天达克心血来潮，让童第周来做一个试试。童第周拿起镊子，在饱满的蛙卵上扎了一个微孔泄压，再用镊子夹住坍塌成扁圆的蛙卵膜中央，向两边一撕，卵膜就顺利脱落下来。大家被童第周精巧娴熟的技巧惊呆了，问他到底怎么做到的。童第周告诉他们只要在蛙卵上刺一个洞泄压就可以了，围观的人几乎崩溃，谁也没想到这么复杂的难题居然让一个一直默默无闻的人那么轻易地解决了。达克教授激动不已，要求实验室将这个诀窍保密，不能外流。从此童第周就成为实验室的重要人物，以后许多实验诸如染色、绘制实验图等比较细致的实验技术工作，达克非常愿意让童第周去做。童第周在实验室里得到了全方位的训练，为以后的科研打下了坚实的基础。后来，当着国际同行的面，达克隆重推出自己的得意门生，让童第周表演剥除海鞘卵膜的实验。海鞘的卵子只有蛙卵 1/10 大小，直径不到 0.1 毫米。大家觉得达克肯定是在吹牛。结果童第周在显微镜下利落地动手剥下卵膜，让达克在同行面前大大地露了脸。

这一年经达克教授的推荐，童第周以优异的学习成绩和出色的工作能力，取得了比利时公费奖学金。

5. 打赌

童第周的房东家住着一个白俄罗斯人，叫皮诺。他比童第周早三年到达比利时学经济学，却连一篇像样的论文也写不出。就是这样一个人，却常常在背地里骂中国人无能。童第周又受到刺激了，当场和他打赌："你是苏联人，我是中国人。你学经济学，我学生物科学。要不从明天起，我也学经济学，你已经学了三年，看谁先拿到博士学位。"房东在旁边奚落皮诺说："您不能和童先生比，你来了三年，连个便条都写不好，而童先生却能写文章了。"

不过童第周这次说话不算话，没把这个赌继续下去，没有真正去学经济学，不然以他那种拼搏的劲头还真可能在经济学领域出点让人振奋的消息。

6. 师者父母心

童第周获得博士学位的时间稍微有些晚。因为布拉舍病后很仓促地把实验室交给达克，达克看着童第周这么优秀，一直都以为他已经是博士了，直到 1933 年偶然之间才发现他不是。达克于是建议童第周：美国做定位受精的方法不太好，你可以从中寻求突破。于是童第周开始了卵子受精和对称面关系的研究。

童第周以棕蛙卵子为材料，设计了实验，使精子能从卵子的任何方位定位进入卵子，结果证明卵子的对称面并不完全决定于受精面，而是决定于卵子内部的两侧对称结构状态，修正了当时被胚胎学界作为定论的“卵子受精面决定卵子对称面”的观念，受到胚胎学界的高度赞誉。这篇文章用法文写成，发表于1933年，中文译名是“棕蛙卵赤道面决定之研究”。1934年，这篇文章作为他的博士论文参加答辩。在答辩之前童第周无意中得罪了一个教授，那个教授拒绝出席答辩。童第周多少有点后悔自己的冲动，担心答辩会出问题。达克对童第周说：“他们（答辩委员会）不会问你什么问题，这个问题只有你我才了解。”后来评审委员会果然看在达克的面子上，给童第周甲等的成绩，他的答辩顺利通过。

棕蛙卵子

对于童第周，达克与其说是老师，不如说更像一个极其护犊的父亲。他不仅指导童第周进行实验研究，还在生活上对童第周无微不至地关怀。知道童第周经济困难，他帮助童第周争取比利时公费奖学金；童第周生病了，他派人送到医院治疗。1931年，“九一八”事件爆发，日本侵略中国东三省，童第周参与游行被逮捕，达克教授出了不少力营救童第周。当时为了安全童第周打算去法国海洋生物研究所，但一直办不了签证，又是达克出马帮忙打点关系。1934年，抗日战争如火如荼地进行，陈铭枢在福建组

织抗日政府，积极招募留学生，童第周决定回国。达克非常惋惜，但还是主动向中国教育部发出公函，为童第周申请了回国经费。同年 7 月，童第周得以顺利回国。

7. 怒砸花盆

童第周少年时曾当过私塾的老师，可是传统文化中的“温良恭俭让”的教诲，恐怕第一个字他就不过关。他是一个脾气很火爆的人，从他早年可以一怒出国、一怒而跟答辩的教授闹翻就可以看得出来。

童第周回国之后先后在中央大学、山东大学、同济大学、复旦大学工作。在去复旦之前，童第周曾经遇到了研究中国科技史的专家李约瑟。早在 1932 年童第周还在比利时的时候，李约瑟在法国海洋生物研究所的实验成果展上了解到童第周所做的研究，就已经对童第周非常欣赏。但当时他们没有见面。他们是 1943 年李约瑟在四川考察大专院校和科研机构时才有了第一次会面，两人相谈甚欢。李约瑟在 1945 年做访问中国的研究报告时特别提到了童第周和汤佩松（汤佩松是我国植物生理学的奠基人之一）。虽然只是聊聊数次的见面，李约瑟对童第周非常有好感。在去复旦之前，童第周和李约瑟在路上碰面了。当李约瑟听到童第周要去复旦大学任职，他很委婉地提醒童第周：“你知道郭任远是什么人吗？”因为李约瑟当时的工作，使他跟中国的科学界人士有很多的联系，比较了解一些人的品性。郭任远在科学界的风评并不好。童第周想得比较简单，没有真正明白李约瑟的提醒。

童第周带着妻子到了复旦，进入了郭任远任所长的心理生理研究所。所里有一个秘书是郭任远的亲戚，不务正业，平时就种些花花草草，但很善于拍领导的马屁。当时任立法院院长的孙科在校长章益的陪同之下参观实验室，参观那天在实验柜上他们发现了一个酱油碗。这个秘书明知道这是实验室的工作人员忙着实验，没时间回家吃饭，所以在实验室里仓促解决中餐，无意中留下的一个碗，却故意小题大做，当场把碗摔碎，说他们不像话，饭也到实验室吃，让童第周等人难堪。孙科走后，童第周冲进这个秘书的办公室把他所种的花全都砸了个稀巴烂。这件事自然得罪了郭任远，于是郭任远威胁童第周说要解散研究所。童第周直言回答："那正好。"两边僵持不下，校长章益来回做了不少的调解工作。

8. 在四川的研究

童第周在中央大学医学院教书时，建立了一个简陋的实验室，当时唯一的现代化仪器是一架双筒解剖镜。为了这个解剖镜，童第周背上了巨债，家中的经济条件直到十年后都没缓过来。当时的童第周在月底供不上家用时不得不向助手吴尚懃借债，月初发薪水以后再还钱。童第周的这笔债务想必很出名，因为童第周调到中科院时，当时的中科院领导居然想到给他寄了一笔汇款作为还债之用。直到这时童第周的债务才算还清。

在四川时正是战争期间，条件很艰苦，当时没有电灯，只能借助自然光工作。因为四川是内陆省份，远离海洋，没有办法继续做海洋生物的研究，于是童第周选择了当地随处可见的青蛙、蟾蜍和金鱼作为研究的对象。他的妻子是他的合作者和助手。到周末的时候，夫妇俩就带着孩子外出买金鱼作为材料。当时他的二儿子只有四岁，却出奇的调皮，带着一个小朋友溜到鱼缸边，看着金鱼鼓起来的眼睛觉得颇为神奇，两个人居然把两大缸的金鱼眼睛全挖了出来，气得童第周结结实实地把小家伙给揍了一顿。

童第周与夫人在进行实验

童第周在四川时的研究属于当时国际前沿性的研究课题。在四川期间，童第周还在一次科研成果展示会上展览了能在水中漫游的双头金鱼和多尾金鱼，引起了轰动。

9. 创建海洋所

1954 年，中国科学院筹建生物地学部门，童第周迎来自己科研的春天。不到 10 年时间，童第周的职务数次变化，从海洋生物室主任（水生生物所副所长）、海洋生物所所长到海洋生物研究所所长，同时还兼任中科院生物地学部副主任、生物学部主任。在他的主持下，中科院的海洋科技研究力量从不足 50 人发展到 500 人，从单学科的海洋生物学研究发展到包括海洋生物、物理、地质面貌、化学和海洋仪器等配备海洋调查的综合海洋研究机构，并设有南海分所。海洋生物研究所承担渔场调查、同步观测、海洋综合调查和港湾调查等国家重大科研任务。

1954 年海洋生物室有三个中心课题：海洋生物资源调查、海洋生物养殖原理、港湾有害生物防治研究，1955 年又增加两个课题：浅海综合调查、文昌鱼的胚胎发育。

胚胎发育在很大程度上是该生物浓缩的进化过程。最早的生命产生于海洋，由单细胞生物演化成多细胞生物，由无脊椎动物演化出鱼类等脊椎动物，然后到两栖类、爬行类、鸟类、哺乳类直到人类。文昌鱼处于脊索动物向脊椎动物进化过程中的典型阶段，所以它的胚胎发育备受重视。从实验选材的角度，文昌鱼的组织器官分化较简单，卵子透明，是研究器官形成物质的关键性实验材料。童第周回国后在青岛沿海发现了文昌鱼，与他的夫人一起投入了文昌鱼的研究。1937 年，在实验室的培育条件下，文昌鱼初次产卵。其后文昌鱼的研究曾因抗战爆发，学校迁往四川而一度中断。1955 年，文昌鱼的胚胎发育研究再次提上日程。童第周对文昌鱼的研究历时十多年，发表了一系列的研究成果，如《文昌鱼卵子分裂球的发育能力的研究》等。

1950—1978年，童第周一直都是海洋研究所的主要领导。目前，海洋研究所已成为我国规模最大、学科最全、综合实力最强的海洋科研机构。海洋研究所建所50多年来，在鱼、虾、贝、藻的养殖以及有害生物防治研究中取得了显著成绩，直接推动了我国海水养殖的三次"浪潮"，这些都与童第周的领导和努力分不开。

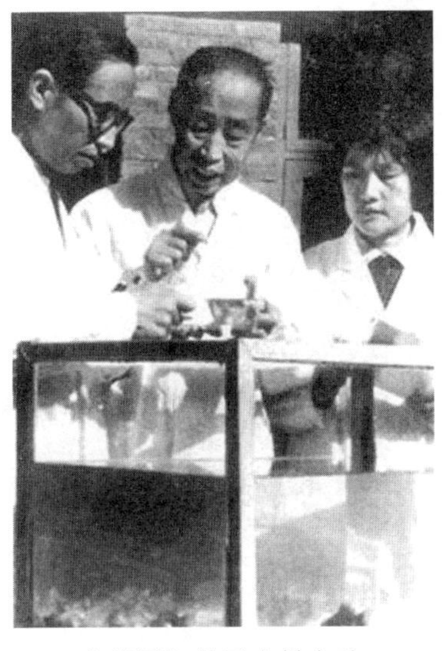
童第周与弟子在做实验

10. 克隆先驱

从20世纪60年代起，童第周首先从鱼类细胞核移植着手，开始了我国动物克隆学的研究，并对细胞质和细胞核在细胞内的作用进行了新的探索性研究。1934年童第周在比利时曾经做过海鞘的研究，得出结论：海鞘的嵌合式发育远远不像过去认为的那样严格。严格的嵌合式也许只适用于脊索和肌肉、间充质的发育，其他的器官都有一定的可塑性。建国之后，童第周与他的合作者接着对脊索动物文昌鱼进行了系统研究，对其个体发育有了全新的认识。他们对细胞核和细胞质的关系进行了开创性的研究，在鱼类中用细胞核移植的手段探索核质关系，证明了

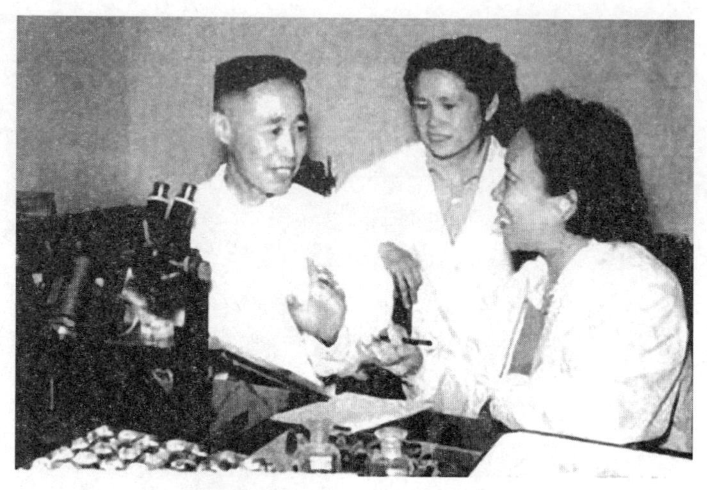

童第周与夫人、助手在一起

核质杂种鱼中性状的出现不是完全受细胞核的控制，细胞质也有一定的作用，细胞核在异种的细胞质内，经过多次分裂和复制后，在生理上和性质上有可能发生变化。这一理论在国内外学术界产生了深远的影响，童第周因此被誉为“克隆先驱”。1963 年，他们将雄性亚洲鲤鱼的细胞核转移到雌性亚洲鲤鱼的去核卵细胞中，从而产生了世界上第一群克隆鱼。这些克隆鱼非常健康，它们完成了完整的个体发育期，在水中畅游，并最终产生了后代。这个时间比多利羊的诞生早了 34 年。遗憾的是，由于实验结果只用中文发表，甚至连英文摘要也没有，这项研究的重大科学意义并没有被国际科学界所关注和认识。

11. 童鱼

1973 年 5 月，童第周将从鲫鱼卵巢成熟卵细胞质中提取的核糖核酸，注射到金鱼的受精卵中。结果，发育成长的 320 条幼鱼中，有 106 条由双尾变成单尾，表现出鲫鱼的尾鳍性状。这是世界上第一例成功的种间动物克隆工作。1975 年 5 月，童第周和牛满江将从鲤鱼卵巢成熟卵细胞质中提取的核糖核酸，注入金鱼的受精卵中。结果，有 22.3％的金鱼由双尾变成单尾，出现了鲤鱼的性状。1976 年 5 月，童第周和牛满江又以蝾螈（两栖动物）和金鱼这两种不同纲的动物进行实验。他们把蝾螈细胞质中的核糖核酸注射到金鱼的受精卵中，结果发现 382 条小鱼中，竟有 4 条像小蝾螈一样长出了平衡器。上面谈到的具有特异性状的鱼，被人们赞誉为“童鱼”。然而由于当时中国正处于艰难的政治经济环境之中，这些研究并没有得到应有的关注。实际上，这项研究结果在童第周去世一年后，即 1980 年才发表。考虑到当时的特殊时代背景（那个时候是文革时期），童第周和牛满江能坚持下来并取得了成果，其实非常的不容易。

分子生物学奠基人——沃森和克里克

沃森（J.Watson 1928—）、克里克（F.H.Grick 1916—2004），分子生物学奠基人。他们的工作使生物学一跃进入分子水平，不仅堪称生物学革命，也是科学的革命。由于提出DNA的双螺旋结构与威尔金斯共同获得1962年诺贝尔生理学或医学奖。

1953 年 4 月 25 日，英国的《自然》杂志第4 356期上登载了一篇题为《核酸的分子结构——脱氧核糖核酸的一个结构模型》的文章，作者是两位年轻的科学家：美国的沃森和英国的克里克。这篇论文仅有一千多字，附加了一张 DNA 双螺旋结构示意图，却引起了科学界的巨大反响。这篇文章立即成为历史性的丰碑。人们给予它高度的评价，沃森和克里克的双螺旋模型完美而正确地反映出 DNA 的分子结构，此后遗传学的历史和生物学的历史都从细胞阶段进入了分子阶段。由于沃森、克里克和威尔金斯（Maurice Hugh Frederick Wilkins，1916—2004）在 DNA 分子研究方面的卓越贡献，他们共同分享了 1962 年的诺贝尔生理学或医学奖。因为这一项发现使得生物科学的研究从细胞水平阶段进入到了分子水平阶段。在生物学史上，一般把 1953 年模型的建立作为分子生物学诞生的标志，同时把这个转变称为“生物学革命”。沃森和克里克也被人们公认为已进入当世最具科学成就的巨星行列。

1. 沃森和克里克

沃森是美国芝加哥人，1928 年 4 月 6 日出生，19 岁的时候就从芝加哥大学动物系毕业并获得理学学士学位。沃森最初的理想是成为一名博物学者，转向遗传学发展的主要原因据说是在芝加哥大学上三年级时读了著名的量子物理学创始人薛定谔写的名著《生命是什么》一书，决心要解决这一问题。后来他到了印第安纳大学，进入了以微生物学研究而闻名于世的“噬菌体小组”，在导师劳瑞亚的指导下研究X射线对噬菌体增殖的影响。不久，到哥本哈根海尔曼实验室学习生物化学。在此时，他对遗传学发生浓厚的兴趣。

詹姆斯·沃森

克里克出生于1916年6月8日，英国比安普敦人，1938年毕业于伦敦大学，学习的是物理和数学。在他读博期间，第二次世界大战爆发，1940年他以科学家的身份进入英国海军所属的研究所从事武器操作系统及水的物理特性的测定。在战后，他一时找不到自己的研究方向。有传记称，克里克在此时看到薛定谔的《生命是什么》一书，才了解到物理学和化学规律同样可以用于细胞及基因的研究。这本书促使一些物理学家涉足了生命科学领域，他们后来的合作者、和他们一起获得诺贝尔生理学或医学奖的威尔金斯就是其中之一。克里克受到影响，决心从事基

克里克

因分子的结构研究——这三个人都读了同一本书并受到如此重大的影响，这到底是一种巧合还是冥冥中的安排？或者是传记作者的误传？这个问题非常有意思。总之克里克转变了研究方向，在1949年进入卡文迪什实验室，研究蛋白质和多肽，和沃森在未来成为了同事。克里克的导师佩鲁茨曾经这样评价他：克里克“有一个异常清晰的分析头脑和迅速掌握问题本质的才能。克里克作为一个物理学家，与生物学家紧密合作，在序列假设、中心法则及遗传密码等分子生物学基础理论的建立和发展中做出了重要的贡献”。

2. 结缘

沃森对于DNA结构的关注始于1951年。当时，他参加了在意大利那不勒斯举行的生物大分子结构学术会议。在会上听到了伦敦国王大学教授英国著名生物物理学家莫里斯·威尔金斯关于DNA衍射图片分析的报告。那张X射线衍射图表明DNA是有规则的晶体结构。沃森想到一定有什么简单的方法能测定这种结构，一旦DNA的结构被揭晓，就能更好地理解基因是怎样发挥作用的。沃森意识到需要尽快地掌握X射线衍射技术并期望能与威尔金斯一起做DNA工作，但却一直没有获得这样的机会。他说，“进一步实验将表明，一切基因都是由DNA组成”，而“阐明DNA化学结构在了解基因如何复制上将是重要的一步”。他的观点得到他的导师劳瑞亚的支持。博士毕业后，沃森在劳瑞亚的介绍下，得到“全国小儿麻痹基金会”的支持，于1952年进入剑桥大学卡文迪什实验室，参加一个由从事蛋白质三维结构研究的物理学家和化学家组成的小组工作，当时的卡文迪什实验室主任布拉格爵士是X射线晶体学奠基人之一。

沃森和克里克在这里碰面了。因为被战争中断了学业，当克里克与沃森见面时，35岁的他仍然是一位博士生，在从事血红蛋白X射线衍射的研究工作。尽管他们都在做着蛋白质晶体结构的研究工作，但两人都对DNA的结构产生了极大的兴趣，相见恨晚，立刻有了合作的念头。沃森在《双螺旋》一书中这样写道：“现在克里克在实验室老想同我讨论基因问题；他也不想把有关DNA的问题束之高阁了，要是他一周仅仅花费几个小时考虑DNA，并帮助解决一两个非常重要的问题，我想也不会有人介意的。”显然，他们非常的投机。克里克在《疯狂的追逐》一书中是这样描述两人的合作的：“吉姆（沃森）和我一拍即合，一部分原因是我们的兴趣惊人的相似，另外我想，我们身上都自然地流露出年轻人特有的傲慢、鲁莽和草率。”他们打算加入到发现DNA结构的角逐战中。两个人富有热心，而且意志坚定，决定要把这场战争坚持到找到答案或者被别人捷足先登为止。

按照一般的印象，美国人的个性应该更偏于冲动奔放，而英国人的个性应该更趋于内敛和谨慎。但在沃森和克里克身上，这两种特质似乎正相反。1953年2月28日，克里克冲进英国剑桥的一家酒廊，见了人就兴奋地嚷道：他和沃森已经找到了生命的秘密。自然所有的人都了解

他指的是什么，过去的两年时间，他们两个人都在不分昼夜地寻找 DNA 结构的秘密，参与那个解密过程的角逐，时常在酒廊里一讨论就是几个小时。但是当时沃森却有些不开心，他事后回忆道："当克里克飞快地跑进 Eagle 酒廊，用所有在场吃饭的人都能听得到的声音宣布我们已经发现生命的奥秘时，我感到多少有点不太舒服。"因为当时虽然是他首先对克里克说他们已经掌握了全部答案，但是还是有一些细节问题需要解决，他担心以前出现过很多次的失败会重演。但克里克一向就是如此带点可爱的性格。中国肿瘤专家于保法在克里克逝世时曾经撰写纪念文章，在文章中说："在我的记忆中，他最常说的一句话就是：'我取得一点成就，只是因为站在前人的肩膀上而已。如果觉得爬上巨人的肩膀太费时费力，那么偷懒一点，爬到巨人的脚趾上好了，就比别人高那么一丁点儿，也许你就可以做出比别人更大的发现，或许还能获得诺贝尔奖。'"

克里克曾如此回忆："我想吉姆和我最值得称赞的是我们选对了目标并坚持不懈地为之奋斗，为了找到黄金，我们一路跌跌撞撞，总是犯错误，这是真的，但事实是我们仍一直在寻找黄金。"

3. 主要的竞争对手

一个人如果要进步，最重要的，也许不仅在于拥有一个良好的合作伙伴，也在于拥有一个有足够身价的对手。一个好的对手，会激发你的斗志，同时有意无意间指引你前进的方向。这两点上，沃森和克里克都非常幸运。他们的主要对手是鲍林，当时的世界首席化学家。鲍林当时在化学键研究上颇有成就。事实上，沃森到卡文迪什实验室的前几个月，鲍林就因为先提出了角蛋白的 α 螺旋模型，从而使卡文迪什实验室在建立蛋白质结构的角逐中陷入了窘境。在沃森借助 X 射线晶体仪诠释分子水平活动时，鲍林则更多地依靠自己对原子间结合方式的深刻理解，搭建蛋白质的三维模型，并不断地进行改良。

和沃森和克里克一样，鲍林也把 DNA 结构当作他下一个挑战目标，而且依照鲍林的经验和实力，一旦他投入全部精力，肯定会有收获。沃森写道："在我到达后的几天之内，我们就知道要干什么：模仿鲍林。"要想这么做就需要有 DNA 的 X 射线图。由于卡文迪什的结晶学家只对蛋白质有兴趣，因此他们不得不到伦敦国王大学去，那里的主要研究领域才是 DNA。

1952 年 12 月，他们得到一个坏消息，鲍林在给在剑桥大学读研究生的儿子彼得的信中谈到他很快要发表一篇关于 DNA 结构的论文。一个月后，彼得收到父亲的论文并告诉了沃森和克里克。沃森激动得来不及询问，便抢先从彼得的口袋中抽出那封信来阅读。

鲍林提出的模型是一个以糖和磷酸骨架为中心的三条链的螺旋结构。沃森几乎立即意识到问题所在，他们的对手还没有完全胜利，他松了一口气。他写道："很快就觉察他的模型有点不对头，可又指不出错在哪里。我又仔细把示意图研究了一番，才恍然大悟。原来鲍林模型里的磷酸集团没有离子化，从某种意义上来说，鲍林的核酸根本就

不是一种酸。”但 DNA 是一种酸。鲍林这个世界上最伟大的化学家居然意外地犯了一个非常低级的常识性错误。

不过沃森和克里克也意识到，以鲍林的学识，他必然能很快缓过神来。所以他们知道，他们必须要加紧脚步才能抢占先机。

4. 富兰克林和威尔金斯的贡献

在沃森和克里克疯狂攻关的阶段，他们并没有最好的设备，甚至不具备很多生物化学知识，在这一方面，威尔金斯和富兰克林提供给了他们相当重要的支持。

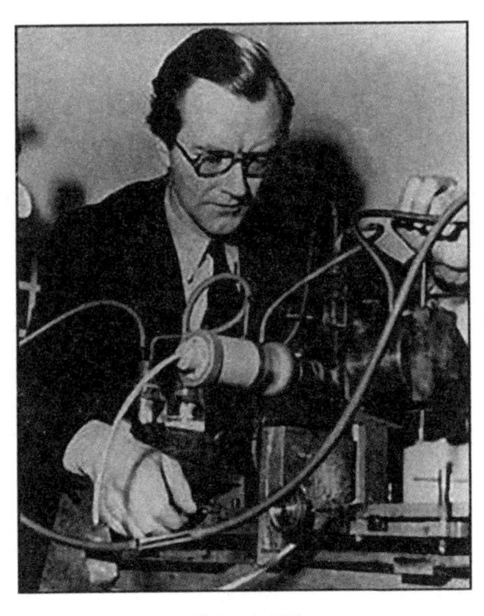
威尔金斯

著名科普作家马特·里德利曾如此评价威尔金斯：“是威尔金斯最先用 X 射线得到 DNA 的图像，是他让克里克和沃森认识了 DNA，是他的图像启发了这两位科学家，而他的谦虚让其他人和他分享了诺贝尔奖。”外界对威尔金斯的认识犹如他的自我定义，也就是他的自传的题目——《双螺旋结构的第三人》。然而科学界对他的贡献却给予了高度评价，国王学院院长里克·特雷纳说，威尔金斯是“20 世纪最伟大的科学家之一”。

富兰克林(1920—1958)是个优秀的女科学家，早年毕业于剑桥大学。1951年，她回到英国，在伦敦大学国王学院取得了一个职位，加入了威尔金斯的研究小组，和威尔金斯一起做DNA项目。她是世界上最优秀的结晶学家之一。威尔金斯和富兰克林为沃森和克里克发现双螺旋结构提供了很多关键性的支持和启发。克里克与威尔金斯的私交不错。富兰克林深信实验数据才是科学研究的第一位。在她看来，鲍林用铁皮玩具似的模型解决蛋白质分子结构问题可能只是运气好。不过尽管名义上她与威尔金斯是合作者，但两人的关系不太好(某种程度上是因为她是女科学家而遭到了排斥)。为了了解她的研究近况，威尔金斯后来组织了一次研讨会，并邀请沃森参加。

沃森回去之后，向克里克讲述了他听到的信息。而沃森此时犯了一个错误：没有做任何笔记。在《双螺旋》中他说：“如果我对一个课题感兴趣的话，常常会回忆起我所需要的东西。但这一次，因为我不太懂晶体学的行话，我们陷入了麻烦。”他记不清楚富兰克林测定的DNA样品中的水的精确含量。两人就这样带着这一关键性的错误信息开始了充满激情的工作。“也许一星期不断地摆弄分子模型是很必要的，这使我们确信自己找到了正确的答案。很显然，鲍林不是世界上能真正洞察出生物分子结构的唯一一个人。”几个星期，克里克和沃森已经相当肯定他们的结论：DNA是有三条链的螺旋结构。他们邀请威尔金斯来看模型。出乎他们意料的是，富兰克林也来了。很快，沃森记忆错误的后果显露出来了，DNA分子中水的含量几

乎是他的假定的十倍。

这个严重的错误致使布拉格禁止他们继续从事 DNA 研究。沃森被迫转向烟草花叶病毒结构的研究，克里克继续以前的血红蛋白研究。懊恼之余的沃森和克里克把模型的装配架给了威尔金斯和富兰克林，并劝说他们制作模型。他们觉得如果他们不能发现的话，他们希望威尔金斯和富兰克林能够继续。但是威尔金斯和富兰克林认为模型不是解决 DNA 结构的方法，因此，他们从未使用过这些元件。

富兰克林

这次的失败使沃森和克里克非常沮丧，不过他们仍然没有放弃对于 DNA 结构的关注。与此同时，国王大学也在推进他们对 DNA 的研究工作。富兰克林一直在为完善她的 X 射线图像而努力工作。1952 年 5 月，她得到了最为重要的一个 X 射线衍射图片，但直到她去世时也没有认识到这一点。她和她的研究生通过增加实验仪器的湿度，发现了 DNA 能呈现两种结构，当湿度足够大时，分子将会伸展，变薄，产生的图片比以往任何图片都更加清晰。她把这种 DNA 叫作 B 型 DNA，这也引起了威尔金斯的兴趣，这些照片使他更加坚信 DNA 分子是螺旋结构的。但是富兰克林却仍然认为没有证据证明她照片中的 DNA 是螺旋结构。

1952 年整个夏天，沃森和克里克都在讨论关于 DNA 的一些毫无关联的结论并试图将它们结合在一起。其中一个就是化学家埃尔文·查迦夫在早些年的一个发现。他通过分析很多不同有机体的 DNA，发现其中 DNA 碱基的总比例因物种不同而变化，但腺嘌呤的数量总是同胸腺嘧啶相等，鸟嘌呤与胞嘧啶相等。

但研究的进展依然缓慢。“有几次散步时又谈到了 DNA，我们的热情又高涨起来，一回到办公室，我们竟又忍不住摆弄起模型来。但是克里克几乎立刻发现，曾经引起我们一线希望的那种推论其实仍旧无济于事……我可以独自坚持工作，但没有克里克喋喋不休的议论和鼓励，我显然不能解决 DNA 的三维结构问题。”

沃森想到要提醒一下威尔金斯。他去了国王大学。威尔金斯拿出了一张富兰克林称为 B 型 DNA 的照片副本(事实上可能没有得到过富兰克林的同意)。沃森在《双螺旋》中写道：“我一看照片，立刻目瞪口呆，心跳也加快了。无疑，这种图像比以前得到的图片要简单得多。而且只有螺旋结构呈现在图片上才会有那种醒目的交叉型的黑色反射线条。”在回剑桥的火车上，沃森想在双螺旋结构和三条链结构中做出选择。后来他决定要做一个双链模型。

富兰克林的图片清晰，每 34 埃就重复一次的图片特征使他们领悟到分子间结合角度的重要信息，更有意义的是，图像表明连接到骨架上的碱基是一个挨着一个整齐地堆积起来的。但同时也冒出了新的问题：糖—磷酸骨架是在内部还是外部呢？沃森认为应该把骨架放在中心，但克里克认为两种可能都应该考虑。沃森花了几天时间尝试，

结果发现几乎没有什么理由站得住脚。他写道："当我拆毁了一个使人讨厌的以骨架为中心的分子模型时，我断定花几天时间制作一个骨架在外部的模型并不会有什么害处。"一个星期后，沃森告诉卡文迪什机械车间他们要做新的模型了。但是他已经急不可待，前一天，他用了一个下午时间从硬纸板上剪切碱基零件。第二天便开始用它们再次"同类配对"。

因为获得富兰克林衍射图关键性的启发，沃森和克里克双螺旋结构的建构最终成功。

5.《双螺旋》

正如一个研究者所说：1953 年 DNA 双螺旋结构的发现如同一场精彩的戏剧，其中充满了悬念和冲突。在 1968 年，也就是 15 年后，主角之一的沃森撰写并出版了《双螺旋》一书，从他的角度揭示了一些东西，比如对名誉的野心、对诺贝尔奖的追逐、从中进行干扰的权威人士、小人。不过令人遗憾的是，他在书中对罗莎琳德·富兰克林的评价有失公允。

《双螺旋》的初稿原名为《诚实的吉姆》。但是吉姆(即沃森)所谓的"诚实"可能只是忠于他内心的感觉，而并不一定客观。在初稿中，沃森用语刻薄，把富兰克林描写成一个衣着邋遢，脾气暴躁，不会解释数据的形象，并对鲍林及其家人进行了攻击，因此遭到了威尔金斯和克里克的反对。鲍林甚至写信给哈佛大学校长，抱怨该书诋毁了他们。

克里克和威尔金斯当时就认为,这本从当事人的角度回忆DNA双螺旋结构发现的书会误导读者,所以建议哈佛大学出版社撤销出版合同,最后,这本书由一家商业出版社出版并很快成为畅销书。虽然最后该书以《双螺旋》之名发表时做了部分改动,但其基本的态度仍然没有变化。

我们考察沃森和克里克发现双螺旋的过程也能明白,富兰克林在其中的作用是不可忽视的(尽管她自己在当时未必能够意识到),因为正是富兰克林的同事、沃森的好友威尔金斯将她用X射线衍射法拍摄到的DNA照片偷偷泄露给沃森,而成了启发他们的关键性一步。当沃森和克里克、威尔金斯三人于1962年共同获得诺贝尔生理奖时,富兰克林已经因病去世,时年37岁。无论如何,这位年轻的女科学家的早逝,是科学界的一大损失。她的逝世某种程度上避免了可能的尴尬局面:因为诺贝尔奖只能同时授予三个人。假设富兰克林还在世的话,那么1962年的诺贝尔生理学或医学奖选择的会是哪三个人呢?

不过逝者已逝,如果没有沃森的回忆,也许旁人就没有办法知道富兰克林在里面的贡献。现在回头想想,沃森和克里克的发现其实很简单易懂,鲍林、富兰克林、威尔金斯或者别人都有可能会发现。所以这其中的竞争才这么的激烈,而其中的纷扰也才那么多。人性的复杂在科学的追求过程中也不能避免。这倒也不能苛求沃森。像牛顿那样的大家也干过打击同行的事,像摩尔根在"白眼"苍蝇产生的问题上也解释不清楚,不肯承认同行的贡献——但是,这些终究是让我们这些后来的旁观者有些唏嘘,有些遗憾吧。

杂交水稻之父——袁隆平

袁隆平（1930—），中国杂交水稻育种专家，中国工程院院士。2006年4月当选美国科学院外籍院士，被誉为“杂交水稻之父”。

1. 俨然老农

2008年，袁隆平在车展上多看了两眼奔驰SLK，结果传出“袁隆平准备购买第八辆车，而且还是奔驰SLK”的消息。有人以此为主题在网上发帖，结果一向意见难以统一的网友竟然出乎意料地一边倒表示坚决拥护和支持。甚至有人声称，即使袁隆平买再多的车，买再高级的车都没有问题；如果喜欢，袁隆平可以多买几辆，没事砸着玩。后面这件事得到了澄清，袁隆平实际上只有一辆10万元的小车而已。其实这么多支持和信任袁隆平的人，未必确切知道他具体做了什么，但是想必都知道“杂交水稻之父”的美称。袁隆平以他的巨大贡献赢得了国内外的赞誉和尊敬。

袁隆平在看车

但谁知道，在很长一段时间里，袁隆平常常因为自己的形象问题遭人轻视。1980年，他第一次带着家人到北京

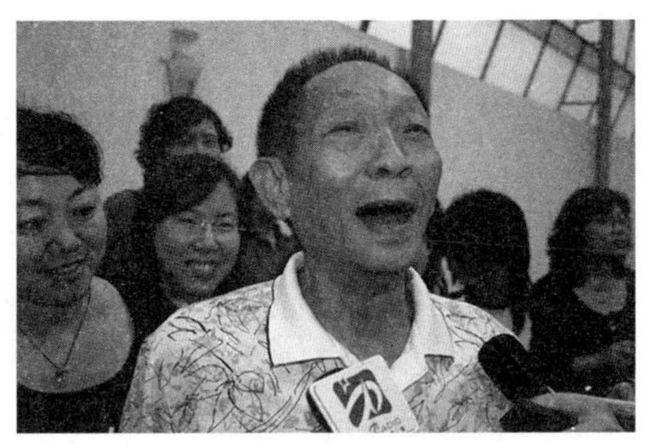

袁隆平在接受采访

旅游。因为买不到坐票，担心小孩吃不消，于是到车上之后打算补买卧铺票。在当时，买卧铺在某些人的观念里仍被当作一种特权。列车长看着他们一家人，心想是不是现在农民也致富了，所以手里有点小钱，居然也想着要买卧铺了。于是做出很和颜悦色的表情称他为“农民兄弟”，并对他妄想超越阶层买卧铺票进行了一番语重心长的教育。袁隆平的孩子说道：“我爸爸是农业专家，你应该给他买票。”列车长想必内心中带着无限的优越感以更加和蔼可亲的态度说：“小弟弟，像你爸爸这样的农业专家可多的是啊。”袁隆平知道自己被鄙视了——于是不得不掏出人大代表证来展示一番，这才如愿以偿买到两张卧铺票。

而今天，他的脸比任何名牌和证件本身都更令人肃然起敬。他不需要外加的东西来证明自己的价值。

2. 书香门第

读大学之前的袁隆平看不出来跟农民有什么太大的联系。

1930 年，袁隆平出生在北平一个知识分子家庭，他的父亲和母亲都受过良好的教育。他的父亲袁兴烈曾做过县高等小学的校长，他的母亲华静原来是名教师，结婚后担当起操持家务和培育下一代的重任。袁家有五个孩子，袁隆平在家中排行第二。虽然那是一个不平静的年代，幼年时的孩子们跟随家人频繁搬迁，辗转于北京、重庆、武汉、南京等地，但良好的家庭条件和氛围仍让他们从小就受到很好的教育。这五名孩子先后考取了大专院校。这个家庭对教育的重视成了每个家庭成员自觉的意识。在袁隆平的回忆录中，有一段特别提到博学中学的求学经历。原来他就读的学校是赣江中学。当时袁隆平的哥哥袁隆津在博学中学读书，他认为博学中学的教育要比赣江中学要好。于是在 1943 年春，袁隆平在哥哥的极力主张下，转学到博学中学。袁隆平在回忆录中说：从 13 岁到 17 岁这段青少年时期都是在博学中学度过的。博学中学是我最感亲切的母校。

博学中学是英国伦敦公会创办的学校，但几乎没有宗教活动。当时虽然战火纷飞，但是博中的学习生活依然紧张而富有节奏。校长胡儒珍博士对学生要求严格，并要求学生德智体美全面发展，袁隆平在此受益匪浅。博学中学对英语要求严格，如果英语考试不及格就必须留级。幼年时代，袁隆平已经在母亲的启蒙下学习了英语，并对英语有浓厚的兴趣。而当时博中教文章的是英国人白格里先生，教朗读和会话的是白格里的华裔夫人，而教语法的则是周鼎老师，英文的教育水平是比较高的。这为日后袁隆平阅读外国文献，掌握第一手的科研资料及参加各种国际学术活动打下了良好的基础。

3. 曾经翩翩美少年

1937年,抗战爆发,那时袁隆平才7岁。在随父母从汉口逃难往湖南桃园县时,意外掉入江中。幸好一位船工跳入水中抢救,才捡回条命。那次事件,使他决心要学会游泳,到危急时像船工一样救人。从此他抓紧时间锻炼,不到10岁,便能横渡长江。1947年夏,湖北举行游泳比赛。17岁的袁隆平毛遂自荐,却因为身材矮小而被拒绝。第二天袁隆平竟然尾随着参赛的同学一起进入赛场,并参加了比赛,结果一举夺得汉口赛区男子100米和400米自由泳第一名。接着他作为汉口赛区的选手参加比赛,夺得湖北省男子自由泳的两块银牌。1951年春季,贺龙在成都主持"体育明星"大赛。这是西南地区的第一届运动会,袁隆平作为西南农学院的运动员参加,取得了游泳比赛第四名的成绩。

从这件事可以看出来,袁隆平有一项对于他的成功很重要的特质:他是非常有主见的人,只要认准一件事情,为了自己的目标,他能够制订计划,坚定不移地去达到自己的目标。这是他成功的一个很重要的因素。之所以要特别提到这件事,是因为当袁隆平做水稻研究的时候,在国内,已经连续几年饥荒,许多有良知的专家都希望能够在粮食产业上贡献自己的力量。但是在当时的学术背景下,相当多人又都选择了退缩。而袁隆平在研究杂交水稻的过程中,无论受到多少的挫折、失败、嘲讽、打击,他都能够一如既往地坚持下去，绝不放弃，跟这种个性是绝对有关系的。

1948年，袁家举家迁往南京，袁隆平进入南京中央大学附属中学高中部就读。他就要面临升大学的选择。经过反复思考，袁隆平出乎意料地选择了农学专业，决定报考重庆湘辉学院农学系。1950年，全国大学院校进行调整，重庆湘辉学院与其他院校的相关专业进行合并后，创立了一所新型的高等农业学府——西南农学院。在大学期间，袁隆平主修的专业是遗传育种学。

1951年，袁隆平参加空军飞行员的招考，成为学院八名合格的候选人之一，差一点成为了飞行员。当时国务院做出决定：急需在校大学生参加国家经济建设，要求在校大学生一律留校继续读书。不然我们现在知道的可能是在另外一个领域大放光彩的袁隆平。

当时的袁隆平除了成绩优异之外，兴趣爱好广泛，多才多艺。不仅游泳是一把好手，他还会写作诗歌，跟同学学会了拉小提琴。今天看袁隆平的照片，只是一个平凡的老农形象，经常被人误会。但当时空军选拔选中的，可是年轻人中间的佼佼者，袁隆平绝对称得上品貌端庄。他选择了农校，然后选择了农业，翩翩少年远去矣！

4. 从月光花实验到水稻的高产研究

1953年，袁隆平大学毕业，学校应国家号召，鼓励应届毕业生到基层去，到农村去，到艰苦的地方去。袁隆平拿

到毕业分配通知书，赶去湖南省农业厅报到。他被安排到湖南省最偏僻的湘西安江农校当老师。他先坐火车，再坐汽车，再骑马，然后背着行李，徒步前行，历时半个月，终于到达目的地，开始他的农校生涯。

袁隆平在安江农校首先被安排教授俄语。一年后学校安排他到遗传育种教研组，他才开始干起自己本专业的工作。在教学之余，袁隆平开始设计自己的科研课题。当时“吃饭”已经成为一个很大的问题，袁隆平计划第一步做红薯嫁接，第二步做水稻的高产研究。

这个时候有了在每一部涉及袁隆平的传记中必然会提到的“月光花实验”。20 世纪 50 年代，奥地利遗传学家孟德尔的分离定律和自由组合定律与美国遗传学家摩尔根的遗传染色体和基因学说在国内遭到批判。而与之相对的苏联生物学家米丘林、李森科学说在中国盛行，这个理论认为遗传是生物的一种普遍内在特性，不需要由染色体中的基因来决定，人类可以用改变环境的做法按预定方向改变生物的特性。依据这个理论，袁隆平把“月光花”嫁接到红薯上，希望得到上面结籽，下面长红薯的新型无性杂种。然后用种子进行繁殖，节省种子薯。1958 年，他嫁接的“月光花红薯”获得大丰收。袁隆平因此被邀请出席湖南武冈县(1994 年改为市)召开的全国农业育种家现场会。第二年他将收获的种子播种，可只长出了月光花，地下却没有红薯。同时，他开展了一系列类似的实验，例如，西红柿嫁接在土豆上，西瓜嫁接在南瓜上，但都没有获得经济性状优良的无性杂种。他慢慢地对一贯相信的“无性杂交”的正确性产生了怀疑。

同时袁隆平不断地收集有关遗传学说的资料，从中了解遗传学的发展信息。其间，他在一本英文杂志上看到美国生物学家比德尔“一个基因一种酶的假说”，还有克里克、沃森发现脱氧核糖核酸双螺旋结构，使遗传学研究深入到分子水平。他认真地研读之后，越来越觉得孟德尔、摩尔根的“遗传学”更为科学。不久，他在其他科技杂志上看到“染色体、基因遗传学”应用于生产实践并取得明显效果的报道，如杂交高粱、杂交玉米等。

1960 至 1962 年期间，中国出现了空前的饥荒。一时饿殍遍野，许多人得了浮肿病。他亲眼看到一个花季少女因为吃观音土充饥活活胀死，也亲眼看到路边有人饿死，周围饿得骨瘦如柴的围观者则流露出无助甚至是熟视无睹的木然的眼神。当时的学校粮食配额不足，袁隆平也饿得头重脚轻，浑身无力。那种深刻的饥饿体验和情感冲击让袁隆平深深体会到粮食的可贵，激发了袁隆平强烈的使命感。一次袁隆平带着学生到黔阳一个村子参加劳动锻炼，一个姓向的农民跟他提到他们村到金门去换种子，百姓有一句俗语“施肥不如勤换种”。老向满怀希望地说，如果做科学实验的专家能够研究出增产的稻种，亩产 400 千克、500 千克、1 000千克，那该多好啊。

这件事，对引导袁隆平调整科研方向起了很大的作用。

在南方，稻米是主要的粮食。20 世纪 60 年代，设在菲律宾的国际水稻所育成了高产的矮秆水稻，并迅速在全世界推广。与此同时，我国科研工作者在广东也取得了水稻矮化研究的突破，解决了高秆水稻易倒伏低产的问题。水

稻矮化带来了产量的大幅度提高。这对袁隆平起了很大的激励作用。

5. 三系杂交

确认了研究方向，袁隆平进一步要做的是确认研究的思路。关于这一点，袁隆平想到的是杂交优势。虽然当时已经屡见杂交优势的报道，但当时在国际上的主流观点是：水稻等自花授粉植物没有杂交优势。但袁隆平那种坚定的个性和独立思考的习惯发生了作用，他认为，杂交优势应该是生物界的普遍规律，自花与异花授粉作物的区别只是繁殖方法上的不同，绝不影响杂种优势的有无。他联想到玉米、高粱等作物的杂种配制：这两种作物在配制杂种前，两个亲本需要先自交多代提纯，育成自交系，然后进行杂交产生杂交优势。那么理论上来说，经过多代自交提纯的自交水稻品种也应该可以产生杂交优势。他查阅杂交高粱的培育三系和配套成功的资料，得到了科研的思路：

首先要先培育雄性不育系、雄性不育保持系、雄性不育恢复系，使利用杂交水稻第一代优势成为可能，将给水稻带来大幅度的增产。

他的这个观点，在《水稻的雄性不孕性》一文中正式提出。这篇文章发表于1965年10月，是国内第一篇论述水稻雄性不育的论文。在这篇论文中，袁隆平对实验研究数据进行梳理，以翔实确凿的证据论述了水稻雄性不育的特性，并将水稻的不育系分为三类：无花粉型、花粉败育型和部分雄性不育型。

三系杂交水稻的培育思路是这样的：

第一，找到雄性不育株，即母禾；

第二，找到一种特殊水稻作为父本，即雄性不育保持系，用父本给母禾授粉，使后代保持雄性不育的特征；

第三，选择一个稻种与不育系杂交，使其后代恢复生育能力，即雄性不育恢复系。

三系配套成功，即可制种。

如果用 A 表示雄性不育系，B 表示保持系，R 表示恢复系，F1 表示杂交子一代，A 与 B 结合后继续保持雄性不育的性质，即仍然为 A，供第二年制种用，A 与 R 结合后恢复了雄性可育的性质，能自交结实，产生具有杂交优势的种子 F1 代，可用于大田种植，反复制种，便可年年种植下去。三系在生产中的应用图形如图所示：

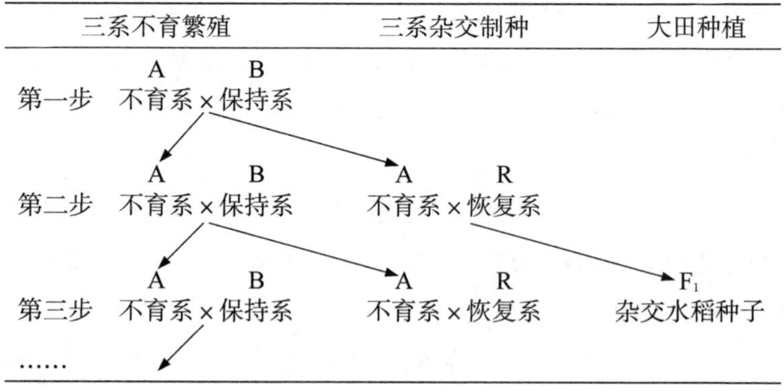

6. 从“野败”到“东方魔稻”

事实证明，袁隆平的研究思路是正确的。1967 年，袁隆平的水稻雄性不育系研究项目在湖南省科委立项，他带着他的两个学生李必湖、尹华奇开始了实验研究。当然，有正确的研究思路并不意味着他的研究生涯就一帆风顺。

袁隆平在水稻田里做研究

有一年早春，因为春寒，他们的实验场所没有升温设备，为了保护珍贵的种子不受冻害，袁隆平带着弟子把种子用塑料薄膜包起来，缠在腰间，用体温保护种子。这件事使他们想到一件事：应该到光照充足，足够温暖的地方育种，才有利于水稻杂交研究。于是他们选择了四季如春的云南和总是阳光灿烂的海南。

1968 年的冬季，袁隆平一行三人第一次到海南岛的崖县（今三亚）进行不育系的培育。他们转育成功另一种“南广黏”不育材料。袁隆平将已有的不育材料命名为 C、D 两个系统。C 系统由无花粉型不育植株选育，D 系统由花粉败育和退化型不育株选育。第二年 12 月，袁隆平与助手带着海南育出的不育材料赶赴云南元江县进行实验。他们师生三人租了农技站的水田，借住在当地农技站一间条件简陋的平房里，这个房间甚至连睡觉的床都没有。三人在艰苦的条件下废寝忘食地开始了实验、育种。一天晚上，就在睡梦中，他们感觉床在晃动，其后发现发生了地震，三人赶忙冲出屋外，随即想到种子有危险，他的学生想冲进去抢救种子，袁隆平赶紧一把拉住他们。天亮以后，在农技站工作人员的帮助下，三个人从废墟中扒出了珍贵的种子。在 1969 年的 5 月，新一代的种子成熟。但这一轮实验的 C、D 两个系统不育系的繁殖率并没有提高。

从 1964 年到 1969 年，实验已经做了 6 年，水稻不育系已经快成功了，保持系却一直无法找到。袁隆平反思了实验的结果，推测其原因：用于测交的材料全是常规稻种，彼此亲缘关系太近，所以导致保持效果不理想。不育材料应该用远缘杂交进行核置换，所以要从亲缘关系较远的野生稻种身上寻找突破口。

为了寻找雄性不育株，袁隆平经常在田里呆上几个月，为了寻找远缘品种，他与助手远赴全国各地，在野外奔走。他们尝试了2 000多个栽培品种的杂交实验，一次又一次地失败了。他反省自己的思路，确定“三系”技术路线没有问题，觉得问题的重点应该是寻找野生不育株。

1970 年 11 月，李必湖与冯克珊在一片野生稻中发现了三株雄花异常的野生稻穗。他们小心翼翼的将它挖起，带回实验农场，采集三个稻穗上尚未开花的小花放在显微镜下进行观察，看到内含大量不规则性状的典型败花粉粒。袁隆平将这种野稻命名为“野败”。“野败”的发现，为袁隆平打开了三系配套的关键环节。

“野败”其他性状与普通野生稻草相同，在生产上没有直接利用价值，需要转育工作。他们把“野败”与籼稻“广矮3784”进行杂交。后来台风在海南登陆，为了保护“野败”杂交的成果，袁隆平带病与当地农民一起抢救。第二年的5月，他们终于收获了少量的杂交稻种。“野败”的发现使得三亚南洪农场名声大振。1971年，袁隆平将“野败”材料无偿贡献出来，在很短时间内，全国18个科研单位的100多名科技工作者携带上千个稻谷品种汇聚海南，对“野败”进行回交转育，获得多个杂交水稻组合。在科技工作者的通力合作下，终于育出了“二九南1号”、“威20号”等不育系和保持系。但恢复系仍没有找到。于是又有人开始打击袁隆平，称这种不育永远也找不到恢复系。与此同时，袁隆平与助手罗孝和搞“三超杂种”试验田，早期生长旺盛，可是在收获季节，稻谷产量没有增加，稻草却增加了一倍。一时各种冷嘲热讽和怀疑毫无意外地出现，不少地方的杂交水稻研究项目受到影响而停止，火热的研究局面开始冷清下来。然而袁隆平在这次表面的失败下，看到了成功的希望。

袁隆平画像：禾下乘凉梦最美

1973年春，袁隆平在海南基地配置了10多千克的杂交水稻种子，带回长沙给助手试种。当年的10月，在苏州召开的水稻科研会议上，袁隆平向大会回报并发表了《利用"野败"选育"三系"的进展》一文，郑重宣布我国籼型杂交水稻"三系"已基本配套成功。1973年李必湖、尹华奇、罗孝和在湖南农科院的试验田种下的种子亩产是505千克，杂交水稻的优势只是初露端倪。1974年，袁隆平在安江农校试种的"南优2号籼型"杂交水稻，亩产已高达628千克；1975年做双季晚稻，亩产量为511千克，并且米质优良，适宜推广。

从1964年发现第一株雄性不育株起到"三系"配套成功，袁隆平花了整整十年。其后，杂交水稻获得迅速的推广，给全国人民带来了实惠，对人类的生存带来了巨大的贡献。

袁隆平的杂交水稻，被誉为"东方魔稻"，在全世界范围内掀起一股"绿色风暴"。美国最权威的《科学》杂志向全球发布了袁隆平关于杂交水稻的研究成果。美国更于1979年引进杂交水稻进行试种，获得成功。不久，袁隆平受聘担任联合国粮农组织的首席顾问，随后积极帮助亚非拉国家发展杂交水稻，进行讲学。袁隆平的巨大贡献赢得了国内外的赞誉和尊敬。这也才有了本文开始时那样一边倒的支持。

7. 袁老师的闪婚

袁隆平曾经有过一次失败的恋爱经历，这段恋情开始于1956年，对方也是一名老师。两个人谈了三年恋爱，但是在当时的社会环境下，两个人的出身都不算好（袁隆平的父亲袁兴烈后来被定为“历史反革命”，其母亲也被定为反革命分子），安江农校还出现了批评袁隆平的大字报，袁隆平差点被划成右派。后来女方选择了另外一个出身更好、工作也更好的人。袁隆平在接受《解放日报》采访时，曾提及这一段往事。说当时他等了对方三年，直到对方生小孩，才彻底断了念头。这件事对袁隆平的影响想必很深刻，他后面彻底改变了自己在恋爱中的策略，由拖延变成速战速决。

1963年，在他人的介绍下，袁隆平和他后来的夫人邓哲（有的报道作“邓则”）确立了恋爱关系——真是富有时代特色的词汇啊。邓哲曾是他的学生。袁隆平自叙这段经历时说：“有人牵线，速战速决！从介绍到结婚不到一个月时间。就在比赛中间休息的时候，我把邓哲从赛场上拖下来，要骑自行车带她去打结婚证。邓哲说比赛还没完，我跟她说打结婚证比打比赛更重要！她有个叔伯哥哥，说你怎么搞的，比赛都不比了？我说比赛明天再比吧，今天这个结婚证更重要！”

袁隆平的这次果断出手显然是非常明智的。在文革之中，有多少夫妻，看到对方遭难，为了避免受牵连而选择逃离，社会的抛弃和亲人的背离使这些人雪上加霜，他的同事中有人因为被划成反革命、妻子又离婚于是上吊自杀。袁隆平曾说，如果不是邓哲的不离不弃，他也许就不能挺过那一段时期。在袁隆平受到冲击，准备被送进“牛棚”的日子，袁隆平郑重其事地告诉邓哲，请她做好分手准备。邓哲却坚定地告诉他，不管他发生什么事情，都会支持他，并安慰他，如果他被下放做了农民，她大不了跟他一起做农民，他照样可以搞他的杂交水稻实验。在他事业最艰难、工作最困难的时刻，邓哲始终坚定地支持着他。在上世纪70年代，袁隆平调到设在长沙的湖南省农业科学院，而妻子邓哲未能随调，当时袁隆平一直在外面搞科研，邓哲带着几个孩子和老人留在黔阳，独自承担起家里的全部责任，毫无怨言地抚养孩子，照顾婆婆和自己的母亲，陪着公公、婆婆和自己的妈妈走完人生的最后一程。从1964到1990年，26年里两人基本是分居状态。直到1991年，邓哲调到长沙，才结束了20年的两地生活。袁隆平每每提到这一段历史，除了充满对妻子感激和爱意，还不禁得意于当初自己果断的闪婚。

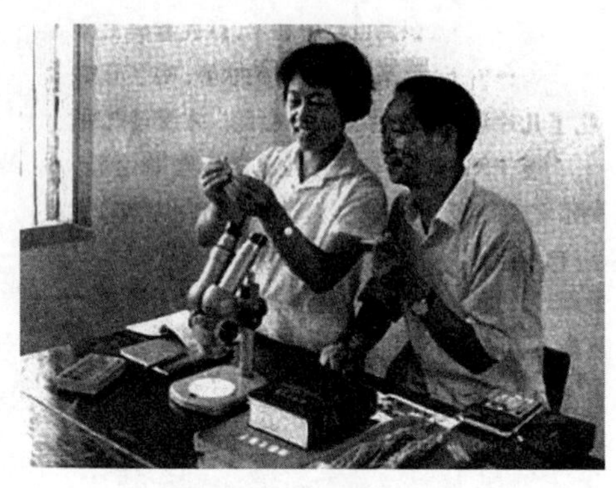

袁隆平和妻子邓哲

8. 文革中的遭际

在文革那一个被扭曲的时代，人性最丑恶的一面充分爆发出来，人与人之间相互倾轧、陷害。这一段历史，每每提起，都令人不寒而栗。袁隆平开始研究杂交水稻的时间

是 1962 年，文革十年恰好在他研究的一个很重要的时间段。以他的出身和他所从事的事业，他受到打击几乎是毫无意外的事。而袁隆平却是少数逃过劫难的的异类，虽然还是多少有波折，但相对顺利地完成了自己的研究。这跟他所遇到的人是分不开的。

袁隆平的杂交水稻研究能得以持续，很重要的一个因素是因为有上级的保护。在 1965 年袁隆平的论文发表之后，很快被原国家九局的熊衍衡发现，并及时报送赵石英局长阅示。赵局长看到后，认识到水稻雄性不育研究的重要价值，于是立即请示国家科委党组，党组书记聂荣臻元帅表示国家科委支持此事。赵石英局长及时以国家科委九局的名义致函湖南省科委和安江农校，要求支持袁隆平的研究。

1966 年 5 月，“文化大革命”开始，学校开始出现针对袁隆平的大字报。袁隆平实验秧苗用的坛坛罐罐几乎全被“革命小将”砸烂，秧苗也被折断。单位里组织了劳改队，袁隆平是名单上的一员。造反派在准备揪斗袁隆平时，提出“新账老账一起算”，要查袁隆平的材料。在查档案的时候，意外发现国家科委的公函。于是带着公函去请示当时的黔阳地委书记孙旭涛，孙旭涛肯定地说：“袁隆平属于保护对象。”于是袁隆平躲过一劫。其后上级发了一份“抓革命，促生产”的通知，要求对袁隆平的试验田予以重视。1967 年湖南省科委将“水稻雄性不育”正式列入省级科研项目，并下拨研究经费 600 元。

1968 年 5 月 18 日，在一个风雨交加的夜晚，有人居然连夜将他的实验秧苗连根拔起，整个试验田遭到破坏。四天后，袁隆平才在一口井里发现了他用几年心血培育出的“青小金一号”，他奋身跳入井中抢救。旁人以为他想不开投井了。这件事之后，袁隆平被下放到溆浦县低庄煤矿，接受工人再教育。眼见就要遭到隔离审查，这时省科委将该研究项目收回放到湖南省农业科学研究院，并在院属下成立湖南省水稻雄性不育科研组，由袁隆平担任业务主持，袁隆平再次获得保护。

袁隆平是我国杂交水稻研究的第一人，他以他的伟大贡献赢得了人们的敬仰。1999 年 10 月，经国际小天体命名委员会批准，中国科学院北京天文台施密特 CCD 小行星项目组把 1996 年兴隆观测站发现的一颗小行星（8117）命名为“袁隆平星”。我们形容一个时代科学家辈出，说那个时代“群星闪耀”。“袁隆平”却真的成了一颗不折不扣闪耀的“明星”。